MARK WILLIAMS
DANNY PENMAN

Das neue Achtsamkeitstraining

arkana

MARK WILLIAMS
DANNY PENMAN

Das neue Achtsamkeitstraining

Die Botschaften von Gefühlen erkennen und entschärfen

Mit Acht-Wochen-Programm und Meditationen zum Download

Aus dem Englischen
von Claudia Seele-Nyima

arkana

Die englische Originalausgabe ist 2023 unter dem Titel »Deeper Mindfulness: The New Way to Rediscover Calm in a Chaotic World« bei Piatkus, einem Imprint der Little, Brown Book Group, erschienen.

MIX
Papier | Fördert gute Waldnutzung
FSC® C014496
www.fsc.org

Penguin Random House Verlagsgruppe FSC® N001967

1. Auflage
Deutsche Erstausgabe

in der Penguin Random House Verlagsgruppe GmbH,
Neumarkter Straße 28, 81673 München

First published in 2023 by Piatkus
Lektorat: Jürgen Teipel
Gedicht »Weiträumig« © Kaveri Patel, Übersetzung: Claudia Seele-Nyima
Produktion der Download-Inhalte: Mike Lindauer, Landei Production, Moos;
Projektkoordination: Dr. Pascal Frank
Umschlaggestaltung: ki 36 Editorial Design, München, Daniela Hofner
Umschlagmotiv: © istockphoto/peekeedee; shutterstock/anong kaewborisut
Satz: Satzwerk Huber, Germering
Druck und Bindung: GGP Media GmbH, Pößneck
Printed in Germany
ISBN 978-3-442-34309-6

www.arkana-verlag.de

Die persönlichen Berichte in diesem Buch basieren auf den Erfahrungen von Personen, die an dem Programm teilgenommen haben; die Namen aller Teilnehmenden und einige Details ihrer Geschichten wurden jedoch geändert, um ihre Anonymität zu wahren.

Danny
Für Sasha und Luka

Mark
Für Elliot und Sebastian

Inhalt

KAPITEL 1

Das war mein Leben – aber ich muss es verpasst haben

Jeden Morgen ging ein Mann mit seinen vier Hunden im Park spazieren. Drei von ihnen sausten immer fröhlich bellend umher und wedelten vergnügt mit dem Schwanz. Der vierte Hund wirkte zwar auch recht munter, bewegte sich aber beim Herumlaufen immer nur in engen kleinen Kreisen (obwohl er eine recht große Strecke zurücklegte) und hielt sich, wenn der Mann ging, stets nahe bei ihm. Tag für Tag beobachtete der Parkwächter das merkwürdige Verhalten des Hundes. Nach einiger Zeit nahm er seinen Mut zusammen und fragte den Mann, warum sich sein Hund so eigenartig verhielt.[1]

»Ach«, antwortete dieser, »sie ist aus dem Tierheim. Fast ihr ganzes Leben lang war sie eingesperrt, und ihr Käfig war nur sehr klein.«

Wie oft haben Sie sich schon wie dieser Hund verhalten? Frei, aber dennoch ständig in kleinen mentalen Kreisen unterwegs. Frei, glücklich zu sein, und trotzdem in denselben dunklen, sich wiederholenden Gedanken gefangen wie in einem Käfig. Frei, mit sich selbst und der Welt im Frieden zu sein, und doch weiterhin in Angst, Stress, Unzufriedenheit und Erschöpfung verstrickt und darin eingeschlossen.

Frei wie ein Hund im Käfig.

So vieles im Leben wird durch solche kleinen Tragödien unnötig beeinträchtigt. Tief im Inneren wissen wir alle, dass wir ein glückliches, erfülltes Leben führen könnten, und doch hält uns immer etwas davon ab. Gerade wenn es so wirkt, als wäre das Leben zum Greifen nah, gleitet es uns durch die Finger. Solche Phasen der Bedrängnis kommen zwar scheinbar aus dem Nichts, sind jedoch in Wirklichkeit auf tief vergrabene psychische Kräfte zurückzuführen. Neurowissenschaftler verstehen allmählich, wie diese Prozesse unsere Gedanken, Gefühle und Emotionen* steuern, und was noch wichtiger ist: Sie haben herausgefunden, warum sie gelegentlich fehlschlagen und dann bewirken, dass unser Leben als blasser Abklatsch dessen, was es sein könnte, nur einen Bruchteil seines wahren Potenzials entfaltet. Diese neuen Entdeckungen zeigen auch, warum Achtsamkeit so wirksam Leid lindert, vor allem aber öffnen sie die Tür zu etwas anderen Methoden, die sogar noch wirksamer sein können. Achtsamkeit wird dadurch nicht überflüssig; vielmehr kann sie um eine zusätzliche Dimension erweitert werden, die sie transformiert.

Das vorliegende Buch macht sich diese neuen Entwicklungen zunutze. Es hilft Ihnen, von Ihren Sorgen abzulassen, und gibt Ihnen die nötigen Werkzeuge an die Hand, um Ängste, Stress, Unzufriedenheit, Erschöpfung und sogar Depressionen zu bewältigen. Sobald sich diese unangenehmen Gefühle verflüchtigen, werden Sie wieder einen ruhigen Raum in sich entdecken, als Ausgangspunkt, um Ihr Leben wieder neu aufzubauen.

---

* Der Ausdruck »Gefühle und Emotionen« mag im Deutschen etwas irritieren, weil beide Begriffe im Alltagssprachgebrauch oft dasselbe bezeichnen, aber im vorhergehenden Buch der Autoren, *Das Achtsamkeitstraining*, findet sich auf Seite 37 in einer grafischen Übersicht folgende Definition, die den Unterschied verdeutlicht: »Emotionen sind ›Gedankenbündel‹ von Gefühlen, Körperempfindungen und Handlungsimpulsen.« (Anm. d. Ü.)

Dabei können wir Ihnen helfen, weil wir (und unsere Kolleg*innen an der Universität Oxford und anderen Institutionen weltweit) viele Jahre damit zugebracht haben, Behandlungen für Angst, Stress, Depressionen und Erschöpfung zu entwickeln. Wir haben die Achtsamkeitsbasierte Kognitive Therapie (MBCT – *Mindfulness-based Cognitive Therapy*) mitbegründet, die, wie klinische Studien gezeigt haben, eine der wirksamsten bislang entwickelten Behandlungen von Depressionen ist.[2] Aus dieser Arbeit ist unser Buch *Das Achtsamkeitstraining. 20 Minuten täglich, die Ihr Leben verändern* hervorgegangen. Das Achtsamkeitsprogramm dieses Buches hat sich in klinischen Studien an der Universität Cambridge und anderswo als hochwirksame Behandlung von Angst, Stress und Depressionen erwiesen – und zwar in solchem Maße, dass es von Ärzten und Psychiatern auf der ganzen Welt verschrieben wird, um Menschen bei der Bewältigung eines breiten Spektrums psychischer Erkrankungen wie auch bei genereller Traurigkeit und Unzufriedenheit mit dem Leben zu helfen.

Die in *Das Achtsamkeitstraining* aufgezeigten Übungen oder auch ähnliche Fähigkeiten, die in Kursen wie der Achtsamkeitsbasierten Stressreduktion (MBSR) vermittelt werden, sind jedoch nur erste Schritte auf einem längeren, fruchtbareren Weg. Obwohl sie die Grundlage eines glücklicheren, erfüllteren Lebens bilden und nachweislich für zahlreiche Praktizierende transformativ gewesen sind, wurden wir von vielen gefragt, ob sie noch etwas anderes tun könnten, um ihre Praxis zu verbessern und verbleibende Probleme zu lösen. Die Antwort lautet: *ja.* Es gibt eine Methode, um die Achtsamkeit auf die nächste Ebene zu heben, tiefer zu gehen und mehr von Ihrem Potenzial freizusetzen. Sie besteht darin, ein weiteres Grenzgebiet der Achtsamkeit zu erkunden, bekannt als *Vedana* – Gefühl, Empfindung oder Gefühlsfärbung. Wichtig ist: Sie brauchen keine umfassende Meditationserfahrung, um Nutzen aus diesen Übungen zu ziehen. Die Forschung zeigt, dass Meditationsanfänger ebenso sehr davon profitieren können wie Praktizierende mit jahrelanger Erfahrung.

Wenngleich die Gefühlsfärbung ein oft übersehener Aspekt der Meditation ist, gehört sie doch zu den vier ursprünglichen Grundlagen der Achtsamkeit. Diese sind: Achtsames Wahrnehmen (1) des Körpers und des Atems; (2) der Gefühle und Empfindungen (oder Vedana); (3) des Geistes oder Bewusstseins; (4) der sich ständig verändernden Natur der Welt und all dessen, was auf unserem Weg hilfreich und hinderlich ist. Jeder Aspekt wird durch andere Übungspraktiken kultiviert, die zusammengenommen ganz unterschiedliche Auswirkungen auf Geist und Körper haben. Achtsamkeitskurse konzentrieren sich in der Regel jeweils auf die erste Ebene dieser vier Grundlagen. Das vorliegende Buch hingegen nutzt neue Meditationen über die Gefühlsfärbung als Tor zu tieferen Schichten eben dieser vier Aspekte der Achtsamkeit. Sie führen Sie näher an die Quelle Ihrer seelischen Verfassung heran; näher an alle Schwierigkeiten, die Sie vielleicht haben, und noch näher an deren Lösung.

Eine zufriedenstellende Übersetzung des alten Sanskrit-Wortes Vedana[3] gibt es nicht. Es ist eine Qualität des Gewahrseins, die nur erfahren, aber nicht genau in Worte gefasst werden kann; ein Gefühl, fast eine Hintergrundfarbe, die unsere Erfahrung der Welt – und der Achtsamkeit selbst – *tönt*. Aus diesem Grund wird Vedana oft mit Gefühlstönung oder Gefühlsfärbung übersetzt. Und obwohl wir beide Begriffe (Vedana und Gefühlsfärbung) austauschbar verwenden werden, ist es sinnvoll, nicht zu vergessen, dass wir uns auf einen »Geschmack« des Gewahrseins, eine Wahrnehmungsnuance, beziehen und nicht auf eine starre Vorstellung, die durch Worte und Definitionen eingegrenzt werden könnte. Die Gefühlsfärbung ist zwar etwas, das wir in Geist, Körper und unserer seelischen Verfassung spüren können, aber ihre wahre Beschaffenheit kann immer nur bis zu einem gewissen Grad beschrieben werden, niemals ganz. Manchmal ist das ärgerlich.

Eine typische Gefühlsfärbungsmeditation besteht darin, erst den Geist mit einer einfachen Atem- oder Körpermeditation zur Ruhe zu bringen und dann auf eine Art, die sich etwas von anderen Meditationen unterscheidet, darauf zu achten, was Sie spüren. Dabei konzentrieren Sie sich in ganz bestimmter Weise auf Gefühle und Empfindungen, die sich in dem Moment einstellen, wenn der unbewusste Geist sich in den bewussten hinein auskristallisiert. Auch wenn solche Momente flüchtig sind, können sie oft die wichtigsten im Leben sein. Denn Vedana ist der Balancepunkt im Geist, der die Gefühlsfärbung für die Reihe von Gedanken, Gefühlen und Emotionen angibt, die folgen. Oft ist diese Tönung kaum wahrnehmbar, aber wenn Sie darauf achten, können Sie sie in Geist, Körper und in Ihrer Stimmung spüren – durch und durch. Sie ist von großer Bedeutung, denn sie steuert die Verlaufskurve Ihrer nachfolgenden Gedanken, Gefühle und Emotionen. Ist diese Gefühlsfärbung »angenehm«, sind Sie tendenziell positiv gestimmt und dynamisch und haben das Gefühl, Ihr Leben (zumindest eine Zeit lang) im Griff zu haben. Ist sie »unangenehm«, sind Sie wahrscheinlich etwas bedrückt, entmutigt und fühlen sich ohnmächtig. Gefühlsfärbungsmeditationen lehren Sie zu sehen oder, genauer gesagt, zu *fühlen*, wie Ihr Leben von Kräften gebeutelt wird, die Ihnen kaum bewusst sind. Manchmal agieren diese Kräfte in Ihrem besten Interesse, manchmal nicht. Aber das Wichtige ist, dass sie für Sie nicht unmittelbar kontrollierbar sind. Unter dem Einfluss dieser Kräfte gehört Ihnen Ihr Leben nicht.

Versuchen Sie es einmal mit der folgenden kleinen Übung, um diese Vorstellungen geistig zu verankern und ein Gespür für Ihre Gefühlsfärbungen zu entwickeln. Nehmen Sie sich in einem geeigneten Moment etwas Zeit, und betrachten Sie Ihre Umgebung: das Zimmer, das Fenster, vielleicht auch die Straße, das Feld oder den Wald vor Ihnen. Wenn Ihr Blick auf verschiedene Dinge fällt oder diverse Geräusche an Ihr Ohr dringen, versuchen Sie, das subtile Gefühl zu spüren, ob Sie sie jeweils als angenehm, unangenehm oder neutral empfinden. Falls Sie zu Hause sind, könnte Ihnen eine Postkarte, ein Geschenk oder das Erinnerungsstück einer lieben Freundin ins Auge fallen. Als Reaktion darauf spüren Sie vielleicht das sofortige warme Glühen einer angenehmen Gefühlsfärbung. Oder Sie sehen einen schmutzigen Teller, den Sie schon längst hätten wegräumen sollen, oder etwas, das Sie sich von jemandem geliehen haben und eigentlich zurückgeben wollten, und spüren dann vielleicht eine unangenehme Gefühlsfärbung. Draußen sehen Sie möglicherweise, wie die Sonnenstrahlen durch die Blätter eines Baumes dringen, oder einen Fetzen herumflatternden schmutzigen Plastikmülls. Wenn Sie den Moment zu fassen bekommen, spüren Sie womöglich, wie Wellen angenehmer oder unangenehmer Gefühlsfärbungen sich ausbreiten. Doch nicht nur die Außenwelt hat eine derartige Wirkung. Vielleicht nehmen Sie auch Empfindungen im Körperinneren wahr wie etwa Schmerzen oder auch entspannte Ruhe. Diese Empfindungen werden ebenfalls in derselben Wahrnehmungsdimension (angenehm, unangenehm oder neutral) verzeichnet. Und früher oder später werden Sie Gedanken oder Emotionen bemerken, die kurz nach den Gefühlsfärbungen aufkommen und wieder vergehen.

Sie brauchen nicht zu wissen, *wie* Sie diese Gefühlsfärbungen erkennen; Sie erkennen sie einfach. Irgendwie vollzieht sich ein »Auslesen« in Körper und Geist auf der Skala von angenehm bis unangenehm. Es ist wie ein Bauchgefühl. Man braucht nicht groß darüber nachzudenken oder ihm nachzujagen. Man könnte es damit vergleichen, wie etwas schmeckt: Man weiß es einfach, sobald man es im Mund hat. So wie man schmeckt, ob die Milch, die man gerade trinkt, sauer ist, weiß man, dass etwas unangenehm ist, ohne darüber nachdenken zu müssen.

Gefühlsfärbungen können extrem wichtig sein. Denken Sie zurück an das letzte Mal, als Sie in einem Café saßen und plötzlich ohne ersichtlichen Grund traurig waren. Könnten Sie die Uhr zurückstellen und die Einzelbilder noch einmal eins nach dem anderen ablaufen lassen, sodass Sie sehen, was gerade geschah, als Ihre Traurigkeit aufkam, dann würden Sie merken: Dem Gefühl ging eine kurze Pause voraus, ein Moment, in dem Ihr Geist auf der Kippe stand und spürte, ob die sich entwickelnde Situation *angenehm*, *unangenehm* oder *neutral* war. Ein Vedana-Moment.

Vedana ist also oft ein geistiger Kipppunkt, der sich darauf auswirkt, wie Sie die Welt in den darauffolgenden Momenten erleben; als gut, schlecht oder neutral. Überaus wichtig ist jedoch das, was als Nächstes passiert. Wir nennen es »Reaktionsimpuls«. Er funktioniert so: Wenn eine angenehme Gefühlsfärbung im Geist aufkommt, wollen wir sie festhalten und fürchten ein bisschen, dass sie vergeht oder uns entgleitet. Das ist völlig normal. Ist die Gefühlsfärbung unangenehm, dann ist es ganz natürlich, sie loswerden zu wollen, sie wegzuschieben mit der Befürchtung, dass sie für immer bleibt und niemals verschwindet. Neutrale Empfindungen empfinden wir oft als langweilig, sodass wir uns ausklinken und etwas Interessanteres tun wollen. Solche primären Gefühlsfärbungen können schnell eine Reaktionskaskade in Geist und Körper auslösen. Diese Reaktionen spüren wir als Emotionen und Wünsche, die uns dazu bringen, angenehme Gefühlsfärbungen festzuhalten, unangenehme wegzuschieben und von neutralen abzuschweifen. Ein Reaktionsimpuls ist also die reflexartige Reaktion des Geistes auf eine Gefühlsfärbung. Wenn die Tönung die Szene vorbereitet, dann castet der Reaktionsimpuls die Schauspieler, wählt die Kostüme und schreibt das Drehbuch für das, was als Nächstes geschieht. Und er kann das Drehbuch so schreiben und szenisch umsetzen, dass es leicht den ganzen Tag – und manchmal einen viel längeren Zeitraum – ruinieren kann.

Nahezu alle emotionalen Schwierigkeiten, die viele von uns erleben, beginnen mit der Reaktion des Geistes auf unsere Gefühlsfärbungen: mit unserem Reaktionsimpuls. Doch das Problem ist noch nicht einmal der Impuls selbst, sondern die Tatsache, dass wir nichts von seiner Existenz wissen und auch nichts darüber, wie er eigentlich beschaffen ist. Oft ist uns nicht bewusst, dass er überhaupt da war, wir wissen weder, welche Gefühlsfärbung ihn getriggert hat, noch, dass er tendenziell von selbst wieder verschwindet, wenn wir ihn nur lassen. Alles, was wir wahrnehmen, ist die Kaskade von Gedanken, Gefühlen und Emotionen, die er im Schlepptau hat.

Dadurch, dass Sie lernen, die Gefühlsfärbung zu spüren – sie ans Licht zu bringen –, lernen Sie auch, Ihre zugrunde liegende Gemütsverfassung zu erkennen, und können so Ihren Empfindlichkeiten und ganz normalen Neigungen und Reaktionen besser Rechnung tragen. Dies gibt Ihnen den Raum, darauf einzugehen, anstatt automatisch zu reagieren. Es hilft Ihnen, mitfühlend zu akzeptieren: Auch wenn Sie *in diesem Moment* ängstlich, gestresst, wütend oder deprimiert sind, gilt das nicht für Ihr ganzes Leben – das durchaus nicht nur eine deprimierende Zukunft für Sie bereithält. Sie können einen anderen Kurs einschlagen. Alternative Zukunftsperspektiven stehen Ihnen zur Verfügung.

Uns eine alternative Zukunft zu eröffnen, ist ganz leicht: Wir brauchen nur den zugrunde liegenden Fluss von Gefühlsfärbungen zu spüren. Die Reaktionsimpulse wahrzunehmen. Zu erkennen, dass der Wunsch, die Dinge sollten anders sein, das Problem *ist*. Das Verlangen, das Unangenehme möge aufhören. Das Verlangen, das Angenehme möge bleiben. Das Verlangen, die Langeweile möge enden. Diese Vorstellung ist vielen alten Traditionen gemeinsam. Und inzwischen stimmt auch die Neurowissenschaft dem zu.

Das Gewahrsein der Gefühlsfärbung unserer Gedanken, Erinnerungen und Emotionen entwickeln – warum?

Ihre Gedanken, Gefühle und Emotionen sind nicht das Problem, egal, wie intensiv und real sie sich anfühlen mögen. So sind Emotionen beispielsweise Anzeichen dafür, dass etwas Wichtiges unsere Aufmerksamkeit erfordert:

- Wir sind traurig, wenn wir einen wichtigen Menschen oder etwas, das uns wichtig ist, verloren haben.
- Wir empfinden Angst, wenn sich eine Bedrohung am Horizont abzeichnet.
- Wir sind wütend, wenn eines unserer Ziele durchkreuzt wird.
- Wir sind besorgt oder in Gedanken vertieft, wenn ein langfristiges Projekt unsere Problemlösungsfähigkeiten erfordert.

In vielerlei Hinsicht liegt das eigentliche Problem im Reaktionsimpuls, der durch Schwankungen in der zugrunde liegenden Gefühlsfärbung ausgelöst wird. Wir bleiben in unseren Gedanken, Erinnerungen und Emotionen stecken und gelangen nicht mehr heraus.

Zu lernen, die dem Impuls vorausgehende Gefühlsfärbung zu spüren, vermittelt Ihnen zusätzliche Informationen. Es zeigt Ihnen genau an, wann Ihre Emotionen, Gedanken oder Erinnerungen sich mit hoher Wahrscheinlichkeit verstricken und außer Kontrolle geraten. Mithilfe der theoretischen Grundlagen und der praktischen Übungseinheiten, die das Programm dieses Buches Ihnen bieten, werden Sie lernen, wie Sie solche Momente erkennen, damit Sie eingreifen und alte, destruktive Gewohnheiten auflösen können. Das

Programm wird Ihnen helfen, die Ruhe, Kraft und Freude wiederzuentdecken, die unserem Wesen zugrunde liegen.

Wie kann Ihnen dieses Buch helfen?

Unser vorheriges Buch, *Das Achtsamkeitstraining*, wurde für sehr viele Hilfesuchende zu ihrem vorrangigen Ratgeber, denn es hat ihnen geholfen, sich von ihrem emotionalen und körperlichen Leid zu befreien. In Bezug auf den Nutzen der Achtsamkeit waren wir ehrlich und haben Übende auch davor gewarnt, dass ihr Weg weder schnell noch besonders leicht sein würde. Wir haben sie gebeten sicherzugehen, dass sie sich im richtigen Moment ihres Lebens befinden, um mit dem Achtsamkeitstraining zu beginnen, und haben betont, dass es unerlässlich ist, sich für die Übungen täglich die nötige Zeit zu nehmen. Trotz dieser Warnhinweise haben Hunderttausende – vielleicht sogar Millionen – das Programm des Buches (oder darauf basierende Achtsamkeitskurse) absolviert. Viele von ihnen waren so angetan davon, wie sich Meditieren auf ihr Leben auswirkte, dass sie ihre Praxis erweitern und vertiefen wollten. Vielleicht gehören Sie dazu. Wenn auch Sie über das Acht-Wochen-Programm hinausgehen möchten, das in *Das Achtsamkeitstraining* oder in Ihrem Meditations-, MBCT- oder MBSR-Kurs gelehrt wird, und Ihre Praxis ausweiten möchten, um die positive Wirkung zu verankern, dann ist dieses Buch ein guter Startpunkt für Sie.

Es könnte auch sein, dass Sie *Das Achtsamkeitstraining* oder einen Kurs zwar als hilfreich empfunden haben, es Ihnen aber nicht weit genug ging, um Ihre verbleibenden negativen oder selbstzerstörerischen Gewohnheiten vollständig aufzulösen. Oder aber Sie haben einen flüchtigen Eindruck der Freiheit gewonnen, der Ihnen aber dann bei Ihrer Hetze durchs Leben wieder abhandengekommen ist, und nun wollen Sie Ihre Bekanntschaft mit ihr erneuern. Oder vielleicht haben die Achtsamkeitsfähigkeiten, die Sie sich in Kursen oder mithilfe von Büchern angeeignet haben, bei Ihnen nicht so recht »gefruchtet«, und Sie möchten nun einen anderen Ansatz ausprobieren. Wenn etwas davon auf Sie zutrifft, ist das vorliegende Buch wahrscheinlich hilfreich für Sie.

Auf den folgenden Seiten und in den begleitenden Meditations-Downloads stellen wir Ihnen das Programm *Feeling Tone (Gefühlsfärbung)* vor. Es ist keine simple Fortsetzung unseres ursprünglichen Buches oder anderer Meditationskurse; vielmehr gibt es Ihrer Praxis eine neue, produktivere Richtung. Auch wenn Sie überhaupt keine Meditationserfahrung haben, sollten Sie sich nicht abschrecken lassen. Das Programm hat sich für Anfänger und erfahrene Meditierende gleichermaßen als hilfreich erwiesen, insbesondere wenn die Betreffenden eine Praxis suchen, die wissenschaftliche Stringenz mit jahrtausendealter Weisheit verbindet.

Wenn Sie gern sofort mit dem neuen Meditationsprogramm beginnen möchten, empfehlen wir Ihnen, nach der Lektüre dieses Kapitels zum vierten Kapitel zu springen. Falls Sie zunächst mehr über die zugrunde liegenden Konzepte erfahren möchten, beginnen Sie mit Kapitel zwei und drei. Wenn Sie verstehen, wie die verschiedenen Meditationen funktionieren und warum sie wirken, wird sich nicht nur die Praxis der Achtsamkeit im Allgemeinen verbessern, sondern auch die des bewussten Wahrnehmens der Gefühlsfärbung. Es ist auch nützlich (und faszinierend), auf einer sehr tiefgehenden Ebene zu wissen, wie der Geist funktioniert und wie es kommt, dass wir gelegentlich unter Angst, Stress, Depressionen, Erschöpfung und einer Vielzahl anderer Probleme leiden.

Unabhängig davon, ob Sie Kapitel zwei und drei vorab lesen oder erst beim Durcharbeiten des Programms: Sie werden feststellen, dass diese das Programm erheblich unterstützen. Die letzten acht Kapitel des Buches (fünf bis zwölf) enthalten das jeweilige Wochenprogramm.

Wir wünschen Ihnen viel Erfolg auf Ihrem Weg!

Die begleitenden Meditationen finden Sie in den Kästen »Übungen für Woche …« in den Kapiteln fünf bis zwölf. Wir empfehlen Ihnen, die schriftlichen Meditationsanweisungen im Buch durchzulesen, bevor Sie die Audioversionen hören und der Anleitung folgen.

KAPITEL 2

Warum reiben wir uns bis zur Erschöpfung auf?

Zoe starrt mit leerem Blick auf den Computerbildschirm, innerlich an einem toten Punkt angelangt. Sie ist Teamleiterin im Büro eines riesigen Logistikzentrums, betrieben von einem Online-Bekleidungsunternehmen. Wie sie freimütig zugibt, ist die Arbeit im Warenlager nicht gerade erfüllend. Das Unternehmen verlangt Perfektion, was oft seinen anderen erklärten Zielen wie Geschwindigkeit und Effizienz zuwiderläuft. Und weil es sehr schnell expandiert, sind nie genügend Leute zur Erledigung aller anfallenden Aufgaben da. Daher muss Zoe oft notgedrungen die Arbeit anderer parallel zu ihrer eigenen tun. So gefällt es allen – außer Zoe. Sie ist so effizient, dass sich viele aus dem Team bei einem Problem sofort an sie wenden, anstatt es selbst zu lösen. Früher fühlte sich Zoe dadurch wichtig. Jetzt ist sie nur noch ausgelaugt und reizbar. Außerdem hat sie seit einiger Zeit den Hang, Dinge endlos vor sich herzuschieben, vergleichbar mit einem überlasteten Computer, der dazu neigt, sich aufzuhängen. Solche Episoden schlecht gelaunter geistiger Abwesenheit treten immer häufiger auf und werden immer schlimmer. Sie ertappt sich bei Gedanken wie: »Gott, das sollte doch einfach sein. Warum zum Teufel ändern sie dauernd etwas? Ich komme nicht mehr hinterher. Vielleicht liegt es an mir?

Ich bin einfach nicht mehr so schnell wie früher. Oder so einfallsreich. Alles ist so hektisch. Warum bin ich nur immer so müde? Kein Wunder, dass ich kein Leben außerhalb des Jobs habe – ich habe einfach keine Zeit und Energie, um alles unter einen Hut zu bringen – bin zu müde, um das auf die Reihe zu kriegen.«

Zoe nahm einen weiteren Schluck von dem starken Kaffee, den die Firma literweise frei zur Verfügung stellte. Das Telefon klingelte. Es war ihr Chef mit der Bitte, die für zwei Uhr angesetzte Besprechung zu verschieben. Das bedeutete, sie musste den Terminplan von sechs weiteren Personen umstellen. Auf dem Bildschirm erschien eine rote Fahne. Das Lagerteam war in Verzug und brauchte die Hilfe des Büropersonals beim Kommissionieren und Verpacken der Artikel für die Auslieferung. Sie griff zur Lautsprecheranlage, um die Durchsage zu machen. In diesem Moment rief die Grundschule ihrer Tochter Megan an. Megan hatte Fieber. Zoe hätte losfahren und sie früher abholen müssen. Nur war ihr Auto in der Werkstatt und würde erst später am Nachmittag fertig sein. »Verdammt«, fluchte sie leise in sich hinein. Ihr Geist schaltete ab, und sie blickte aus dem Fenster in den Lagerbereich. Dort wuselten kleine Roboter mit Panzerketten herum, die Bestellungen kommissionierten und verpackten. »Sie sind inzwischen praktisch genauso gut wie wir«, dachte sie. »Und die Einzigen, die lange genug in Ruhe gelassen werden, um sich auf ihre Arbeit zu konzentrieren.«

Dann fiel ihr ein, dass das Lager über Nacht umorganisiert worden war. Die menschlichen Arbeitskräfte halfen jetzt den Robotern bei *deren* Arbeit. Das Herz wurde Zoe noch schwerer. Solche Zukunftsängste waren inzwischen ein zentraler Bestandteil ihres Lebens und hielten sie immer häufiger nachts wach: »Es wird nur immer schlimmer. Wie sollen unsere Kinder später zurechtkommen? Es wird einfach keine Arbeitsplätze mehr geben, geschweige denn gute. Noch nicht mal eine eigene Wohnung werden sie sich leisten können, und ein Haus schon gar nicht. Das ganze Geld ist dann in den Händen von Tech-Baronen; für uns fallen nur ein paar Krümel vom Tisch ab. Nicht mehr als Ratten sind wir für die da oben …« Es war so weit, dass einige große Gläser Wein nötig sein würden, um Zoe so weit zu entspannen, dass sie schlafen konnte.

Zoes Fall ist kaum einzigartig. Sie ist überarbeitet, und ihr Leben wird von Angst und einem nagenden Gefühl der Unzufriedenheit beherrscht. Zwar wünscht sie sich verzweifelt, glücklich zu sein und genug Zeit und Energie für sich und ihre junge Familie zu haben, doch sie hat keine Ahnung, wie sie das anstellen soll. Sie hat zwar keine Angststörung, ist nicht im klinischen Sinne gestresst oder depressiv und hat auch keinen Burn-out, aber ebenso wenig ist sie energiegeladen und wirklich glücklich. Es ist eher ein Überleben als ein Leben.

Würde man Zoe bitten, dem nachzugehen, was in ihrem Kopf ablief, als sie »gehetzt und gestresst« war, würde sie erkennen, dass die unablässigen Arbeitsanforderungen in Verbindung mit einem hektischen Lebensrhythmus sie mental überfordern und ihren Geist in den Leerlauf treiben. Ihre fortwährende Aktivität ließ sie zwar effizient wirken, aber innerlich war sie dem Zusammenbruch nah. Das ist kaum überraschend. Mit zu vielen Anforderungen gleichzeitig jonglieren zu wollen, fordert einen erheblichen Preis, der allerdings meistens nicht auffällt. Probieren Sie diese kleine Übung aus, um zu sehen, warum:

> Stoppen Sie die Zeit, während Sie die ersten beiden Zeilen dieses Kinderlieds aufsagen:
>
> *Mariechen hat ein kleines Schaf,*
> *Schneeweiß, so war sein Fell.*
>
> Wie lange haben Sie gebraucht, um diese zehn Wörter zu sagen? Ungefähr vier Sekunden?

Zählen Sie jetzt bis zehn.

Wieder vier Sekunden? Es dauert also etwa acht Sekunden, die beiden Verszeilen aufzusagen und anschließend bis zehn zu zählen.

Schließen Sie nun die Augen, und sprechen Sie abwechselnd die Wörter des Kinderlieds und die Zahlen. Und zwar: »Mariechen – 1«; »hat – 2«; »ein – 3« und so weiter.

Wie lange dauert das? Etwa sechzehn bis zwanzig Sekunden?

Die zusätzliche Zeit, die gebraucht wird, um zwischen den Wörtern des Kinderreims und den Zahlen eins bis zehn hin- und herzuwechseln, sind die sogenannten Umschalt- oder Wechselkosten. Es ist mehr Zeit erforderlich, weil man sich merken muss, wo man sich in der abwechselnden Folge von Wörtern und Zahlen befindet, während man gleichzeitig gegen die Neigung ankämpft, die gerade verlassene Sequenz zu vervollständigen. Das heißt, wenn Sie das Wort »kleines« sagen, wollen Sie als Nächstes automatisch »Schaf« sagen und nicht »vier«. Ein Großteil der Wechselkosten resultiert aus der sogenannten Rückkehrhemmung (*inhibition of return*) – der geistigen Konzentration, die erforderlich ist, um zu verhindern, dass der Verstand wieder zur vorherigen Aufgabe zurückrutscht. Eine Aufgabe hemmen und eine andere beginnen – viele Male hintereinander, Stunde um Stunde – verbraucht Zeit und geistige Energie. Ein solches Multitasking mag Ihnen zwar das Gefühl geben, viele Dinge parallel auf einmal zu erledigen, doch in Wirklichkeit springen Sie nur sehr ineffizient von einer Aufgabe zur nächsten. Und je komplexer die Aufgabe ist, desto ineffizienter wird das Wechseln. Einigen Studien zufolge[4] kann es etwa zwanzig Minuten dauern, bis man sich nach einer Unterbrechung wieder auf eine komplexe Aufgabe konzentrieren kann – und manchmal sogar noch viel länger.

Das wiederholte Umschalten hat aber noch eine heimtückischere Folge. Wenn die Tage vergehen und zu Wochen, dann zu Jahren werden, kann es dazu kommen, dass Ihre geistigen Kapazitäten immer mehr abnehmen. Ihre Aufmerksamkeitsspanne verringert sich. Der Geist verhält sich mit der Zeit wie ein Stein, der über die Oberfläche eines Teiches hüpft. Sie werden vielleicht besser im Wechseln, aber weniger effizient darin, sich auf die Aufgaben zu konzentrieren, zu denen Sie wechseln. Und da Sie immer weniger im Kopf behalten können, müssen Sie häufiger wechseln, was wiederum bedeutet, dass Sie noch langsamer werden, weil all die verschiedenen Prioritäten um den abnehmenden geistigen Raum konkurrieren.

Das hat auch einen emotionalen Preis. Denn Sie konzentrieren Ihre begrenzte geistige Energie auf die schwierige Aufgabe des Umschaltens statt aufs Arbeiten und werden durch solche Unterbrechungen gereizt und aufbrausend. Es kann sich anfühlen, als bräuchten Sie diesen kleinen Ausbruch wütender Energie, um wieder zu der Aufgabe zurückzuwechseln, die unterbrochen wurde. Und es ist aufreibend. Diese Veränderungen können sich in Ihrem Gehirn verfestigen beziehungsweise »verdrahten«, sodass Sie am Ende leichter wütend werden und sich schwerer zum Lachen bringen lassen.

Solche Probleme beschränken sich auch nicht nur auf die Arbeit. Sich um die Familie zu kümmern und für das reibungslose Funktionieren des Haushalts zu sorgen, wurde früher allein für sich genommen als wesentliche Aufgabe angesehen. Heute ist beides, oft aus Notwendigkeit, an den Rand gedrängt worden. Das wiederum bedeutet, dass es viel schwieriger ist, ein Sozialleben aufrechtzuerhalten, und echte Freizeit kann wie ein Ding der Unmöglichkeit erscheinen. Selbst wenn Sie wirklich etwas Zeit für sich selbst finden, werden Sie vielleicht von einer E-Mail Ihrer Chefin, einer Benachrichtigung in Ihrem Terminkalender oder dem Ping einer Social-Media- oder Auktionsseite unterbrochen. Selbst etwas so Simples wie der Griff zum Smartphone, um nachzusehen, wie spät es ist, kann dazu führen, dass man mit einer langen Liste von Benachrichtigungen, Bannern und Mitteilungen konfrontiert wird. Solche Störungen nehmen Ihnen einen Moment Ihres Lebens weg – und der Versuch, sie zu ignorieren oder zu unterdrücken, raubt Ihnen den nächsten.

Nichts davon stellt allein für sich eine Schwierigkeit dar, aber alles zusammengenommen kann zu einem großen Problem werden, wenn man zu viel zu tun und nicht genug Zeit hat, um alles zu erledigen. So kann es das Gefühl der Überlastung und Überforderung verstärken. Und dann ist es kein Wunder, dass Sie sich zunehmend ausgelaugt und am Rande des Burn-outs fühlen.[5]

Obwohl dieser Zustand belastend und kraftraubend ist, bedarf es doch noch etwas mehr, um ihn in einem solchen Maße in Angst, Stress oder Depression zu verwandeln, dass eine klinische Ebene erreicht ist. Man spricht von Verstrickung, wenn man so in Schwierigkeiten gefangen und verwickelt ist, dass man trotz größter Bemühungen keinen Ausweg mehr sieht; wenn man anfängt, zu viel nachzudenken, zu grübeln, und in Negativität versinkt. Aber nicht die »negativen« Gefühle an sich sind das Problem – sie sind Symptome –; vielmehr liegt die Wurzel unserer Schwierigkeiten darin, *wie* sie sich miteinander verstricken und auf diese Weise unser Leid vertiefen und verlängern. Jede ist in die anderen eingebettet und unterstützt sie. Sie können derart miteinander verflochten sein, dass ein trauriger Gedanke den nächsten triggert und dann den nächsten und wieder den nächsten, in einer teuflischen Abwärtsspirale, sodass sie unsere Gefühle mit sich nach unten ziehen, ebenso wie das energetische Niveau des Körpers und unsere Motivation, Dinge zu tun, die uns unterstützen und nähren.

Das gilt für alle bedrückenden Gedanken. Ängstliche Gedanken lösen noch mehr ängstliche Gedanken aus. Stress triggert Stress. Jede Negativitätsspirale verhält sich wie ein klebriges Netz, das umherschlenkert, noch mehr unangenehme Gefühle ans Licht holt und sich immer stärker verheddert. Weil Sie zunehmend abgelenkt sind, der Zeit hinterherrennen und überfordert sind, kann es immer schwieriger werden, mit dem Arbeiten, den Sorgen und Grübeleien aufzuhören.

Ein Zustand der Verstrickung äußert sich oft in Form von negativen offenen Fragen, auf die es selten eine endgültige Antwort gibt: »Was ist heute mit mir los? Wo habe ich etwas falsch gemacht? Warum mache ich immer diese Fehler? Warum kann ich mich nicht zusammenreißen? Ich sollte glücklich sein – warum bin ich nicht glücklich?« Dem Anschein nach wirken sie zwar wie offene Fragen, aber wenn Sie hinhören, erkennen Sie, was sie in Wirklichkeit sind: So klingt Ihr innerer Kritiker. »Irgendwas stimmt nicht; du machst immer Fehler; reiß dich zusammen; du solltest glücklich sein.«

Der innere Kritiker schießt aus dem Hinterhalt hervor, verlangt Perfektion und befiehlt Ihnen, sich noch mehr anzustrengen, koste es, was es wolle. Er warnt Sie vor Schwäche, macht sich Sorgen um Ihre Zukunft und erinnert Sie an vergangene Misserfolge. Er fängt Sie ein und verstrickt Sie dann in Ihre Gedanken, ohne sichtbaren Ausweg. Solche negativen Zustände können eine so starke Dynamik entwickeln, dass es extrem schwierig wird, sie zu stoppen. Sie können zu wachsender Unruhe führen, in deren Verlauf Ihr Geist in alle Richtungen abdriftet und außer Kontrolle gerät. Oder Sie werden nach außen hin wütend und aggressiv, geraten vielleicht in verbale oder sogar körperliche Auseinandersetzungen. Wenn dieser aufgewühlte Zustand anhält, kann es dazu kommen, dass das Kämpfen Sie erschöpft und Sie sich hilflos fühlen, bevor Sie leise in Verzweiflung und vielleicht sogar in eine Depression abgleiten.

Gefühle wie Angst, Stress, Unzufriedenheit und Erschöpfung können sich so ineinander verstricken, dass sie einen stacheligen Schmerzknoten in Ihrem innersten Kern bilden. Eine solche Verstrickung wird durch ein grundlegendes Merkmal des Geistes angetrieben; sowohl Gefühlsfärbungen als auch Reaktionsimpulse sind daran beteiligt. Neue Studien zeigen, wie es dazu kommt – aber noch wichtiger: Sie zeigen einen Ausweg.[6]

Es ist kompliziert; daher hier eine Analogie, die hilfreich sein könnte: Denken Sie an die Hündin aus Kapitel eins, die im Park in kleinen Kreisen herumlief. Sie haben vielleicht gedacht: »Warum merkt sie denn nicht, dass sie Platz hat?« Obwohl überall um sie herum Freiraum war, konnte sie ihn einfach nicht sehen. Sie war in einem Verhaltensmuster gefangen, entstanden aus dem Gefühl, eingeschlossen zu sein – und diese Wahrnehmung war so umfassend, dass sie den Ausweg nicht sah, obwohl sie ihr Bestes tat und die Fluchtmöglichkeit direkt vor ihr lag. Uns kann es ebenso ergehen. Wir können uns so sehr in den Alltag verstricken, dass die Vorstellung eines Weges in die Freiheit für uns nicht fassbar ist. Selbst eine schwache psychische Belastung kann uns so sehr in Beschlag nehmen, dass wir uns ihr nicht mehr entziehen können, und wenn wir es noch so sehr versuchen. So leidvoll eine solche Verstrickung auch sein mag, ist sie doch Teil der Bemühungen des Geistes, sich von Leid zu befreien. Wenn Ihr innerer Kritiker Sie angreift, tut er eigentlich sein Bestes, um Ihnen zu helfen. Oft geht das jedoch tragisch nach hinten los. Und zwar, weil der Geist eine merkwürdige Eigenschaft hat, wenn wir uns abhetzen, überarbeitet und überfordert sind.

Um zu verstehen, was dieser Verstrickung zugrunde liegt, müssen wir neue Erkenntnisse der Psychologie und der Neurowissenschaften heranziehen. Obwohl Details noch weiter erforscht werden, ist schon klar, dass die Art und Weise, wie wir die Welt wahrnehmen und ihr einen Sinn verleihen, sich drastisch von dem unterscheidet, was bisher angenommen wurde – und das wirkt sich tiefgreifend auf unsere Auffassungen über den Ursprung unserer Gedanken, Gefühle und Emotionen (und auch auf unsere zahlreichen psychischen Probleme) aus.

Wenn diese neuen Konzepte in die Achtsamkeitspraxis integriert werden, steigern sie deren Nutzen erheblich. Es kann jedoch etwas verzwickt sein, sie zu verstehen, weil sie der Intuition stark zuwiderlaufen; haben Sie deswegen bitte etwas Geduld mit uns, wenn wir sie erklären. Anschließend wird alles durchaus Sinn ergeben, und viel Kummer in Ihrem Leben wird sich in Luft auflösen, sobald Sie die Prinzipien praktisch umsetzen.

Die neue Psychologie des Geistes: Prädiktive Verarbeitung

Es erfordert ein enormes Maß an geistiger Energie, sich des gegenwärtigen Augenblicks bewusst zu werden. Das liegt daran, dass über unsere Sinne eine gewaltige Menge an Informationen einströmt, die alle koordiniert und integriert werden müssen, damit wir die Welt nicht nur bewusst wahrnehmen, sondern auch Entscheidungen treffen und in Echtzeit – im *gegenwärtigen Moment* – danach handeln können. Angesichts der Komplexität der Aufgabe könnte man erwarten, dass dadurch alles extrem schwierig wird, angefangen damit, eine belebte Straße entlangzugehen, über das Vermeiden eines Verkehrsunfalls bis hin zu etwas so Einfachem wie einen Ball fangen. Die Natur hat das Problem jedoch umgangen, indem sie uns ein Gehirn gegeben hat, das die Zukunft vorhersagt. Es konstruiert ein vereinfachtes Modell der Welt, das fortwährend aktualisiert und durch Informationen erweitert wird, die uns die Sinnesorgane übermitteln. Das, was wir als gegenwärtigen Moment betrachten, ist in Wirklichkeit eine verblüffend realistische Illusion, die der Geist kreiert. Eine Illusion, die so überzeugend ist, dass wir sie mit der Realität verwechseln. Sie wird als Simulation bezeichnet, und der Prozess, auf dem sie basiert, ist als »prädiktive Verarbeitung« bekannt.[7]

Die prädiktive Verarbeitung funktioniert, indem ständig »vermutet« wird, welche Informationen die Sinne gerade an das

Gehirn senden. Wir sehen nicht wirklich die Welt, sondern die Welt, wie sie nach Auffassung unseres Geistes im nächsten Moment aussieht. Wir hören auch nicht wirklich, sondern nehmen stattdessen die Geräusche wahr, die entsprechend dem, was der Geist glaubt, an unsere Ohren dringen. Und dasselbe gilt auch für unsere anderen Sinne. Wir erhalten geistige Vorhersagen darüber, was wir gleich schmecken, fühlen und riechen. Und in der Praxis ist es diese Vorhersage – oder Simulation –, die wir erleben, und nicht die »echte« Welt.

Wie Sie sich denken können, ist auch das ein unglaublich komplexer Prozess. Eine einfache Analogie ist hilfreich: Wenn Sie über Politik in Großbritannien sprechen und jemand »Houses of P...« sagt, können Sie erraten, was folgt: das Wort »Parliament«. Da Sie das Wort *vorausgesagt* haben, brauchen Sie es nicht zu *hören*. Stattdessen können Sie den Moment nutzen, um die Bedeutung des gesamten Satzes zu erfassen. Solche Vorhersagen machen Wahrnehmung und Reaktionen fließender, weil die Welt normalerweise vorhersehbar ist. Wie oben erklärt, kreieren wir eine Vorhersage nicht für einen einzelnen Sinn (zum Beispiel das Gehör), sondern für alle. Und zwar gleichzeitig. Wir konstruieren ein umfassendes Modell, das Anblicke, Geräusche, Gerüche, Geschmacksrichtungen und Empfindungen einbezieht. Dieses Modell wird Moment für Moment aktualisiert und integriert alle Abweichungen von der echten äußeren »Realität«; wir bewegen uns durch die Welt, während wir es kreieren und aktualisieren, vorhersagen und überprüfen. Und wenn unsere Überprüfungen zeigen, dass wir einen Fehler gemacht haben (zum Beispiel, wenn wir auf eine Ladentür zugehen und am Griff ziehen anstatt zu drücken), achten wir einfach mehr auf den *aktuellen* Datenstrom, der von unseren Sinnen kommt. Alle erforderlichen Korrekturen werden dann in das Modell eingebaut. Der Geist hält viele verschiedene Varianten des Modells gleichzeitig bereit, und jede wird fortwährend mit der Realität abgeglichen, um jegliche Abweichung schon im Anfangsstadium zu erkennen.

Die genaueste Variante »gewinnt« und wird ein Moment in der Simulation, den wir erleben.

Jeder Moment in der Simulation baut auf dem vorangegangenen auf, während sie sich durch die Zeit voranbewegt. Bei jedem Durchlauf des Modells werden alle von den Sinnen eingehenden Daten mit dem aktuell genauesten Modell und unzähligen Varianten davon verglichen. Und wieder gewinnt dann das genaueste Modell und dient als Grundlage für den nächsten Durchlauf. Jedes Modell bringt also andere hervor, und jedes davon fächert sich weiter auf, hinein in die Zukunft, und weicht dabei langsam von den anderen ab. Die meisten Informationen, die unseren Geist durchlaufen, sind faktisch eine Art Selbstgespräch – innerlich erzeugte Vorhersagen, ergänzt durch Informationen, die von unseren Sinnen kommen und von denen die genauesten in die Simulation einbezogen werden.

Sogar Sehen ist eine Simulation

Es gibt mehrere wichtige Gehirnteile, die für das Sehen zuständig sind, bekannt als V1 bis V6*. Sie tauschen untereinander Informationen aus, um die Erfahrung des Sehens zu erzeugen. V1 wird als primärer visueller Kortex bezeichnet, weil er die erste Anlaufstelle für Informationen aus dem Auge ist. Man würde erwarten, dass die meisten Informationen, die in V1 gelangen, allein vom Auge kommen. Schließlich ist das Auge für das Sehen zuständig. Das ist jedoch nicht der Fall. Aus anderen Bereichen des Gehirns fließen mehr Informationen in V1. Einigen Messungen zufolge sendet das Gehirn zehnmal so viele Informationen an diesen Teil des visuellen Kortex wie die Augen.[8] Wenn Sie also die

* »V« wegen »visueller Bereich« bzw. »visual area« (Anm. d. Red.)

Augen schließen und sich einen Gegenstand (zum Beispiel eine Orange) vorstellen oder sich eine Szene wie Ihren ersten Kuss ausmalen, sendet Ihr Gehirn Informationen an V1, sodass Sie es »sehen« können. Ihr geistiges Auge nutzt das visuelle Gehirn, um Bilder zu erzeugen. Diese Top-down-Daten, die in das Sehzentrum des Gehirns fließen, werden auch dazu genutzt vorherzusagen, was Sie jetzt gleich sehen werden. Das wiederum wird mit den Informationen aus den Augen abgeglichen. Auch hier handelt es sich also um eine Simulation des Sehens und nicht um das »filmische« Sehen des Auges. Statt die Welt passiv anzusehen, bauen Sie eine Welt auf, die dann Moment für Moment mit der Realität abgeglichen wird. Nicht nur das Sehen funktioniert so, sondern alle Sinne. Doch damit nicht genug: Das alles wird mit Informationen über den Zustand Ihres Körpers und mit Ihren Gedanken, Gefühlen und Emotionen kombiniert, um die Gesamtverfassung Ihres Geistes zu erzeugen. Und all das schwankt von Moment zu Moment, auf- und abwogend wie Meereswellen.

Solche inneren Modelle sind nicht nur schnell, sondern auch effizient. Sie reduzieren drastisch die Mühe, die zum Verständnis der Welt erforderlich ist, und geben uns den nötigen geistigen Raum, um zu denken und kreative Entscheidungen zu fällen. Das Gehirn verfährt dabei so, dass es lediglich die Unterschiede zwischen dem wahrnimmt, was die Sinne tatsächlich empfangen, und dem, was sie unseren Erwartungen entsprechend empfangen hätten. Die Menge der Informationen, die im Kopf behalten und verarbeitet werden muss, wird dadurch stark reduziert. Hier eine weitere hilfreiche Analogie: Streamingdienste wie YouTube und Netflix können ultrahochauflösende Videos anbieten und trotzdem schnell und ökonomisch arbeiten, weil sie Filmdaten extrem effizient komprimieren. Ihr Vorgehen dabei ähnelt vom Konzept her der Art und Weise, wie unser Geist seine Simulation kreiert. Früher sandten TV-Sender sämtliche Daten, die für den Aufbau des Einzelbilds eines Films erforderlich waren – und das taten sie fünfzig- bis sechzigmal pro Sekunde. Das bedeutete, sie konnten nur Bilder mit relativ niedriger Auflösung und mit einer begrenzten Palette an Farben und Tönen ausstrahlen. Streamingdienste gehen umgekehrt vor. Sie senden nur die Unterschiede zwischen aufeinanderfolgenden Einzelbildern. Das können sie, weil die Unterschiede oft nur gering sind. Stellen Sie sich eine Filmszene vor, in der ein roter Sportwagen mit offenem Verdeck über einen Highway in der Wüste fährt. Das Einzige, was sich von einem Einzelbild zum nächsten ändert, ist die relativ geringe Bewegung des Wagens auf der Straße. Form und Farbe des Wagens bleiben fast gleich, der Himmel im Großen und Ganzen auch, ebenso die Wüstenlandschaft. Kernelemente des Films können auch im »Cache« gespeichert werden, um später wiederverwendet zu werden (der Cache oder Zwischenspeicher ist ein spezieller Bereich eines sehr schnellen Speichers, in dem Informationen aufbewahrt werden, die oft abgerufen werden). In der Praxis kann ein Streamingdienst also für dieselbe Bandbreite einen viel naturgetreueren ultrahochauflösenden Film mit Millionen Farben und 3-D-Surround-Sound senden.

Erwiesenermaßen verfährt das Gehirn mit Sinnesinformationen ähnlich; ebenso wie mit unseren häufigsten Gedanken, Gefühlen, Emotionen und Konzepten. Es verfügt über einen Cache, in dem unsere wichtigsten Erfahrungen gespeichert sind, sodass sie in unserer Simulation wiederverwendet werden können. Stellen Sie sich vor, Sie spazieren an einem schönen, sonnigen Tag durch einen Park in der Nähe. Sie waren schon unzählige Male dort und kennen ihn bis ins Kleinste. Viele Male haben Sie gesehen, wie das Sonnenlicht durch die Blätter der Bäume fällt, Sie wissen, wie das Gras aussieht und riecht, kennen die Laute, die die Kinder beim Schaukeln machen, die bellenden Hunde und den in der Ferne vorbeirauschenden Verkehr. Sie wissen, wie sich der Boden unter Ihren Füßen anfühlt, welche Empfindung das Sonnenlicht auf Ihrer Haut auslöst und wie frisch sich die Luft bei jeder Einatmung anfühlt. Sie wissen alles, was Sie über den Park wissen müssen, um eine sehr genaue geistige Simulation von ihm nachzubilden. Und falls ein paar Lücken da sind – nun ja, der Geist ist durchaus in der Lage, sie zu füllen und eine nahtlose Erfahrung zu konstruieren. Sie brauchen den Park nicht unmittelbar wahrzunehmen, um das Gefühl zu haben, ihn gerade zu erleben. Ihr Geist braucht nur die Informationen über Parks, die in Ihrem Langzeitgedächtnis gespeichert sind. Diese können bei Bedarf einfach in den Cache geladen und vom Geist für die Simulation der Realität verwendet werden. Und die Chancen stehen gut, dass sie praktisch zu hundert Prozent zutreffend sind – auf jeden Fall zutreffend genug, dass Sie Ihren Spaziergang genießen können.

Aber der Cache ist nicht nur ein schneller Speicher, der Ihnen ermöglicht, Orte zu rekonstruieren, an denen Sie schon gewesen sind. Die zentralen Konzepte können auch genutzt werden, um neue Orte und Erfahrungen zu simulieren. So können Sie beim Besuch eines neuen Parks die Informationen, die sich auf den Park in Ihrer Nähe beziehen, in der neuen Situation wiederverwenden. Bei diesem Beispiel können Sie im Grunde Ihren alten Park erleben, wenn Sie den neuen besuchen. Dasselbe gilt für jegliche neue Situation. Wenn wir mit etwas Neuem konfrontiert werden, reicht uns oft schon ein kurzer Blick, um Erinnerungen im Cache zu triggern, die dann verwendet werden, um die Simulation vorzubereiten und ein schnelles, grobes Modell zu erstellen. Dieses Modell wird im weiteren Verlauf, wenn die Sinne dem Geist neue Informationen senden, verfeinert und aktualisiert. Faktisch beginnt der Besuch eines neuen Parks als Simulation des Parks in Ihrer Nähe, doch mit dem Eintreffen neuer Informationen bemerken Sie allmählich die Unterschiede, und diese Unterschiede werden dann in Ihr globales Modell eingebaut.

Aber nicht nur Besuche in einem schönen Park werden im Gedächtnis gespeichert, sondern auch belastende Gedanken, Gefühle und Emotionen. Das liegt daran, dass der Cache tendenziell die markantesten Erfahrungen der letzten Zeit zusammen mit den eindrücklichsten Gedanken, Gefühlen und Emotionen speichert. Und zu unserem Leidwesen sind die drängendsten und markantesten auch die belastendsten. Das bedeutet, die Gedanken, die Sie in Ihrer Simulation am ehesten wiedererleben, sind die negativsten. Es ist sehr viel wahrscheinlicher, dass Sie sich an angst- und stressbehaftete, unglückliche Gedanken erinnern als an positive oder gar neutrale. Die Gedanken, die mit der größten Wahrscheinlichkeit in den Cache hochgeladen werden, um beim kleinsten Anlass abgerufen zu werden, sind also solche wie: »Warum ist alles so schwierig? Ich bin erschöpft. Niemand gibt sich Mühe. Alle erwarten, dass ich die ganze Arbeit tue. Ich habe es satt, dass sie das für selbstverständlich halten.«

Dasselbe gilt für Gefühle und Emotionen, ebenso für verbale und körperliche Reaktionen und sogar für Aggressionen. Dunkle, amorphe Emotionen wie Angst, Stress, Wut und Traurigkeit stehen dabei an erster Stelle. Und weil alles miteinander verstrickt ist, können schon wenige negative Gedanken einen reißenden Strom entfesseln und weitere starke negative Emotionen auslösen. Zugleich rufen solche Emotionen auch Veränderungen im Körper hervor: Nacken- oder Schulterschmerzen können auftreten, vielleicht bekommen Sie Kopfschmerzen, oder das ängstliche Kribbeln im Bauch verwandelt sich in Übelkeit. All das bedeutet nicht, dass Ihre Bedrängnis übertrieben oder nicht wahr ist. Es heißt auch nicht, dass Sie überreagieren, übermäßig empfindlich oder in irgendeiner Weise schwach sind. Wenn Sie sich traurig fühlen, dann sind Sie traurig. Wenn Sie sich ängstlich, gestresst, erschöpft oder wütend fühlen, dann erleben Sie dieses Leid wirklich. Ihre Vorhersagen *sind für Sie wahr*. Simulation *ist* Realität.

So leidvoll ein solcher Zustand der Bedrängnis auch sein mag, birgt er doch auch Hoffnung in sich. Denn Ihnen wird bald klar, dass er nicht festgefügt, real und unveränderlich ist. Und dass darunter etwas ganz Reines, Einfaches existiert. Etwas, das zwischen Ihrem ureigenen Wesen und Ihrer Erfahrung der Welt liegt. Es schwankt von einem Moment zum nächsten – Momente, die entweder angenehm, unangenehm oder neutral sind; die Gefühlsfärbungen des Moments. Und diese sind es, die Ihre nachfolgenden Gedanken, Gefühle, Emotionen und körperlichen Empfindungen wie auch Ihre Reaktionen darauf leiten. Sie bereiten Ihren Geist darauf vor, eine Welt zu erschaffen, die entweder positiv und aufmunternd oder dunkel und bedrohlich ist oder etwas dazwischen.

Und sind wir erst einmal in Kontakt mit dem zugrunde liegenden Strom von Gefühlsfärbungen, kann etwas Bemerkenswertes geschehen. Es genügt, auf sie zu achten und sie mit ihrem Auf und Ab herzlich zu begrüßen, und schon entwirren sich ihre Verwicklungen von selbst. Sogar unsere dunkelsten Gedanken, Gefühle und Emotionen lösen sich dann auf. Der Geist klärt sich, sodass wir frei sind, die Welt mit all den schönen Erfahrungen, die uns die Sinne vermitteln, direkt zu erleben.

Gefühlsfärbungen des *Tun*- und *Sein*-Modus von Körper und Geist

In unserem vorhergehenden Buch, *Das Achtsamkeitstraining*, haben wir erklärt, dass viele Schwierigkeiten entstehen, weil wir emotionale Probleme logisch lösen wollen. Denn wenn wir versuchen, ein emotionales Problem zu lösen, setzen wir eins der wirksamsten Werkzeuge des Geistes ein: rationales, kritisches Denken. Dabei kommt der dem Geist eigene Modus des *Tuns* zum Einsatz – sein rationales, logisches Vorgehen im Umgang mit der Welt wie auch beim Denken und Lösen von Problemen. Es ist eins der nützlichsten Instrumente in unserem mentalen Werkzeugkasten, hervorragend geeignet zur Problemlösung, beispielsweise zum Koordinieren von Arbeitsplänen oder um sich in einer Stadt zurechtzufinden, zum Organisieren von Logistikketten oder zum Erledigen von Aufgaben im Allgemeinen. Der *Tun*-Modus funktioniert, indem er die Lücke zwischen dem, wo Sie stehen, und dem, wo Sie sein wollen, schrittweise verkleinert. Das tut er, indem er das Problem unbewusst in Teile zerlegt; diese Teile werden einzeln vor dem inneren Auge gelöst (auch hier kommen wieder mentale Modelle zum Einsatz), und die Lösung wird dann erneut analysiert, um zu sehen, ob sie Sie Ihrem Ziel nähergebracht hat.

Wenn es um Gefühle geht, kann dieser Ansatz jedoch nach hinten losgehen, denn er verlangt, dass wir uns auf die Kluft zwischen dem, wie wir uns jetzt fühlen (unglücklich), und dem, wie wir uns gerne fühlen würden (glücklich), konzentrieren. Die Fokussierung auf diese Kluft stellt diese heraus, hebt sie deutlich hervor und bauscht sie auf, sodass sie überwältigend wird. So wird eine emotionale Schwierigkeit in ein logisches Problem verwandelt, das nach einer Lösung verlangt. Und dabei stellen Sie sich so harte, kritische Fragen wie: »Warum kriege ich das nicht hin? Was stimmt nicht mit mir? Wo habe ich etwas falsch gemacht? Warum mache ich immer diese Fehler?« Solche Fragen sind nicht nur grob und selbstzerstörerisch, sondern verlangen auch noch, dass der Geist Beweise liefert, um seine Unzufriedenheit zu rechtfertigen. Sehr schnell kann Ihr Geist eine Liste von Gründen erstellen, warum Sie die Dinge nicht im Griff haben, weshalb Ihnen ständig Fehler unterlaufen und wo Sie im Leben etwas falsch gemacht haben. Diese Gründe werden dann in Ihre mentalen Modelle eingebaut.

Den Tun-Modus auf diese Weise zu nutzen, ist verhängnisvoll, weil Emotionen nicht festgefügt und unveränderlich sind und darum nicht logisch und konkret *gelöst* werden können. Sie sind keine Probleme, die einer Lösung bedürfen, sondern Botschaften, die gefühlt werden müssen. Sobald die Botschaft übermittelt (das heißt: gefühlt) worden ist, hat sie ihre Aufgabe erfüllt und tendiert darum dazu, sich wie Nebel an einem Frühlingsmorgen aufzulösen. Und das gilt für all unsere belastenden Gefühle und Emotionen, unabhängig davon, ob es sich um Angst, Stress, Traurigkeit, Wut oder Erschöpfung handelt.

Obwohl der Tun-Modus an sich nichts Schlechtes ist, kann er zu einem Problem werden, wenn er Amok läuft und eine Aufgabe erledigen will, die er einfach nicht ausführen kann, wie zum Beispiel ein emotionales Problem lösen. Darum verwandelt er sich, sobald er anfängt, seinen eigenen Schwanz zu jagen, in den *getriebenen Tun-Modus* (wir bezeichnen ihn als *getriebenen Modus*). Und dann bleiben Sie in Ihren Gedanken stecken. Innerhalb Ihrer Simulation. Dann haben sich der Cache Ihres Geistes und Ihr Vorhersageprozessor so eng miteinander verbunden, dass Sie nur immer wieder dasselbe erleben können: dieselben Gedanken, Gefühle und Emotionen. Der getriebene Modus ist das Symptom eines leidenden Geistes.

Anzeichen für den getriebenen Modus

Der getriebene Modus hat sieben Hauptmerkmale, die anzeigen, wann er die Macht über den Geist übernommen hat. In diesem Modus sind Sie

- **zerstreut:** Es fällt Ihnen schwerer, sich auf eine Sache zu konzentrieren; Ihre Aufmerksamkeit wird leicht von Dingen um Sie herum oder von Gedanken, Erinnerungen oder Tagträumen in verschiedene Richtungen abgelenkt.

- **(ver-)urteilend:** Sie geraten in einen Kampf mit Ihrem Geist, sind (ver-)urteilend und unfreundlich gegenüber sich selbst und auch weniger tolerant gegenüber anderen.
- **emotional:** Sie hetzen durchs Leben und erkennen nicht, an welchen Punkten Ihre Gefühle umschlagen. Es kann sein, dass Sie ohne Vorwarnung einen emotionalen Zusammenbruch erleiden.
- **unausgeglichen:** Sie sind Ihren Stimmungen ausgeliefert. Wenn Sie versuchen, sich gegen Negatives zu sträuben, eskaliert es und wird noch schlimmer; wenn Sie sich um mehr Positives bemühen, entgleitet es Ihnen. So lernen Sie, es zu ignorieren oder abzutun, um künftige Enttäuschungen zu vermeiden.
- **reaktiv:** Ihr Geist rüstet sich ständig für Handlungen, die vielleicht nie ausgeführt werden, und Sie sind zunehmend erschöpft, weil die Energie des Körpers für imaginäre Pläne und Strategien verbraucht wird.
- **vermeidend:** Sie lassen selbst die kleinsten Schwierigkeiten nicht zu, umgehen sie oder versuchen, sich ihnen zu entziehen, weil Sie die damit einhergehende Stimmung als unerträglich empfinden.
- **freudlos:** Um sich auf Ihre Beschäftigungen zu konzentrieren, dämpft der Geist alles andere, sogar Ihre positiven Gemütszustände wie Glücklichsein und Freude. Dann fällt es Ihnen zunehmend schwer, Dinge zu erledigen oder Erfüllung im Leben zu finden.

Sie können zwar nicht verhindern, dass negative Gedanken, Gefühle und Emotionen getriggert werden, aber das, was als Nächstes passiert, können Sie stoppen. Sie sind in der Lage, zu verhindern, dass der Teufelskreis sich selbst in Gang hält und eine Welle der Negativität nach der anderen triggert. Und zwar, indem Sie sich eine andere Einstellung sich selbst und der Welt gegenüber zu eigen machen. Der Geist vermag so viel mehr, als sich mithilfe von Logik durch Probleme zu beißen. Wir können auch dessen *gewahr* werden – es bewusst *wahrnehmen* –, dass wir denken. Wir können unsere Sinne nutzen, um direkt mit der Welt in Verbindung zu treten. Wir können sie erleben, ohne dass unser mentaler Cache wie ein verzerrender Filter wirkt. Solch ein reines Gewahrsein wird als Modus des *Seins* bezeichnet.

Der *Sein*-Modus ermöglicht es Ihnen, beiseitezutreten und sich von der natürlichen Neigung des Geistes zu lösen, zu viel zu denken, zu analysieren und zu urteilen. Im Lauf der Jahrhunderte haben die Menschen gelernt, den Sein-Modus durch Meditation zu entwickeln. Dieser Kurs führt den Prozess noch weiter, indem er Sie »stromaufwärts zurück zur Quelle« bringt, hinein in die Momente, in denen Ihnen Ihr Denken, Fühlen und Empfinden bewusst wird. In Vedana-Momente. Momente der Klarheit, die Sie letztendlich befreien werden.

Ein getriebener Geisteszustand mag zwar belastend sein, aber seine sieben Merkmale können auch als Eintrittspunkte in das Reich der Gefühlsfärbungen genutzt werden. Und eben diese Eintrittspunkte werden wir in den Kapiteln mit den praktischen Übungen des Gefühlsfärbungskurses erkunden und uns zunutze machen.

KAPITEL 3

Bild für Bild

1877 war das Jahr, und der Fotograf war der Engländer Eadweard Muybridge.[9] Der seit Jahrhunderten tobende Streit drehte sich darum, ob es beim Galopp eines Pferdes einen Moment gibt, in dem alle vier Hufe gleichzeitig in der Luft sind. Um die Auseinandersetzung beizulegen, wurden entlang einer Pferderennbahn in Palo Alto, Kalifornien, zwölf Kameras sorgfältig positioniert, wobei von jeder Kamera ein Faden quer über die Strecke gespannt wurde. Als das Pferd vorbeigaloppierte, zerriss es die Fäden und löste die jeweilige Kamera aus. Als die Fotos entwickelt wurden, enthüllten sie die Antwort. Ja, es gab einen kurzen Moment, in dem das Pferd über dem Boden schwebte. Durch den Einsatz dieser neuen Technologie mit sorgfältig angeordneten Kameras konnte Muybridge Bild für Bild eine neue Ansicht einfangen, die niemand je zuvor gesehen hatte.

Dieses Buch möchte Sie einladen, mit einem ähnlichen Ansatz an die Aktivität Ihres Geistes und Körpers heranzugehen. Sie werden gebeten, darauf zu achten, was Ihr Körper im gegenwärtigen Moment spürt; was er *tatsächlich gerade* sieht, hört, berührt, schmeckt und riecht. Und dabei – so werden Sie gebeten – sollen Sie darauf achten, was der Geist selbst tut. Ist er mit einer Aufgabe beschäftigt oder in Gedanken, Erinnerungen, Planungen, Tagträumereien oder Sorgen versunken? Und was geschieht unmittelbar *nach* dem Aufkommen einer Empfindung, eines Gedankens, eines Gefühls oder einer Emotion? All das Bild für Bild zu sehen, bedeutet, eine neue Welt zu entdecken. Eine Welt frei von Simulationen – auf die man kurz einen direkten Blick hat. Das ist nicht nur eine abstrakte oder esoterische Vorstellung. Ihre Lebensqualität hängt davon ab. Denn solch ein momentaner Einblick kann Ihnen ein wertvolles Frühwarnsignal geben bei Impulsen, die womöglich Ihre Welt durcheinanderbringen würden. Er ermöglicht Ihnen, Gedanken, Gefühle und Emotionen wahrzunehmen, die Ihre schlimmsten Reaktionen triggern, und sie zu berücksichtigen. So wird Ihnen ein Moment gewährt, in dem Sie entscheiden können, ob Sie bewusst oder nur automatisch reagieren. Wie wir in früheren Kapiteln gesehen haben, liegt in jedem dieser Momente ein Element verborgen: In der Welt des alten Indiens und in den Traditionen, die daraus hervorgegangen sind, war es als Vedana bekannt.[10] Wir kennen es als Gefühlsfärbung, oder einfacher gesagt, als das, wie sich eine Erfahrung *anfühlt*.

Eine Gefühlsfärbung ist der erste Eindruck, ob etwas angenehm, unangenehm oder neutral ist. Sie ist kein Gefühl im Sinne einer Emotion – eine tiefe Traurigkeit oder große Aufregung, beunruhigte Sorge oder ruhige Entspannung –, sondern ein viel einfacherer Eindruck, ob eine Erfahrung angenehm oder unangenehm ist. Sie ist ein sofortiger, automatisch *gefühlter Eindruck*, der keiner Worte bedarf. Man *erkennt* sie einfach, wenn sie sich einstellt. Sie brauchen sie nicht bewusst zu beurteilen oder darüber nachzudenken. Sie ist einfach und klar.

Gefühlsfärbungen können jedoch auch unvorhersehbar sein. Man kann nie im Voraus wissen, in welcher der drei Varianten sie in Erscheinung treten. Sie existieren nicht im Objekt selbst, sondern entstehen durch den Kontakt mit Ihrem Geist und Körper *in Kombination* mit dem Zustand des Körpers und Geistes genau in diesem Moment.

Ein Beispiel: Normalerweise finden Sie Schokoladenkuchen angenehm; aber wenn Sie gerade eine schwere Mahlzeit gegessen haben, kann schon allein der Gedanke daran unangenehm sein. Oder: Wenn Sie gerade beschäftigt sind, empfinden Sie das Ping einer eingehenden Nachricht vielleicht als unangenehme Ablenkung; aber wenn Sie sich einsam fühlen, könnte dasselbe Geräusch eine angenehme Gefühlsfärbung hervorrufen. Diese sich ständig verändernde Landschaft aus Begleitumständen und Stimmungen macht es schwierig vorherzusagen, was Sie als angenehm oder unangenehm empfinden werden. Der einzig sichere Weg, dies zu erkennen, besteht darin, im *Jetzt* aufmerksam zu sein. Und da Gefühlsfärbungen oft schnell aufkommen und wieder vergehen, sind sie unter Umständen schwer wahrnehmbar, es sei denn, man entwickelt ein entsprechendes Gewahrsein.

Dass man sie wahrnimmt, ist allerdings extrem wichtig, denn sie bestimmen, was als Nächstes geschieht. *Angenehme* Gefühlsfärbungen lösen eher den Wunsch nach weiteren ähnlichen Momenten aus. *Unangenehme* Gefühlsfärbungen lösen tendenziell Abneigung aus: Wegschieben, Widerstand. *Neutrale* Gefühlsfärbungen ermutigen Sie dazu, sich auszuklinken. Sie könnten sich zum Beispiel ein bisschen langweilen und hoffen, dass dieses Kapitel schnell zur Sache kommt und zum nächsten Thema übergeht. Ein solcher Reaktionsimpuls ist so stark – und entsteht so schnell –, dass er Sie in einem Gedankenstrom mitreißen kann, noch bevor Sie ihn überhaupt bemerken. Ein unangenehmer Moment lenkt Sie womöglich, ohne dass Sie ihn bewusst wahrnehmen, in eine negative Richtung, einen Zustand, der Stunden, Tage oder sogar noch länger anhält. Aber auch wenn sich ein angenehmer Moment einstellt, kann es passieren, dass Sie in dem Wunsch, er möge noch etwas länger anhalten, versuchen, ihn festzuhalten, nur um festzustellen, dass er Ihnen durch die Finger rinnt. Das löst Wellen der Frustration und Verlustgefühle aus, sogar Existenzangst. Solcherart können Gefühlsfärbungen zu entscheidenden Wendepunkten werden, was die Beschaffenheit des nächsten Moments betrifft.

Gefühlsfärbungen können Sie zwar nicht ändern oder kontrollieren, dafür aber das, was als Nächstes geschieht. Achtsames Gewahrsein kann zu einem Kontrollposten werden, der Ihnen ermöglicht, jede Welle von Reaktivität oder emotionaler Bedrängnis abzufangen, bevor sie außer Kontrolle gerät. So wird verhindert, dass solche Reaktionsimpulse mit all dem Leid, das sie mit sich bringen, Ihr Leben beherrschen. Wie der Meditationslehrer Joseph Goldstein sagt: »Achtsames Wahrnehmen der Gefühlsfärbung ist einer der Hauptschlüssel, um die tiefsten Muster unserer Konditionierung offenzulegen und zu erschließen.«[11]

Das ist geheimes Wissen – Teil der Weisheitstradition, die die Meditationspraxis seit Jahrtausenden beeinflusst hat –, doch es wird nur selten explizit ausgesprochen. Und seine wahre Bedeutung ist erst vor Kurzem zutage getreten. Die Neurowissenschaft hat inzwischen entdeckt, wie wichtig dieser erste Eindruck ist: Er ist für alles Leben grundlegend. So wie Pflanzen sich zum Sonnenlicht drehen und Wurzeln sich dem Wasser entgegenstrecken, so ist auch jedes Lebewesen in der Lage, Angenehmes von Unangenehmem zu unterscheiden. *Alles Leben hängt davon ab.*

Gefühlsfärbungen sind unmittelbar und beruhen auf Empfindungen, die in jeder Zelle unseres Körpers seit den frühesten Tagen der Evolution angelegt sind. Selbst Einzeller reagieren empfindlich auf Nährstoffe und Toxine. Das ermöglicht ihnen, zwischen beiden zu unterscheiden.[12] Darin liegt die Essenz von Vedana. Es hilft allen Lebewesen, zwischen dem zu unterscheiden, worauf sie sich zubewegen sollten (angenehm), und dem, wovon sie sich entfernen sollten (unangenehm), und ermutigt sie, ruhig abzuwarten, wenn alles in Ordnung ist (neutral). Ohne ein solches Empfindungsvermögen wären sie wie ein Boot ohne Steuerruder; mit nichts, das sie von der Gefahr weg und zu einem freundlichen Hafen hinlenken könnte.

Vedana macht auf vielfältigste Weise den Unterschied zwischen Leben und bloßem mechanischem Funktionieren aus. Wir Menschen haben jedoch eine einzigartige, besondere Schwierigkeit, wenn es um Vedana geht: Unser geistiges Leben ist so komplex, dass wir uns darin verlieren können. Unsere Gedanken, Erinnerungen und Pläne, die auch Gefühlsfärbungen enthalten, bringen uns manchmal dazu, unserem eigenen Geist zu entfliehen. *Aber wir können zwar fliehen, doch niemals entkommen.*

Das war zum Beispiel Alices Dilemma. Jahrelang steckte sie tief in seelischem und körperlichem Schmerz, einem wirklich unentrinnbaren Schmerz, den sie bis zu einem bestimmten Zeitpunkt vor vielen Jahren zurückverfolgen konnte. Alice war als Teenager eine vielversprechende Sportlerin gewesen. Besonders gut war sie im Hochsprung – eine Fähigkeit, die für sie als Erwachsene unerfreuliche Folgen hatte, denn Alice entwickelte chronische Rückenschmerzen. Sie war überzeugt, die Ursache zu kennen, und wurde schließlich an eine Spezialistin überwiesen. Der Ärztin erklärte sie, dass die Schmerzen von einem Hochsprungunfall herrührten, den sie als Teenager hatte.

»Meine Mutter war dagegen, dass ich diesen Sport ausübte, weil sie es für gefährlich hielt«, sagte sie. »Also musste ich mich davonschleichen, um an Wettkämpfen teilzunehmen. Aber ich bin ein rebellischer Geist, das war ich schon immer, und die Bezirksmeisterschaften standen vor der Tür. Was blieb mir also übrig, als heimlich teilzunehmen? Und dann habe ich gewonnen! Dadurch hat meine Mutter es natürlich trotzdem herausgefunden. Damals hatten wir nur Sand zum Landen, und bei meinem Siegessprung habe ich mir eine ziemlich schwere Verletzung zugezogen. Ich bin ungünstig aufgekommen und habe mir das Steißbein verletzt. Seitdem macht mir mein Rücken Probleme. Das Schlimmste an dem Ganzen waren nicht so sehr die Schmerzen, sondern dass mich meine Mutter wegen des Unfalls ausschimpfte. Noch heute höre ich, wie sie mich anschrie: ›Das hast du dir selbst zuzuschreiben! Das ist ganz allein deine Schuld! Was hast du dir nur dabei gedacht? Du hättest dein Leben ruinieren können!‹ Jedes Mal, wenn mir der Rücken wehtat, hörte ich die Stimme meiner Mutter, wie sie mich ausschimpfte, weil ich mich selbst verletzt hatte. Und sie hatte recht. Es *war* meine Schuld. Ich habe mich nicht an das gehalten, was sie mir gesagt hatte, und den Preis dafür gezahlt.«

Als die Ärztin die Scans auswertete, stellte sie fest, dass Alices Steißbein völlig gesund war. Die Schmerzen hatten überhaupt nichts mit dem Unfall zu tun. Die Ärztin sagte: »Sie sind zu streng mit sich gewesen, und das führt dazu, dass es Ihnen noch schlechter geht. Dass Sie sich auf diese Weise selbst emotional bestraft haben, hat Ihre Schmerzen noch verstärkt.«

Auch wenn Alices Geschichte recht dramatisch ist, veranschaulicht sie doch einen größeren Sachverhalt: Sowohl körperliches als auch seelisches Leiden kann durch die Geschichten, die wir uns selbst erzählen, noch stark verschlimmert werden, und das führt gelegentlich dazu, dass wir die wahre Ursache unserer Bedrängnis völlig missverstehen. Wir halten vielleicht etwas Bestimmtes für die Ursache (in Alices Fall ein geschädigtes Steißbein), aber in Wirklichkeit könnte das Problem aus etwas ganz anderem resultieren. Dieser seltsame Umstand ist darauf zurückzuführen, dass wir Geschichten einsetzen, um unsere Erfahrungen zu deuten; sie zu verstehen, indem wir ihnen eine Bedeutung geben, die wir dann in unser geistiges Modell einbauen können, damit wir in einer komplexen Welt überleben können und es uns gut geht. In vielerlei Hinsicht sind wir Geschichtenerzählmaschinen. Geben Sie irgendjemandem von uns ein oder zwei Informationsfetzen, und in wenigen Augenblicken haben wir daraus ein fesselndes Garn gesponnen; eine Komödie oder Tragödie, oft mitreißend wie ein Shakespeare-Drama. Das wäre nicht so schlimm, wenn wir unsere Zeit mit dem Erfinden positiver, aufmunternder Geschichten zubringen würden, aber gewöhnlich tun wir das nicht – sondern oft sogar das Gegenteil, denn die bedeutendsten Informationen, die in unserem Cache-

Speicher abgelegt sind, sind in der Regel »negativ«. Und wie Ihnen wahrscheinlich jeder Hollywoodregisseur bestätigen wird, konzentrieren sich die fesselndsten Geschichten auf Leid, Kampf, Angst, Horror, Tragik und Verlust.

Doch oft schaden nicht die Geschichten selbst unserem Wohlbefinden, sondern vielmehr unsere Reaktionen darauf. Der Geist neigt dazu, auf Ereignisse wie auch auf die davon inspirierten Geschichten übermäßig stark zu reagieren. Wie bei Alice kann es dazu kommen, dass wir uns und andere für etwas, das schiefgelaufen ist, böse kritisieren. Solche negativen Gedanken können eine Kaskade weiterer, ebenso beunruhigender Gedanken auslösen. Der Geist dreht sich dabei wie besessen im Kreis und wechselt zwischen wütender Selbstrechtfertigung und quälender Selbstbeschuldigung hin und her. Wieder einmal triggert ein Gedanke den nächsten und dieser wiederum den nächsten, sodass wir uns sehr schnell mitten in Wut, Sorgen, Stress, Traurigkeit und schließlich in Erschöpfung verstrickt sehen. All das sind Anzeichen dafür, dass der getriebene Modus den Geist in Beschlag genommen hat (siehe Seiten 38-42).

Auf diese Weise können Echos der Vergangenheit starke Auswirkungen auf die Gegenwart haben und dann im Weiteren die Basis für kommende Probleme bilden. Und falls wir nicht achtsam sind, kann ein echter Unfall uns dazu bringen, uns unbarmherzig dafür zu bestrafen, dass wir einen solchen »Fehler« gemacht haben. Durch ein »Versagen« in der Schule können sich beispielsweise Angst, Sorge und Stress in uns festsetzen; ein Tadel der Eltern kann eine Welt voller psychischer Leiden schaffen.

Für die Ärztin waren die Auswirkungen all dessen auf Alices Schmerzen offensichtlich, nicht aber für Alice. Die körperlichen Schmerzen waren zwar schon unangenehm genug, doch sie förderten zusätzlich noch die damit einhergehenden heftigen Gedanken und Gefühle zutage: Schuld und Scham natürlich, aber auch Wut auf sich selbst und ihre Mutter. All diese Gedanken und Gefühle kamen mit ihren jeweils eigenen unangenehmen Gefühlsfärbungen daher, die sich mit dem bereits vorhandenen Schmerz verwoben und ihn noch unangenehmer machten. Als die Gefühlsfärbungen wie eine Kaskade in die folgenden Momente einfielen, fühlte sich Alice zunehmend gefangen. Sie konnte sich keine andere Zukunft mehr vorstellen als eine, in der nur noch Schmerz und Leid vorherrschten.

Doch ein Funken Hoffnung blieb. Obwohl Alices Schmerz all die Verletzungen aus der Vergangenheit zutage förderte – was es für sie noch viel schlimmer machte –, hielten in Wirklichkeit die Gefühlsfärbungen des *gegenwärtigen* Moments ihr Leiden aufrecht. Das ist so wichtig, dass man es betonen muss: Nicht unsere Vergangenheit verursacht die Probleme, sondern das, was *jetzt gerade* passiert. Die einzige Macht, die eine Erinnerung über uns hat, ist die, unsere Gefühlsfärbungen wie auch unsere anschließenden Reaktionen darauf im *gegenwärtigen Moment* zu beeinflussen. Das ist von enormer Tragweite. Denn Gefühlsfärbungen kommen zwar von Augenblick zu Augenblick auf und können nicht geändert werden, aber unsere Reaktionen darauf in den nächsten Augenblicken *sind* potenziell flexibel. Leid muss nicht zwangsläufig sturzbachartig in die Zukunft einbrechen. Für unsere Zukunft stehen uns Alternativen zur Verfügung.

Hier eine Analogie zur Verdeutlichung. Denken Sie an Ihre Schulzeit zurück. Erinnern Sie sich an das Experiment, bei dem Eisenspäne auf ein Stück Papier gestreut wurden, während darunter ein Magnet bewegt wurde? Die Eisenspäne tanzten, als wären sie lebendig. Die Muster, die sie bildeten, waren hübsch anzusehen. Und was passierte, als der Magnet weggenommen wurde? Die Eisenspäne fielen zu einem leblosen Haufen zusammen. Eine Gefühlsfärbung ist wie ein verborgener Magnet, mit einem Kraftfeld, das den Geist nach ihrer Melodie tanzen lässt, genau wie die Eisenspäne. Weil die durch ein solches Kraftfeld hervorgerufenen Gefühle so bestimmend sind, können wir die Augen nicht von der Geschichte abwenden, die sich auf der Oberfläche abspielt. Wir sehen die Kräfte nicht, die die Geschichte erschaffen und am Leben erhalten. Das Unangenehme, das wir fühlen, ist darum kein leidvoller Nebeneffekt unserer schmerzlichen Gedanken und Erinnerungen, sondern in Wirklichkeit das, was diese zum Leben erweckt. Es ist der Zeremonienmeister. Wir werden in späteren Kapiteln noch näher auf diese entscheidende Entdeckung eingehen; für den Moment genügt es, zu wissen, dass diese ständig wechselnden Gefühlsfärbungen ganz natürlich sind und sich automatisch einstellen. Sie können sie nicht kontrollieren. Aber noch einmal: *Sie können kontrollieren, was als Nächstes passiert.*

Die Vergangenheit loslassen

Die Evolution hat uns so vorprogrammiert, dass wir unangenehme Gefühlsfärbungen nicht mögen, also rufen sie Widerstand hervor: den Drang, sich davon zu entfernen. Das erzeugt noch mehr Unangenehmes. Und genau diese Spirale nährt wiederum die Geschichte und hält das Grübeln aufrecht.

Vielleicht haben Ihnen Freunde, Verwandte und sogar Therapeuten schon oft gesagt, dass Sie die »Vergangenheit loslassen« sollen, doch Sie wissen nicht, wie Sie das anstellen sollen. Der Schlüssel dazu liegt darin, die verborgene Kraft der Gefühlsfärbung zu verstehen. Und genau das werden Sie in den kommenden Wochen lernen.

Rufen Sie sich Kapitel zwei und die dort erläuterten Entdeckungen über das prädiktiv verarbeitende Modell der Welt, das der Geist hat, in Erinnerung. Wenn eine unangenehme Gefühlsfärbung auftritt und eine Welle der Verzweiflung auslöst, kann das – so hat sich erwiesen – kaskadenartig in den folgenden Moment hineinwirken, weil das Gehirn diesen »stärksten Schmerz« speichert und für die Wiederverwendung in den nächsten Momenten vorbereitet. Das bedeutet, dass Ihr Erleben des nächsten Augenblicks vom Cache-Speicher gesteuert wird. Sie stecken also in einer virtuellen »Videoschleife« fest, die den intensivsten Schmerz der vergangenen Augenblicke zeigt. Derartiges Unangenehmes bewegt sich wie eine Welle voran, während aufeinanderfolgende Bilder den stärksten Schmerz und das Leiden am Leben erhalten.

Doch es kann sogar noch schlimmer kommen, denn dieses Unangenehme triggert auch Wellen der Abneigung und ein entsprechendes Bedürfnis, zu entkommen.[13] Diese Wellen sind unangenehm und verstärken Ihr Leiden. Und wenn sich die zugrunde liegende Bedrängnis schließlich auflöst, erkennt Ihr mentales Modell nicht, dass sich etwas geändert hat und dass keine Notwendigkeit mehr besteht, entkommen zu wollen. Solange die *aktuellen* Gefühle oder Empfindungen nicht stark oder klar genug sind, um das Echo der letzten Momente außer Kraft zu setzen, wird Ihr Erleben weiterhin auf den mentalen Modellen und nicht auf den echten Informationen basieren.

Hier kommt die Achtsamkeit ins Spiel. Sie bewirkt, dass der geistige Cache-Zwischenspeicher sanft aufgefrischt wird. Dadurch können Sie die Welt so sehen, wie sie *ist*, und nicht so, wie Sie es *erwarten* oder *befürchten*. Und dann geschieht etwas sehr Bemerkenswertes. Sie spüren allmählich die zugrunde liegenden Gefühlsfärbungen, die all Ihre darauffolgenden Gedanken, Gefühle und Emotionen leiten und alles prägen, was Sie sehen, hören, fühlen, schmecken und riechen. So kommt das Gefühl auf, mehr die Wahl zu haben, weniger einer Stimmung unterworfen zu sein. Es ist dann weniger wahrscheinlich, dass wir durch äußere Hilfsmittel und Ablenkungen wie Snacks, Alkohol oder dadurch, dass wir das Handy checken, Abhilfe schaffen wollen.

So vieles im Leben ist eine Reaktion auf das, was im vorangegangenen Moment passiert ist. Jede Gefühlsfärbung, die auch im

Cache des Geistes gespeichert ist, wirkt sich auf die geistigen Modelle aus, die Sie aufbauen. Diese simulieren die Welt Moment für Moment. Sie sind das, was Sie als »reale« Welt erleben. Und sie sind die Ursache für so viel Unzufriedenheit im Leben. Doch das Problem liegt noch nicht einmal in den Gefühlsfärbungen und Ihrer Reaktion darauf, sondern darin, dass Sie nichts von der Existenz dieser Tönungen und deren unterschwelliger Natur wissen. Alles, was Sie wahrnehmen, ist die Flut von Gedanken, Gefühlen und Emotionen, die sie im Gefolge haben. Die Tönungen selbst gehen einfach unbemerkt an Ihnen vorbei.

Ihre Gefühlsfärbungen zu *spüren*, gibt Ihnen einen Ausweg. Es hilft Ihnen, Ihre ganz natürlichen Voreingenommenheiten zu berücksichtigen; mitfühlend zu sehen, dass Sie zwar *jetzt gerade* ängstlich, gestresst, wütend oder deprimiert sind, es aber möglich ist, den Kurs zu ändern und ein besseres Leben anzusteuern. Dann lernen Sie nach und nach, wie Sie die Gemütszustände loslassen können, die Sie am meisten beunruhigen. Wenn Sie das tun, geschieht wiederum etwas sehr Magisches: Ein Gefühl von Frieden und Freude kehrt in Ihr Leben ein. Sie werden Ihr eigener Skipper.

Woher kommen Gefühlsfärbungen?

Gefühlsfärbungen entstehen zu einem großen Teil durch einen Prozess, der als Interozeption bekannt ist.[14] Man kann sie als »Schaltzentrale« oder inneren Sinn betrachten, der von einem Moment zum nächsten verfolgt, was im Körper vor sich geht. Interozeption hilft dem Körper, seine innere Umgebung zu überwachen, indem er zum Beispiel das Energieniveau, den Hormonhaushalt und den pH-Wert wie auch die Salz- und Mineralienkonzentration aufrechterhält.[15] Obwohl die Wissenschaft noch Details ausarbeiten und klären muss, steht fest, dass der Körper all diese

Informationen zu allgemeinen Gefühlen wie Hunger und Durst und zu so umfassenden Impulsen wie dem Wunsch, sich auf etwas zuzubewegen oder von etwas zu entfernen, zusammenfasst. Diese interozeptiven Gefühle fließen dann in die mentalen Modelle des Geistes ein und beeinflussen letztendlich dessen Simulation der Welt. Der Prozess ist unglaublich komplex und wird von subtilen Rückkopplungsschleifen dominiert. Informationen aus mentalen Modellen und Simulationen fließen zurück in das interozeptive Netzwerk, das dann beeinflusst, wie sich der Körper vorbereitet, um zu reagieren.

Interozeption ist von zentraler Bedeutung für das Leben, auch wenn sie uns kaum bewusst ist. Erstens brauchen wir sie, um am Leben zu bleiben, denn sie ist eng mit der Aufrechterhaltung der inneren Umgebung des Körpers verbunden. Zweitens hilft sie dem Körper, seine Ressourcen zu managen und mit ihnen hauszuhalten. Wenn Sie zum Beispiel joggen gehen, hilft die Interozeption Ihrem Körper, sich vorzubereiten, indem sie die Blutgefäße erweitert, die Herzfrequenz erhöht und die Energievorräte bereitstellt. Das interozeptive Netzwerk kennt auch die aktuellen Ressourcen des Körpers sehr genau, denn es führt ein Inventar. Das bedeutet, es kann diese Ressourcen einteilen und entscheiden, wie viel Aufwand es jeder Aktivität widmen kann. Es bereitet sich ständig auf einen Einsatz vor, nur für den Fall, dass diese Ressourcen benötigt werden. Konkret bereitet sich Ihr Körper auf Handlungen in Verbindung mit Ihren geistigen Modellen und den sich daraus ergebenden Simulationen vor. Das bedeutet, das interozeptive Netzwerk behandelt Ihre mentale Landschaft – ob Bedauern wegen der Vergangenheit oder Hoffnungen und Sorgen bezüglich der Zukunft – so, als wäre sie im betreffenden Moment völlig real, und es reagiert entsprechend (Näheres siehe in Kapitel neun). Geist und Körper bereiten sich – und sei es nur flüchtig – fortwährend aufs Handeln vor, während ein Szenario vom nächsten und dieses wiederum vom darauffolgenden abgelöst wird und Vorbereitungen zum Handeln kontinuierlich durch sie hindurchlaufen. Wir sind verkörperte Reaktionsbereitschaft.

So wie sich die inneren »Wetterverhältnisse« von Körper und Geist mit jedem Moment ändern, so auch die Gefühlsfärbungen. Sind Sie zum Beispiel ängstlich oder stehen unter Stress, empfinden Sie die mentalen Szenarien als unangenehm, und das erzeugt das Gefühl, dieses Unangenehme vermeiden oder sich dagegen sträuben zu wollen. Auf diese Weise ständig wachsam zu sein, ist anstrengend, weil der Körper sich immer wieder von Neuem aufs Handeln vorbereitet. Dann spürt das interozeptive Netzwerk, dass Ihre Ressourcen allmählich erschöpft sind und nur sparsam verwendet werden sollten. Alles, was nicht unmittelbar wichtig für Sie ist, wird weggeschoben, abgewertet. Passiert das zu häufig, werden sogar die Gefühlsfärbungen der Dinge, die Sie früher geliebt haben, unangenehm. Das kann zu Erschöpfung und Depression führen, da Ihre Motivation schwindet. Daraus kann eine üble Abwärtsspirale entstehen.

KAPITEL 4

Zu den praktischen Übungen des Programms

Die restlichen Kapitel dieses Buches sind dem Meditationsprogramm selbst gewidmet. Jedes der folgenden acht Kapitel entspricht jeweils einer Woche des Programms und beinhaltet zwei Elemente: Das erste ist die Meditationspraxis, in der Regel zehn bis zwanzig Minuten pro Tag; das zweite ist die tägliche Achtsamkeitspraxis. Die Links, über die Sie alle geführten Meditationen herunterladen oder streamen können, finden Sie in jedem Kapitel im Kasten »Übungen für Woche …« und detaillierte Anweisungen für die Meditationen in den hervorgehobenen Kästen jedes Kapitels.

Wenn Sie das Programm durchführen, ist es in Ordnung, sich die Meditationsanweisungen zunächst durchzulesen, um sich damit vertraut zu machen, aber anschließend sollten Sie die Übungen anhand der Anleitung der heruntergeladenen oder gestreamten Meditation machen. Versuchen Sie, sich auf die Stimmung der Meditation zu konzentrieren und sich nicht an speziellen Einzelheiten »aufzuhängen«.

Viele Praktizierende lesen erst das ganze Buch durch, bevor sie mit dem Programm beginnen. Wenn Sie so verfahren, empfehlen wir Ihnen, jedes Kapitel vor Beginn der entsprechenden Woche des Programms noch einmal zu lesen. Jede Übungswoche basiert auf jahrhundertealtem Wissen, das durch neueste wissenschaftliche Entdeckungen gestützt wird.

Zentrale Praktiken

In jeder Woche wird eine andere geführte Meditation eingesetzt. Die meisten gibt es in drei verschiedenen Längen: zehn, zwanzig und dreißig Minuten. So können Sie eine Meditation wählen, die der Ihnen verfügbaren Zeit entspricht. Zum Beispiel könnten Sie morgens und abends eine Zehn-Minuten-Version oder einmal am Tag eine Zwanzig-Minuten-Version machen. Sie sollten sich auch bemühen, jede Woche mindestens einmal die Gelegenheit zu finden, die Dreißig-Minuten-Version jeder Meditation durchzuführen.

Wenn Sie kurz nach dem Nachhausekommen meditieren wollen, sollten Sie vorher einen kleinen Snack oder ein Getränk zu sich nehmen. So erstaunlich es auch ist: Selbst wenn Sie nur wenig Hunger oder Durst haben, kann Sie das ablenken, ebenso wie ein nicht wahrgenommener Drang, zur Toilette zu gehen. Wenn Sie frühmorgens meditieren, werden Sie vielleicht merken, dass Sie etwas früher aufstehen und schlafen gehen müssen, damit Sie nicht auf Kosten des Schlafes oder in Eile praktizieren. Regelmäßigkeit ist ebenfalls wichtig, denn sie verringert die Neigung, die Meditation aufzuschieben. Anfangs mag es schwierig sein, sich die Zeit dafür zu nehmen, aber die Meditation setzt in der Regel mehr Zeit frei, als sie in Anspruch nimmt. Es ist jedoch sehr wichtig, dass Sie sich selbst gegenüber die Verpflichtung eingehen, die Meditationen durchzuführen. Diese erfordern zwar, dass man übt, aber vergessen Sie nicht, dass sie erwiesenermaßen vielen Menschen helfen. Am besten funktionieren sie, wenn Sie sich jeden Tag die nötige Zeit dafür nehmen. Um diese Vorteile zu verankern, sollten Sie sich fest vornehmen, den achtwöchigen Kurs zu absolvieren. Denken Sie auch daran, dass die Wirkung vielleicht nicht sofort spürbar eintritt.

Viele Praktizierende berichten allerdings, dass sie sich fast von Tag eins an entspannter und glücklicher fühlen.

Nachdem Sie einen oder zwei Tage mit einer geführten Meditation gearbeitet haben, können Sie wählen, wie Sie weiterpraktizieren möchten. Sie können zum Beispiel mit einer komplett geführten Meditation fortfahren oder für den Rest der Woche die Version mit »minimalen Anleitungen« (Mi) verwenden. Im weiteren Verlauf der Kurswochen werden Sie vielleicht die stille Version bevorzugen, bei der einfach alle fünf Minuten ein Glockenton ertönt. Sobald Sie mit einer Meditation vertraut sind, können Sie sie natürlich auch ganz ohne Anleitung oder Timer durchführen. Wenn Sie eins von beidem tun – mit Glockenton oder ganz frei meditieren –, können Sie ruhig jederzeit wieder zu einem der komplett geführten Tracks zurückkehren, um Ihr Gedächtnis aufzufrischen. Selbst sehr erfahrene Meditierende machen hin und wieder eine geführte Meditation. Außerdem haben viele Praktizierende festgestellt, dass es hilfreich ist, regelmäßig ein Tagebuch über ihre Erfahrungen zu führen, um die Vorteile der Meditation zu verankern.

Während des gesamten Kurses ist es wichtig, zu wissen, dass Sie Ihre tägliche Praxis jederzeit pausieren lassen können. Fragen Sie sich ab und zu: »Ist es das, was ich im Moment brauche?« Oder: »Hilft es mir?« Und wenn Sie das Gefühl haben, dass es nicht so ist, können Sie Ihre Praxis für eine Weile weglassen und wieder zu ihr zurückkehren, wenn Sie sich dazu bereit fühlen weiterzumachen.

Tägliche Achtsamkeit

Wie weiter oben bereits erwähnt, ist das zweite Element des Programms die tägliche Achtsamkeit. Dabei handelt es sich um einfache Übungen, die dazu dienen, die Achtsamkeit in den Alltag zu integrieren. Dazu gehören Dinge wie das bewusste Wahrnehmen der Umgebung morgens beim Aufwachen; oder ein Getränk, eine Mahlzeit oder einen Snack achtsam zu sich zu nehmen. Dadurch wird nicht nur Achtsamkeit in Ihr Leben integriert, sondern es werden auch nach und nach negative Denk- und Verhaltensgewohnheiten abgebaut, die Sie nahezu unmerklich, aber dennoch stark beeinflussen. Sie werden Ihnen helfen, allmählich zu neuen, kreativeren Denkweisen überzugehen. Sie sollten die Meditationen möglichst mit einer neugierigen, spielerischen Einstellung durchführen.

Versuchen Sie, an sechs von sieben Wochentagen zu meditieren. Es spielt keine Rolle, an welchem Tag Sie pausieren. Die Aufgaben zur täglichen Achtsamkeit sollten entsprechend den Anweisungen in den einzelnen Kapiteln ausgeführt werden. Seien Sie unbesorgt, wenn Sie einen oder zwei Meditationstage verpassen. Holen Sie die Zeit einfach an den anderen Tagen nach. Anschließend können Sie mit der nächsten Programmwoche fortfahren. Falls Sie nur an drei oder weniger Tagen meditieren konnten, empfiehlt es sich, die Woche zu wiederholen. Die Wirksamkeit der Meditationen steigert sich durch Wiederholung, deshalb ist es wichtig, dass Sie nach bestem Vermögen versuchen, die empfohlene Anzahl von Meditationstagen zu erreichen. Natürlich gibt es manchmal hektische Zeiten im Leben, und es ist durchaus normal, wenn Sie pausieren oder eine Weile ganz aufhören. Wenn Sie jedoch länger als ein paar Wochen nicht mehr meditieren, sollten Sie das Programm noch einmal von vorn beginnen. Und in diesem Fall sollten Sie dies möglichst tun, ohne sich selbst zu kritisieren.

Erstaunlich oft kommt es vor, dass man erst mehrere Fehlstarts hat oder Pausen einlegt, wenn man mit einem Meditationsprogramm beginnt. Anstatt sich selbst zu verurteilen, sollten Sie sich dann sanft daran erinnern: *Sie können bei der Achtsamkeit nicht versagen.* Das meinen wir ernst; Sie können nicht versagen. Es kann aber sein, dass Sie länger brauchen, um das Programm zu beenden, als Sie es sich vielleicht wünschen. Ist das der Fall, nehmen Sie die Zügel einfach wieder in die Hand, sobald Sie sich dazu in der Lage fühlen. Wiederholte Fehlstarts – oder die Tatsache, dass Sie lange brauchen, um in Ihrem Leben einen natürlichen Platz fürs Meditieren zu finden – können auf ihre Weise wichtige Lektionen sein. Wenn Sie das Gefühl haben, nicht genug Fortschritte zu machen (oder dass Sie sich nicht genug bemühen), dann versuchen Sie auch hier wieder, sich nicht selbst zu kritisieren. Zu lernen, mitfühlend mit sich selbst umzugehen und Verständnis für Ihr Leben zu entwickeln, ist ein wichtiges Element des Programms. Sie stärken auf ihre Weise auch Mut und Resilienz.

Das Kernprogramm dauert acht Wochen. Vielleicht möchten Sie auch nach Ende des formalen Programms weitermeditieren. Um Ihnen dabei zu helfen, zeigt Ihnen das letzte Kapitel des Buches, wie Sie das Gewahrsein der Gefühlsfärbung langfristig in Ihr Leben einbauen können.

ÜBERBLICK: Das gesamte Programm Woche für Woche

Dieses Buch will Sie dabei unterstützen, Ihre Achtsamkeitspraxis zu vertiefen, indem Sie die Gefühlsfärbung erkunden, die jeden Moment des Gewahrseins begleitet. Obwohl dieses Thema in allen Achtsamkeitspraktiken und -kursen grundlegend und wichtig ist, wird es größtenteils nicht thematisiert und bleibt ausgeblendet. Das vorliegende Programm fördert es ans Tageslicht.

Die ersten zwei Wochen bilden das Fundament für den ganzen Kurs. Ist Ihnen der Bereich der Achtsamkeitspraxis noch neu, werden Ihnen die grundlegenden Fähigkeiten vermittelt, die Sie brauchen, um durch das Programm zu kommen. Wenn Sie schon Meditationserfahrung haben, erhalten Sie in diesen ersten Wochen das spezielle Rüstzeug, das Sie später bei der Arbeit mit den Gefühlsfärbungen brauchen. Auch wenn Ihnen die entsprechenden Fertigkeiten möglicherweise vertraut vorkommen, werden Sie dennoch sehr von den Übungen profitieren, denn sie heben verschiedene Aspekte der Achtsamkeit hervor und zeigen Ihnen Stück für Stück, wie die Gefühlsfärbungen Ihre Gedanken, Gefühle, Emotionen und Ihr Verhalten steuern.

- **Woche eins:** Sie beginnen damit, verschiedene Methoden zu erkunden, wie Sie Ihre Aufmerksamkeit im gegenwärtigen Moment verankern können. Dorthin lenken Sie Ihre Aufmerksamkeit zurück, wenn Ihr Geist abschweift – und das wird unweigerlich geschehen. In der traditionellen Achtsamkeit dient oft der Atem als Anker. Den Atemempfindungen zu folgen, zu beobachten, wie sie sich von einem Moment zum nächsten verändern, ist eine zentrale Fähigkeit der Achtsamkeit. Manche empfinden den Atem allerdings als einen unsicheren Anker. Probieren Sie stattdessen ruhig Alternativen aus, und richten Sie die Aufmerksamkeit auf Veränderungen der physischen Empfindungen in Füßen oder Händen, die von einem Augenblick zum anderen stattfinden, oder auf den Kontakt mit dem, worauf Sie sitzen oder liegen.
- **Woche zwei:** Sie erkunden allmählich, wie Sie anders mit geistigem Abschweifen umgehen können. Viele Übende – vor allem, wenn sie schon länger Achtsamkeit praktizieren – merken, dass sie hastig zum Atem zurückkehren, sobald ihre Gedanken abschweifen, fast so, als wären sie bei einem Fehler ertappt worden. Zu erkennen, dass die Gedanken abschweifen, ist jedoch genau das, was nötig ist. Ein Moment, in dem Sie erkennen, dass Sie geistig abgeschweift sind, ist ein achtsamer Moment. In Woche zwei bitten wir Sie daher, auf diesem Moment aufzubauen, indem Sie bewusst kurz innehalten und Ihrem Geist dann ein Gefühl der Dankbarkeit für all die

harte Arbeit entgegenbringen, die er für Sie leistet, einschließlich dessen, dass er merkt, wenn Sie den Fokus verloren haben. Eine solche positive Verstärkung steigert nicht nur das Wohlbefinden, sondern ist auf lange Sicht auch effektiver.

Nachdem Sie diese Grundlagen gelegt haben, werden Sie gebeten, Ihre Gefühlsfärbungen zu erkunden, und zwar in den folgenden drei Wochen in drei aufeinanderfolgenden Etappen: 1. immer wenn die Gedanken abschweifen; 2. beim achtsamen Gehen; und 3. bei jedem Ausatmen. Zusammengenommen bauen diese drei Wochen schrittweise die Kernfähigkeiten des bewussten Wahrnehmens der Gefühlsfärbungen auf – Fähigkeiten, die Ihr Leben verändern werden. In diesen Wochen lernen Sie zu erkennen, dass die Natur der Gefühlsfärbung schwer fassbar ist und sich ständig verändert, und Sie sehen, dass vieles von dem, was Sie denken, fühlen und tun, gleichermaßen von unterschwelligen Tönungen abhängt wie von bewusstem rationalem Denken. Sobald Sie dies wirklich gelernt und tief greifend verinnerlicht haben, können Sie wieder die Kontrolle über Ihr Leben erlangen.

- **Woche drei:** Die Meditation für die dritte Woche beginnt diesen Prozess mit der Aufforderung, sich in dem Moment auf die Gefühlsfärbung zu konzentrieren, in dem Sie körperliche Empfindungen wahrnehmen, und wenn Sie gedanklich abschweifen (oder zumindest, wenn Sie zum ersten Mal merken, dass Sie abgeschweift sind). Dadurch wird Ihnen klar, dass Ablenkungen an sich zwar oft unbedeutend sind, der Verstand aber dazu neigt, aus einer Mücke einen Elefanten zu machen und ein Gefühl der Dringlichkeit zu erzeugen. Und genau dieses Gefühl untergräbt oft die Lebensqualität. In der dritten Woche werden Sie allmählich erkennen, wie dieser Prozess abläuft. Sie werden erfahren, dass der Geist unbedingt Angenehmes festhalten, Unangenehmes verdrängen und Neutrales ausblenden will. Das ist die Ursache von so viel Leid! Wir können Ihnen das sagen – es Ihnen sogar mit dem besten Instrumentarium, das der Wissenschaft zur Verfügung steht, beweisen –, aber erst wenn Sie es tatsächlich in Ihren Knochen spüren, werden Sie es schließlich glauben.

- **Woche vier:** Hier werden Sie zunehmend das im Kurs Gelernte anwenden, damit der Geist nicht mehr in die Spirale des Wünschens gerät, die Ihre Lebensqualität zerstört; sich einfach auf die Gefühlsfärbung einstimmen, sie beobachten und dann zulassen, dass sie so bleibt, wie sie ist. Das ist eine der wirksamsten Techniken zur Beruhigung des Geistes und Verbesserung der Lebensqualität, die Sie jemals lernen werden. In der vierten Woche werden Sie Tag für Tag Ihre Gefühlsfärbungen akzeptieren, während diese aufkommen und wieder verschwinden. Sie lernen, auf angenehme Tönungen so zu reagieren, dass Sie sie zunächst als angenehm erkennen und sich dann sanft sagen: »Es ist in Ordnung, das zu mögen.« Sie lernen, auf unangenehme Gefühlsfärbungen zu reagieren, indem Sie sie zunächst als unangenehm erkennen und sich dann sagen: »Es ist in Ordnung, das nicht zu mögen.« Dieses einfache Vorgehen ermöglicht Ihnen, zu beobachten, wie die lauten, aufdringlichen Stimmen der Schuld, des Verlangens und des Leidens einfach verschwinden.
- **Woche fünf:** In dieser Woche bauen Sie Ihre Praxis weiter aus, indem Sie lernen, mit wissenschaftlich-kriminalistischem Spürsinn wahrzunehmen, dass Gefühlsfärbungen scheinbar oft ein Eigenleben haben. Sie schwanken von Moment zu Moment. Die Meditationen dieser Woche

erweitern Ihre Perspektive: Sie ermöglichen Ihnen, klarer zu erkennen, welche Aspekte des Lebens schon deswegen an Ihnen vorbeigehen, weil Ihr Geist zu sehr damit beschäftigt ist, reaktionsbereit zu sein; sich für Handlungen bereitzumachen, die nicht notwendig sind und ohnehin nicht ausgeführt werden. Diese Geschäftigkeit bewirkt, dass Sie die kleinen Dinge im Leben nur allzu oft nicht sehen und schätzen. Und oft sind diese kleinen Dinge gar nicht so klein. Sie sind das Fundament, auf dem ein glückliches, sinnvolles Leben aufgebaut ist. Deswegen hilft Ihnen Woche fünf, zu erkennen, wann der Geist in einen überlasteten, ruhelosen Zustand gerät, und ermöglicht Ihnen, sich stattdessen den kleinen, angenehmen Dingen zuzuwenden, die sogar in sehr schwierigen Zeiten angesichts größter Herausforderungen vorhanden sind. Und sollten sich tatsächlich Schwierigkeiten ergeben, beugt eine solche Perspektive der geistigen Tendenz vor, Angst, Stress und Traurigkeit aus endlosen imaginären Szenarien zu kreieren, die auf »Wenn nur …« und »Was, wenn …« basieren.

In Woche drei, vier und fünf werden auch andere Übungen eingeführt, die dazu beitragen, das in der Meditation Gelernte zu verankern. Zu diesen Praktiken der täglichen Achtsamkeit gehören beispielsweise die Übung »Etwas wertschätzen«, bei der Sie aufgefordert werden, sich an einige kleine Dinge zu erinnern, die das Leben so magisch machen, sowie eine »Reflexion am Ende des Tages« über die Gefühlsfärbungen Ihres Tages und die Hauptthemen in seinem Verlauf.

- **Woche sechs:** Hier übertragen Sie dieses wichtige Wissen auf das tägliche Leben. Sie lernen den Umgang mit Dingen, die Sie zwar immer wieder stören, deren Auswirkungen Sie aber oft nur schwer erkennen, weil sie verborgen sind, getarnt als etwas anderes, das jedoch

Ihre Stimmung und Lebensqualität unterminiert und Sie erschöpft zurücklässt.

- **Woche sieben:** Hier lernen Sie etwas über Prokrastination – »Aufschieberitis« – und darüber, wie Sie häufiger die Dinge tun können, die Ihre Lebensqualität verbessern, und einen geschickteren Umgang mit denen finden, die Ihre Lebensqualität beeinträchtigen.
- **Woche acht:** In der achten Woche lernen Sie, wie Sie einen Plan erstellen, um das, was Sie herausgefunden haben, nachhaltig zu verankern und Ihre Praxis weiter zu verbessern.

Eine Zeit und einen Ort für die Meditation finden

Oftmals werden Sie das Gefühl haben, Sie hätten keine Zeit zum Meditieren. Zweifellos stimmt das. Das Leben ist hektisch, und Sie müssen viele dringende Aufgaben unter einen Hut bringen. Hätten Sie also wirklich freie Zeit, dann hätten Sie sie inzwischen wahrscheinlich schon für etwas anderes reserviert. Sie müssen sich also die Zeit zum Meditieren *schaffen*. Langfristig werden Sie diese Zeit jedoch zurückgewinnen, denn eine Meditationspraxis aufrechtzuerhalten, ist hilfreich, um das Leben effizienter zu gestalten. Falls Sie immer noch Bedenken haben, diese Verpflichtung einzugehen, fragen Sie sich sanft, wie viel Zeit Sie jeden Tag damit zubringen, sich zu sorgen, Dinge vor sich herzuschieben und offensichtlich sinnlose Gewohnheiten zu durchlaufen. Vielleicht können Sie sich vornehmen, einen Teil dieser Zeit dem Meditieren zu widmen.

Manche schrecken davor zurück, ein Meditationsprogramm zu beginnen, weil sie fürchten, dies könnte als selbstbezogen angesehen werden. Wenn Sie ebenfalls solche Befürchtungen hegen, betrachten Sie es doch einfach als Fitnessprogramm für den Geist. Viele verbringen mehrere Stunden pro Woche mit Joggen oder

Training im Fitnessstudio. Warum nicht jeden Tag etwas Zeit darauf verwenden, dasselbe für Ihren Geist zu tun?

Wo …

Am besten meditieren Sie an einem angenehmen, friedlichen Ort. Das kann etwas so Einfaches wie eine ruhige Ecke zu Hause sein. Wählen Sie möglichst nicht das Schlafzimmer, denn es könnte Sie schläfrig machen. Dennoch: Wenn das Schlafzimmer der ruhigste, friedlichste Ort ist, der Ihnen zur Verfügung steht, dann ist es in Ordnung, dort zu meditieren. Sie können auch anderen Personen in Ihrem Zuhause mitteilen, dass Sie beim Meditieren ungestört bleiben möchten. Manche empfinden dies als ein bisschen peinlich, weil sie fürchten, dass Achtsamkeit von anderen etwas seltsam gefunden werden könnte. Doch in Wirklichkeit werden Freunde und Familie wahrscheinlich froh sein, dass Sie sich die Zeit nehmen, Ihr Leben zu verbessern.

Und welche Ausrüstung brauchen Sie? Nur ein Smartphone oder einen Computer, um die Meditationstracks zu hören (oder sie mit einem Fernseher, einem Headset oder einer HiFi-Anlage zu streamen), einen Stuhl zum Sitzen und vielleicht eine Decke, um Ihre Beine warmzuhalten. Wenn Sie die Meditationen mit Ihrem Smartphone hören, ist es sinnvoll, die Benachrichtigungen auszuschalten, es auf lautlos zu stellen oder Anrufe auf die Mailbox umzuleiten.

… wie

Die meisten finden, dass es gut fürs Meditieren ist, auf einem Stuhl mit gerader Rückenlehne zu sitzen, aber es ist auch in Ordnung, sich auf ein Meditationskissen oder eine Bank zu setzen. Wenn Ihnen Sitzen Schwierigkeiten bereitet, können die Meditationen auch im Liegen ausgeführt werden, auf einem Teppich oder einer Matte.

Versuchen Sie, beim Sitzen eine wache, aufrechte, aber nicht starre Haltung einzunehmen, bei der Ihre Wirbelsäule sich selbst trägt, etwa zwei, drei Zentimeter von der Stuhllehne entfernt. Oft ist es bei dieser Haltung auch hilfreich, etwas weiter vorne zu sitzen und ein kleines Kissen auf die Sitzfläche zu legen, sodass die Hüften etwas höher als die Knie sind. So kann der Rücken seinem natürlichen Verlauf folgen, und die Brust fühlt sich offen und weit an. Diese Haltung fördert auch die wache Aufmerksamkeit und die emotionale Klarheit. Die Füße stehen flach auf dem Boden, etwa hüftbreit auseinander. Das fördert ein Gefühl der Stärke und Stabilität. Die Hände bleiben am besten entspannt auf dem Schoß oder den Oberschenkeln liegen.

Die beste Position ist eine, die möglichst wenig Muskelanspannung verursacht und gleichzeitig einen wachen, aber entspannten geistigen Zustand fördert. Welche Haltung auch immer Sie einnehmen, denken Sie daran, dass Sie nichts gewinnen, wenn Sie sich zu einer harten oder unbequemen Position zwingen. Auf keinen Fall sollten Sie denken, Sie müssten mit überkreuzten Beinen auf dem Boden sitzen. Magazine und Zeitschriften zeigen zwar gern Bilder von Menschen, die in dieser Haltung meditieren, aber das ist wirklich nicht nötig. Obwohl manche so meditieren, ist es oft äußerst unbequem, wenn man es nicht gewohnt ist. Mit gekreuzten Beinen dazusitzen, hat an sich nichts mit der Meditationspraxis zu tun. Es ist einfach die Art, wie die Menschen im Osten traditionell saßen.

Es kann sein, dass Sie während der Meditation eine andere Haltung einnehmen müssen. Auch das ist in Ordnung. Zappeln ist ebenfalls normal, selbst erfahrene Meditierende müssen sich von Zeit zu Zeit bewegen. Wenn Sie sich bewegen, versuchen Sie, es in Ihre Meditation einzubeziehen, indem Sie es mit vollem Gewahrsein tun und spüren, wie die Gefühlsfärbung vor, während und nach der Bewegung schwankt.

... und wann?

Warum nicht einige Augenblicke die Augen schließen, tief durchatmen und hier und jetzt beginnen?

KAPITEL 5

WOCHE EINS: Finden Sie Ihre Verankerung

Josy nahm einen weiteren Schluck von ihrem Mojito. Es war ihr dritter innerhalb einer halben Stunde. Sie begann, sich im Takt der Musik zu bewegen, und blickte sich in dem überfüllten Wohnzimmer der Wohnung ihrer Freundin um. Es war voller Menschen, die sangen, tanzten und ihre bunten Getränke schwenkten. Der Samstagabend wurde etwas tumultartig, und genau so gefiel es Josy.

Der hochgewachsene Fremde schlenderte erneut zu ihr herüber und versuchte, ein Gespräch anzufangen. Seine bisherigen Annäherungsversuche hatte sie abgewehrt, aber dieses Mal reagierte sie mit einem Lächeln. Er beugte sich mehr zu ihr herüber, um den Partylärm zu übertönen. Sie hörte gerade noch, was er sagte, als eine andere Stimme den Lärm im Raum durchbrach: »Josy hat mir von dieser tollen Italienreise per Anhalter erzählt …« Sobald ihr Name fiel, konzentrierte sich Josys Verstand auf das Gespräch auf der anderen Seite des Raumes. Sie hörte jedes Wort kristallklar, als hätte sich Stille über alles gesenkt.

Wir alle kennen diesen sogenannten Cocktailparty-Effekt. Wir sind an einem lauten Ort und horchen plötzlich auf, wenn jemand unseren Namen nennt. Manchmal ist der Effekt sogar noch stärker, wie zum Beispiel dann, wenn Sie die wenigen Worte, bevor Ihr

Name überhaupt fällt, hören. In solchen Momenten kann es sich so anfühlen, als sei die Zeit um einige Sekunden zurückgedreht worden und hätte Ihnen so ermöglicht, wieder in die Welt zurückzukommen. Und in gewisser Weise ist das auch so.

Der Cocktailparty-Effekt entsteht durch die erstaunliche Fähigkeit des Gehirns, unterschiedliche Informationen aus den Sinnesorganen zu sammeln, sie zusammenzufügen und ihre Bedeutung zu analysieren. Diese Informationen werden dann benutzt, um unsere verschiedenen Realitätsmodelle zu aktualisieren. Dabei kristallisiert sich das Passendste als das heraus, was zu unserer tatsächlichen Erfahrung wird (siehe Seiten 31-38). Oft erhaschen wir aber nur einen angedeuteten Eindruck dieses Prozesses, wenn der Verstand »aus dem Gleis springt«, von einem Modell zum anderen, und wir so etwas wie den Cocktailparty-Effekt erleben. Das kann heftig und gelegentlich auch unheimlich sein.

Entscheidend für diesen Prozess ist die Fähigkeit des Gehirns, die Welt auf wichtige Informationen hin zu überwachen, die uns signalisieren, wann wir unser globales Modell aktualisieren müssen – oder auf ein ganz anderes Gleis wechseln sollten. Moment für Moment vergleicht das Gehirn die Vorhersagen des Geistes mit den tatsächlich eingehenden Sinnesinformationen und hält Ausschau nach Überraschungen – oder Vorhersagefehlern. Bemerkt es einen solchen Fehler, wendet sich die Aufmerksamkeit der Quelle der Überraschung zu (zum Beispiel der Stimme, die gerade Ihren Namen gesagt hat), um zu sehen, ob das Modell aktualisiert werden muss. Oft ist nur eine kleine Feinjustierung erforderlich, doch einen Moment lang besteht Unsicherheit – die beseitigt werden muss für den Fall, dass eine größere Maßnahme erforderlich ist. So wird Ihre Aufmerksamkeit unausweichlich auf alles Neue oder Überraschende gelenkt. Alle Tiere reagieren empfindlich auf Bewegungen in ihrem peripheren Blickfeld, weil diese anzeigen, dass möglicherweise ein Fressfeind in der Nähe ist. Das ist auch beim Menschen nicht anders. Die Evolution hat unser Gehirn so verdrahtet, dass es auf viele solcher Ablenkungen achtet; wir haben gar nicht die Wahl, sie wahrzunehmen oder nicht. Haben Sie sich schon einmal fortwährend von einem flimmernden Fernseher über einer Theke ablenken lassen? Schieben Sie es auf Ihre Primatenvorfahren.

Wir können auch lernen, auf andere Ablenkungen zu achten, und diese können sich in die »Software« unseres Gehirns einschreiben. Unseren Namen in einem überfüllten Raum zu hören, ist ein Beispiel; Gespräche, die wir interessant finden, ein anderes. Sie wollen umziehen, ein Auto kaufen oder in den Urlaub fahren? Mit einem Mal fallen Ihnen überall entsprechende Hinweise auf, und Sie haben den Drang, sie zu beachten. Normalerweise kehren Sie jedoch nach einigen Momenten erhöhten Gewahrseins wieder zu Ihren Gedanken zurück, möglicherweise erstaunt über die Fähigkeit Ihres Geistes, die Welt im Auge zu behalten.

Konkret bedeutet das: Selbst wenn Sie sich auf eine Sache konzentrieren und versuchen, alles andere zu ignorieren, überwacht Ihr Geist die Welt im Hintergrund weiter, für den Fall, dass etwas Wichtiges auftaucht, mit dem Sie sich befassen müssen. Oft wird Ihre Aufmerksamkeit jedoch nicht derart offenkundig gekapert, sondern es geschieht unterschwellig, ohne dass Sie es merken. Das ist langfristig oft viel heimtückischer und wirkungsvoller als eine Reihe von Cocktailparty-Effekt-Kidnappings.

Es funktioniert so: Wenn Sie nicht aufmerksam – wirklich aufmerksam – sind, dann entgehen Ihnen die sich ansammelnden »Vorhersagefehler«, die Ihnen ermöglichen, die Realität fest im Griff zu behalten. Denn eben diese Vorhersagefehler halten uns, wenn sie *bemerkt* werden, in Kontakt mit der realen Welt und verhindern, dass wir in einer abgekoppelten Simulation leben. Sie sorgen für die aufrüttelnden kleinen Erschütterungen, die bewirken, dass wir wieder ganz bewusst werden, und die unsere Neugierde anfachen. Sie sind die Quelle der Lebensfreude. Sie sorgen für den Zauber – den Sternenstaub –, der das Leben lebenswert macht.

Die Botschaft ist im Irrtum enthalten.

Lassen Sie uns diese Idee, die der Vernunft scheinbar zuwiderläuft, erklären.

Wenn Sie Ihre Lieblingsspeise essen, sagt Ihnen Ihr Geist vorher, wie sie schmeckt und sich in Ihrem Mund anfühlt. Es ist zwar eine ziemlich genaue Simulation, aber sie ist nicht real. Stellen Sie sich dagegen beim Essen voll und ganz auf Ihre Sinne ein, weicht Ihre Erfahrung geringfügig von der mentalen Simulation ab. Es gibt Fehler in der Simulation, die Ihnen normalerweise nicht aufgefallen wären. Das bedeutet, die echte leckere Speise, die Sie in diesem Moment essen, ist so viel wunderbarer, weil Sie sie tatsächlich schmecken und nicht nur eine Simulation erleben. Alle miteinander verwobenen Nuancen des Geschmacks, der Aromen und der Konsistenz werden voll ausgekostet. Sie sind absolut real, keine Imitation. Wenn Sie jedoch nicht darauf achten, werden Sie den Geschmack des Essens schlicht und einfach nicht wahrnehmen – ebenso wenig wie unzählige andere Dinge, zum Beispiel das Gefühl der Sonne auf Ihrer Haut, den Duft von frisch gebackenem Kuchen, das Lächeln geliebter Menschen, Umarmungen und Küsse, Kinderlachen im Park … Die Liste ist endlos.

Zum Glück sind solche Verluste nicht unumgänglich, denn Sie können lernen, auf ganz spezielle Art aufmerksam zu sein, und zwar so, dass Sie sich wieder mit der Welt um sich herum verbinden. Und dann geschieht etwas Erstaunliches. Sie sehen die Welt allmählich in ihrer wahren Schönheit, voller Magie, Geheimnisse und Wunder.

Genau das bietet dieser achtwöchige Kurs; und dabei geht es um so viel mehr als nur um das Nichtvorhandensein von Angst, Stress, Depressionen und Erschöpfung. Der Kurs eröffnet Ihnen die Möglichkeit, Ihr Leben zurückzugewinnen – die einfache, schöne *Freude* am Leben wiederzuentdecken.

Ein Leben, das wieder in Verbindung ist

Der erste Schritt, um die Kontrolle über Ihr Leben zurückzuerlangen, besteht darin, dass Sie lernen wahrzunehmen, wann Ihr Geist anfängt, sich selbst zu unterminieren, und in die Unbewusstheit abgleitet. Dazu müssen Sie ihn zunächst darauf trainieren, sich jeweils auf eine einzige Sache zu fokussieren, und dann nach und nach lernen, diesen Aufmerksamkeitsscheinwerfer nach Ihren Wünschen umherzubewegen. Es mag Ihnen anfangs nicht leicht fallen, doch mit sanfter Beharrlichkeit lernen Sie zu erkennen, *worauf* der Aufmerksamkeitsscheinwerfer zeigt und *wann* er von dem von Ihnen gewählten Fokus abzuschweifen beginnt. Dann bringen Sie ihn zurück dorthin, wo Sie ihn haben wollten. Und das tun Sie, indem Sie sich jeden Tag einige Minuten Zeit nehmen; mit dem einzigen Ziel, den Geist zu schulen: Ihren Aufmerksamkeitsscheinwerfer am Werk zu sehen und ihn jedes Mal, wenn er von Ihrem gewählten Fokus abschweift, wieder dorthin zurückzubringen.

Zur Unterstützung dieses Prozesses ist es hilfreich, einen *Ort* zu haben, an den Sie ihn immer wieder zurückbringen können. Denn Ihr Geist ist wie ein Boot; er braucht einen Anker, damit er sich mit dem Kommen und Gehen der Gezeiten nicht zu weit vom Ufer entfernt. Beim Meditieren wird traditionell der Atem als dieser Anker verwendet. Manchen Meditierenden genügt das, aber für viele (oder diejenigen, die gerade ungewöhnlich zerstreut oder geistesabwesend sind) ist er möglicherweise nicht ausreichend. Praktizierende brauchen oft stärkere, deutlicher spürbare Empfindungen, auf die sie sich konzentrieren können, als das sanfte Ein- und Ausströmen des Atems. Sie brauchen mehr Möglichkeiten. Das gilt ganz besonders dann, wenn Sie Atembeschwerden haben oder wenn die Ablenkungen zu störend geworden sind.

Wenn Sie den Atem bisher als ausreichend empfunden haben, seien Sie unbesorgt; er wird Ihnen im weiteren Verlauf des Kurses immer noch zur Verfügung stehen. Diese Woche ist jedoch der

Erkundung alternativer Anker gewidmet, um Ihnen einen Eindruck der verschiedenen Eigenschaften zu vermitteln, die jeder Anker mit sich bringt. Ein Anker können wie erwähnt die Füße sein, die Hände oder das Gefühl des Kontakts mit einer Sitzgelegenheit oder einer Matte; außerdem gibt es äußere Anker, wie zum Beispiel Geräusche.

Wenn Sie in der Vergangenheit Achtsamkeit praktiziert haben, insbesondere wenn Sie unser vorheriges Buch, *Das Achtsamkeitstraining*, gelesen oder einen darauf basierenden Kurs besucht haben, kommen Ihnen einige dieser Vorstellungen sicherlich bekannt vor. Doch es gibt viele kleine, aber entscheidende Unterschiede. Der wichtigste ist, dass Sie in den kommenden Wochen lernen werden, sich bei den Meditationen auf die Gefühlsfärbung, Vedana, einzustimmen. Sie werden sich auf verschiedene Arten des Gewahrseins einstellen, während Sie Meditationen durchführen, die Ihnen zwar vertraut vorkommen mögen, sich aber dennoch von denen unterscheiden, die Sie bislang praktiziert haben. Diese Meditationen werden Ihre Erfahrung und Ihr Verständnis vertiefen. Das ist im Kern das, was wir in den kommenden Wochen an Sie weitergeben möchten. Für uns ist dieser Ansatz eine Fundgrube neuer Erkenntnisse geworden, gewonnen aus sehr alten östlichen Traditionen, der modernen Psychologie und den Neurowissenschaften. Diese Erkenntnisse haben unser Verständnis der Meditation verändert, und wir hoffen, dass sie dasselbe auch bei Ihnen bewirken.

Kann Achtsamkeit schaden?

Das ist eine wichtige Frage. In der Medizin und der Psychologie gibt es eine alte Weisheit: Keine Wirkung ohne Nebenwirkung. Und in der Tat stellen zwischen drei und zehn Prozent derjenigen, die sich einer psychologischen Behandlung unterziehen, fest, dass es ihnen hinterher schlechter geht als vor der Behandlung.[16] Arzneimittel oder psychologische Behandlungen bewirken etwas, und das ist mitunter nicht angenehm. Der Zeitungskolumnist Oliver Burkeman hat es so ausgedrückt: Wenn man einen Hammer mit genügend Kraft verwendet, um damit einen Nagel in die Wand schlagen zu können, dann tut es weh, wenn man den Daumen trifft.

Unserer Erfahrung nach kann es in zwei Fällen dazu kommen, dass man sich durch Meditieren schlechter fühlt. Im ersten Fall kommt eine schwierige oder traumatische Erinnerung während der Meditation hoch und wirkt überwältigend. Wenn das passiert, ist es wichtig, die Erinnerung und ihre Wirkung anzuerkennen, die Augen zu öffnen, sich wieder zu verankern und vielleicht für eine Weile ganz mit der Praxis aufzuhören. Im zweiten Fall kann es zu einer Verschlechterung kommen, wenn jemand so viel von der Achtsamkeitspraxis profitiert hat, dass er oder sie anfängt, zu viel zu praktizieren, manchmal mehrere Stunden am Tag, und dann einen Zusammenbruch erleidet. Hier gilt derselbe Rat: Lassen Sie das Meditieren eine Weile bleiben, und holen Sie sich nötigenfalls Hilfe bei einem Meditationslehrer oder einer Meditationslehrerin.

Achtsamkeit kann auch hier als analog zum körperlichen Fitnesstraining gesehen werden, das manchmal zu Verletzungen führen kann; vor allem, wenn man es übertreibt, wenn der Körper es nicht gewohnt ist, aber sogar auch dann, wenn man alle Vorsichtsmaßnahmen getroffen hat oder sehr erfahren ist. Dennoch: Folgern Sie daraus nicht, dass körperliche Fitness und Bewegung schlecht für Sie sind, sondern einfach nur, dass Sie es langsamer angehen sollten. Dasselbe gilt auch für die Achtsamkeitsmeditation.

Wenn sich Schwierigkeiten ergeben

Besonders leidvoll kann es sein, wenn Sie Meditation praktiziert und den Eindruck gewonnen haben, Sie hätten Ihre schwierigen Gefühle in den Griff bekommen, und dann doch merken, dass Sie aufs Neue sehr traurig, ängstlich oder wütend werden. Für manche kann es sich so anfühlen, als würde das Meditieren selbst die Verschlimmerung bewirken. Schwierige Stimmungen und die damit einhergehenden Erinnerungen, Tagträume, Pläne oder Sorgen können den Geist wie aus dem Nichts überfallen. Das kann zwar jedem passieren, tritt aber mit höherer Wahrscheinlichkeit auf, wenn Sie in der Vergangenheit schwierige, traumatische Erlebnisse hatten. Manchmal verschwinden die Gefühle so schnell, wie sie gekommen sind, dann wieder bleiben sie, als hätten sie sich fest im Kopf eingenistet und wollten nicht mehr gehen. Bevor Sie mit der ersten Woche beginnen, ist es daher wichtig zu wissen, was Sie tun können, wenn solche Schwierigkeiten auftauchen, sei es in der Meditation, sei es im Alltag.

- Zunächst ist es sinnvoll, uns in Erinnerung zu rufen, dass wir alle unterschiedlich sind in dem, was wir am meisten brauchen, um das Leben zu meistern, um in unserer chaotischen Welt leicht, präsent und freundlich zu leben. Und wir alle haben zu verschiedenen Zeiten auf unterschiedliche Weise im Leben etwas zu bewältigen. Dieses Buch bietet eine Reihe von Methoden, Ihnen in solchen Phasen zu helfen, und wir hoffen, dass Sie damit experimentieren und dadurch herausfinden, was für Sie am hilfreichsten ist.
- Zweitens ist es wichtig, in dem Tempo vorzugehen, das sich für Sie richtig anfühlt. Bei der Achtsamkeitspraxis geht es darum, dass uns das gesamte Spektrum unserer Erfahrungen bewusst wird. Fraglos öffnet sie uns die Augen für die Schönheiten und Freuden des Alltags, von denen wir viele vielleicht vergessen haben; andererseits kann sie uns aber auch in engen Kontakt mit einigen unserer schwierigsten Gedanken, Gefühle, Emotionen und

Impulse bringen. Zu lernen, in solchen Momenten sinnvoll darauf einzugehen, ist ein zentraler Bestandteil aller Achtsamkeitskurse. Oft wird jedoch vergessen, dass dies Zeit braucht – eine Phase des Zulassens, die man nicht überhastet durchlaufen oder ignorieren sollte. Versuchen Sie daher stets daran zu denken, dass es völlig in Ordnung ist, Elemente des Kurses nach eigenem Belieben zu unterbrechen und wieder zu beginnen. Wahre Heilung und wahres Lernen finden oft in den ruhigen Momenten zwischen den Übungen statt, Sie sollten daher nicht das Gefühl haben, dass diese Zeiträume verschwendet sind oder dass Sie in irgendeiner Weise »aufgeben«. Zu lernen, eine Pause einzulegen, kann an sich schon eine wertvolle Lektion sein. Hier nun einige konkrete Dinge, auf die Sie achten sollten, und Ideen, die für Sie hilfreich sein könnten.[17]

Plötzliche Stürme

Schwierigkeiten können zu jeder Tages- und Nachtzeit auftreten, nicht nur beim Meditieren, und mitunter sind sie überwältigend. Wenn das passiert, versuchen Sie, ganz sanft mit sich selbst umzugehen. Vielleicht können Sie genau in diesem Moment einige Male tiefer durchatmen und Ihre Aufmerksamkeit bei jeder Ausatmung zu den Füßen absinken lassen (siehe folgenden Kasten).[18] Erkunden Sie dabei die Empfindungen des Kontakts zwischen den Füßen und dem, was sie stützt. Das hilft Ihnen, »festen Boden« unter den Füßen zu finden. Er ist ein besserer Ausgangspunkt, um zu entscheiden, was Sie als Nächstes tun wollen.

Der Sechs-Sekunden-Stressabbau: Fußsohlenmeditation[19]

- Stellen Sie sich hin, die Füße schulterbreit auseinander, und atmen Sie sanft einmal lange und langsam ein.

- Atmen Sie langsam und ganz natürlich aus, richten Sie dabei die Aufmerksamkeit auf Ihre Fußsohlen.
- Achten Sie auf all die verschiedenen Empfindungen, die wie Meereswellen auf- und abwogen. Vielleicht spüren Sie ein Druckgefühl unter Fersen und Fußballen, vielleicht ein allgemeines Schmerzgefühl oder Kribbeln in den Füßen, vielleicht Stellen mit Wärme- oder Kälteempfindungen oder ein Gefühl von Feuchtigkeit zwischen den Zehen. Es kann auch sein, dass Sie überhaupt nichts spüren, also versuchen Sie nicht, im Voraus einzuschätzen, was Sie finden werden.

Sie können diese Übung einen Atemzug lang (etwa sechs Sekunden) durchführen, aber mehr Atemzüge sind besser.

Wie kann etwas so Einfaches so wirksam sein?

Wenn Sie die Aufmerksamkeit von Ihrem aufgewühlten Geist auf die Empfindungen im Körper (zum Beispiel in den Füßen) lenken, verändern Sie nicht nur das, *was* Ihren Geist in Beschlag nimmt, sondern den gesamten geistigen Modus: Sie wechseln vom Denk- zum Empfindungsmodus (vom getriebenen zum Sein-Modus). Der getriebene Modus ist großartig im Lösen von Problemen – wir wollen ihn nicht kritisieren –, aber seine vorrangige Problemlösungsstrategie besteht darin, seine Fähigkeit zu geistigen Zeitreisen zu nutzen: »einer zurückweichenden Zukunft nachzueilen … sich nach einer imaginären Vergangenheit zu sehnen«, um es mit den Worten des Dichters R. S. Thomas zu sagen.[20] Wenn wir in einer Denkschleife feststecken, können wir sie nicht durch noch mehr Denken beenden. Dadurch kämen eher noch mehr schlechte Erinnerungen und gefährliche Zukunftsvisionen auf. Das erzeugt Angst, Stress und Unzufriedenheit und verbraucht Energie. Wenn Sie stattdessen umschalten, weg vom gesamten getriebenen

Modus, dann gelangen Sie damit auch weg von Ihren Problemen. Das geschieht dadurch, dass Sie sich auf Empfindungen konzentrieren, denn diese treten nur im gegenwärtigen Moment auf.

Eine andere Möglichkeit, in schwierigen Phasen in den Sein-Modus zu gelangen, besteht darin, die Aufmerksamkeit auf Empfindungen im Körper zu richten, indem man das »Zoomobjektiv« der Aufmerksamkeit auf den ganzen Körper ausweitet, sodass man mit der Schwierigkeit in einem größeren Raum verweilen kann, mit dem Atem im Hintergrund. Versuchen Sie, in solchen Momenten nicht zu vergessen, dass es auch völlig in Ordnung ist, Ihre Aufmerksamkeit vom Körper weg auf die Dinge um Sie herum zu richten. Sie könnten sich ganz bewusst umsehen und vielleicht die Gegenstände benennen, die Sie sehen, wie zum Beispiel »Stuhl«, »Teppich« oder »Bild«, oder Sie könnten sich auf die Geräusche konzentrieren, die Sie umgeben.

Schwierigkeiten beim Meditieren

Manchmal treten beim Meditieren Verstimmungen auf, vor allem, wenn Ihnen kürzlich etwas passiert ist, das Sie aus dem Gleichgewicht gebracht hat oder Sie an frühere Verletzungen erinnert. Es kann den Anschein haben, dass diese Verstimmungen durch die Meditation selbst reaktiviert worden sind, oder vielleicht war die Meditation anders als die einfache Entspannung, die Sie angestrebt haben. In solchen Momenten ist es gut, sich daran zu erinnern, dass Sie die Wahl haben. Sie brauchen nicht die Zähne zusammenzubeißen und trotz extremer geistiger oder körperlicher Beschwerden weiterzumeditieren. Ziel der Meditation ist nicht, sich »innerlich abzuhärten«, sodass Sie sich abkoppeln und nicht mehr ganz und gar lebendig fühlen oder nicht mehr in der Lage sind, das Leben anzunehmen. Vielmehr schulen Sie Ihren Geist, geschickt und behutsam mit dem umzugehen, was Sie belastet.

In solchen Zeiten ist es hilfreich, zwischen *Wollen* und *Können* zu unterscheiden.[21] Wenn also eine Schwierigkeit aufkommt, könnten Sie versuchen zu entscheiden, ob Sie noch ein bisschen länger in der Meditation verweilen und daran arbeiten wollen. Aber selbst wenn Sie es wollen – ist es das *Freundlichste*, was Sie tun können? Fragen Sie sich sanft: »Bin ich im Moment dazu in der Lage, habe ich die erforderliche Energie?« Wenn Sie zu müde oder zu aufgeregt sind, ist es in Ordnung, die Schwierigkeit eine Weile beiseitezulassen, bis Sie das Gefühl haben, wieder besser damit arbeiten zu können. Wenn Sie sie nicht ganz beiseiteschieben wollen, versuchen Sie, zu entscheiden, *wie weit* Sie sich ihr nähern wollen. Vielleicht bleiben Sie nur am Rand, oder Sie sehen sie mit etwas Distanz, oder Sie erweitern den Bereich Ihres Gewahrseins auf den ganzen Körper, sodass es sich anfühlt, als würde die Schwierigkeit in einem größeren Raum gehalten. Sie könnten auch versuchen, sich ein zeitliches Limit zu setzen, wie lange Sie dabeibleiben wollen; zum Beispiel fünf oder zehn Atemzüge.

Wenn Sie zunehmend vertraut mit den Meditationen werden und damit, wie Sie die verschiedenen Anker für Ihre Aufmerksamkeit nutzen können (die Füße, den Kontakt mit dem Sitz, die Hände oder den Atem), versuchen Sie, zu verstehen, dass es völlig in Ordnung ist, wenn Sie bei aufkommenden Schwierigkeiten Ihre Praxis in der Form, wie Sie sie ursprünglich beabsichtigt hatten, für eine Weile beiseitelassen und stattdessen bei Ihrem Anker bleiben. Ebenso können Sie verfahren, wenn Sie Ihren Fokus verlieren oder davon abschweifen und Ihre Aufmerksamkeit wieder sammeln müssen. Sie können auch ruhig frei zwischen den Ankern wechseln oder sie kombinieren. Konzentrieren Sie sich auf den gewählten Anker, und versuchen Sie, sich dabei zu fragen: »Kann ich bei diesen Empfindungen bleiben, selbst mitten in dieser Schwierigkeit?« Seien Sie sanft zu sich selbst. Es besteht kein Grund zur Eile. Versuchen Sie nicht, »mutig« zu sein, sich »durchzubeißen und es ohne Murren zu ertragen« oder sich zu überfordern. Erkunden Sie einfach die Schwierigkeit. Achten Sie dabei darauf, ob Sie ihr Raum geben können. Versuchen Sie, mit ihr zu atmen, in dem

Wissen, dass sie da ist, aber seien Sie nicht darauf aus, sich mit ihr zu beschäftigen. Falls Sie sich nicht wohl damit fühlen, bei Ihrem Anker zu bleiben, öffnen Sie die Augen, und nehmen Sie alles wahr, was um Sie herum zu sehen ist.

Wenn es Ihnen zu intensiv wird, spüren Sie in den Körper hinein und fragen Sie: »Wie geht es meinem Körper und Geist jetzt gerade, in diesem Moment? Was ist sonst noch da? Was ist jetzt meine beste Unterstützung?« Und dann atmen Sie lange, langsam und tief ein und aus – und beginnen mit dem, was Sie Ihrem Empfinden nach am besten unterstützt, zum Beispiel eine Pause machen, die Augen öffnen oder die Aufmerksamkeit zurück zu Ihrem Anker lenken. Greifen Sie ruhig jederzeit auf Übungen zurück, die Ihnen aus früheren Kursen vertraut sind; seien Sie bereit, zu etwas anderem überzugehen, wenn Sie den Eindruck haben, dass das Leben eine andere Herangehensweise erfordert.

Was auch immer während Ihrer Praxis geschieht: Versuchen Sie, sich stets daran zu erinnern, dass es sich inmitten von Schwierigkeiten zwar so anfühlen kann, als wären Sie ganz allein; aber Sie sind es nicht. Unzählige Menschen haben dieselben Schwierigkeiten durchlebt wie Sie und werden Ihnen gern helfen wollen. Wenn Sie sich in einer schwierigen Situation befinden, halten Sie eine Weile inne, und suchen Sie sich dann Gleichgesinnte, entweder über das Internet oder im echten Leben. Vielleicht hilft Ihnen auch der Rat einer erfahrenen Meditationslehrerin. Und vergessen Sie nicht, dass Sie sich jederzeit qualifizierte ärztliche oder psychologische Hilfe holen können, wenn Ihre Erfahrungen zu schwierig für Sie werden (siehe auch Literatur und Internetquellen, Seite 285).

So finden Sie durch das Erkunden einer Reihe von Optionen neue, flexible Wege, sinnvoll auf die Höhen und Tiefen des Lebens einzugehen. Wenn Sie flexibel sind, geht nichts von dem verloren, was Sie in Ihrer früheren Meditationspraxis gelernt haben, sondern es wird vieles hinzugefügt, das Ihnen und Ihrem Umfeld zugutekommen könnte.

Aus all diesen (und noch viel mehr) Gründen werden Sie in diesem neuen Programm als Erstes lernen, sich zu stabilisieren und zu erden beziehungsweise zu verankern. Das wird Ihnen einen »Standort« geben, einen günstigen Ausgangspunkt, von dem aus Sie Moment für Moment erkunden können, wie sich Ihre Erfahrung entfaltet.

Übungen für Woche Eins

- **Meditation »Ihre Verankerung finden«** (siehe folgenden Kasten), die Sie entweder zweimal täglich zehn Minuten (Track 1.1) oder einmal täglich zwanzig Minuten (Track 1.2) über fünf Tage durchführen können. Sobald Sie mit den Anweisungen vertraut sind, verwenden Sie die Version »Minimale Anleitungen« (Mi) (Track 1.4) oder die Version nur mit Glockenklang (Track 1.5).
- **Meditation »Ihre Verankerung finden« – dreißig Minuten.** Meditieren Sie an mindestens einem Tag in dieser Woche eine halbe Stunde mit der 30-Minuten-Anleitung (Track 1.3) oder mit der Minimalversion (Mi) oder der Version »Glockenklang« (Track 1.5).
- **Tägliche Achtsamkeitspraxis »Nach dem Aufwachen«** – jeden Morgen. Siehe Anweisungen im Kasten auf Seite 88. Für die ersten Tage können Sie auch Track 1.6 verwenden.

Alle Meditationen für diese Woche finden Sie unter www.penguin.de/neues-achtsamkeitstraining

Meditation »Ihre Verankerung finden«

Vorbereitung

1. Sie können dies entweder im Liegen (auf einer Matte oder einem Teppich) oder im Sitzen tun. Wenn Sie liegen, schlagen Sie die Beine nicht übereinander; die Füße fallen voneinander weg, die Arme liegen in geringem Abstand neben dem Körper. Wenn Sie sich fürs Sitzen entscheiden, nehmen Sie einen festen Stuhl mit gerader Rückenlehne, ein Kissen oder eine Meditationsbank. Wenn Sie auf einem Stuhl sitzen, stellen Sie die Füße flach auf den Boden, ohne die Beine zu überkreuzen. Schauen Sie, ob Sie die Hüfte etwas höher als Ihre Knie positionieren können, indem Sie ein Kissen auf die Sitzfläche des Stuhles legen. So haben Sie beim Sitzen ein stabiles Körpergefühl.
2. Die Schultern sind entspannt, Ihr Gesichtsausdruck ist weich. Und egal, ob Sie sitzen oder liegen: Lassen Sie zu, dass Ihre Augen sich schließen, wenn Ihnen das angenehm ist, oder senken Sie den Blick. Wenn Sie die Augen lieber offen halten, ist das auch in Ordnung. Lassen Sie Ihren Blick sanft auf einem Gegenstand in Ihrer Nähe ruhen.

Gewahrsein dessen, wie es in Körper und Geist aussieht

3. Finden Sie in aller Ruhe eine Haltung, die Ihre Absicht, hier und jetzt wach und präsent zu sein, am besten unterstützt. Und ändern Sie die Haltung ruhig, wenn Sie das Gefühl haben, es sei nötig.
4. Verbringen Sie eine Weile damit, den ganzen Körper bewusst wahrzunehmen, indem Sie hier sitzen oder

liegen und spüren, wie es gerade in Ihnen aussieht. Ist die »Wetterlage« in Körper und Geist eher unruhig oder ruhig? Wach oder müde? Was auch immer da ist. Schauen Sie, ob Sie die Dinge so sein lassen können, wie sie sind.

Die Füße

5. Wenn Sie bereit sind, sammeln Sie sich und lenken Sie die Aufmerksamkeit zu den Füßen; nehmen Sie alle Empfindungen wahr, die vorhanden sind, wenn Ihre Aufmerksamkeit dort anlangt. Beginnen Sie mit dem Gefühl des Kontakts mit dem Boden, der Matte oder dem Untergrund. Was spüren Sie hier? Vielleicht ist da ein Kribbeln, ein Vibrieren, ein Gefühl von Druck, Wärme oder Kälte in den Zehen, an den Fußsohlen, auf dem Spann oder an der Ferse.
6. Wenn Sie bereit sind, weiten Sie Ihre Aufmerksamkeit auf den restlichen Fußbereich aus. Öffnen Sie sich, so gut Sie können, für alle Empfindungen, die jetzt aufkommen und wieder verschwinden. Nehmen Sie sich Zeit, um wahrzunehmen, welche Empfindungen hervorstechen und welche im Hintergrund sind. Erwarten Sie nicht, dass etwas Besonderes passiert. Wenn keine Empfindungen da sind, registrieren Sie einfach, dass da nichts ist.
7. Wenn der Geist abschweift, was er immer wieder tun wird, lenken Sie die Aufmerksamkeit sanft zurück zu den Füßen.

Der Kontakt mit dem, was Sie stützt

8. Wenden Sie sich dann, wenn es Ihnen richtig erscheint, bewusst von den Füßen ab, und richten Sie die Aufmerksamkeit auf die Empfindungen beim Kontakt mit

dem, worauf Sie sitzen oder liegen. Falls Sie sitzen, lenken Sie die Aufmerksamkeit auf den Kontakt mit dem Sitz – auf das Gefühl von Druck oder eines Kribbelns. Nehmen Sie wahr, was gerade jetzt da ist. Im Liegen spüren Sie vielleicht mehrere Kontaktpunkte: Unterschenkel, Gesäß und unteren Rücken, Schultern und Kopf. Nehmen Sie sich Zeit, um auf die verschiedenen Kontaktempfindungen zu achten, und bringen Sie Ihre Aufmerksamkeit zurück, wenn sie sich ablenken lässt, was hin und wieder vorkommen wird.

Die Hände

9. Lassen Sie nun die Empfindungen los, die Sie beim Kontakt mit dem Sitz oder dem Boden spüren, und konzentrieren Sie sich auf Ihre Hände. Womöglich nehmen Sie Empfindungen in Fingern und Daumen wahr, in den Handflächen und am Handrücken; und auch das Gefühl des Kontakts zwischen den Händen und dem, worauf diese gerade liegen. Lassen Sie zu, dass dieses Gefühl des Kontakts im Mittelpunkt Ihres Gewahrseins steht.

Der Atem

10. Wenn Sie bereit sind, wenden Sie sich von den Händen ab und lenken Sie Ihre Aufmerksamkeit auf die Atemempfindungen. Finden Sie eine Stelle, an der Sie die Empfindungen wahrnehmen, die Sie beim Atmen spüren. Das kann die Nasenspitze sein, die Nasenlöcher oder der hintere Bereich der Kehle oder der Brust; oder es können Empfindungen sein, die der Atem tief im Unterbauch, im Bereich um den Nabel, hervorruft. Wählen Sie eine Stelle, lassen Sie Ihre Aufmerksamkeit darauf ruhen. Schauen Sie, was es dort zu spüren gibt,

Atemzug für Atemzug. Achten Sie darauf, wie sich das Muster der Empfindungen bei jedem Atemzug verändert – die ansteigende Einatmung, die abfallende Ausatmung und die Zwischenräume. Es ist nicht nötig, den Atem in irgendeiner Weise zu kontrollieren. Lassen Sie zu, dass er von selbst atmet. Bringen Sie die Aufmerksamkeit sanft zurück, wenn sie abgelenkt wird.

Wählen Sie Ihren Anker

11. Entscheiden Sie sich nun, ob Sie beim Atem bleiben oder Ihre Aufmerksamkeit auf die Füße lenken, auf den Sitz, die Hände oder – falls Sie liegen – auf den physischen Kontakt zwischen dem Körper und dem, worauf Sie liegen.
12. Es gibt kein Richtig oder Falsch. Spüren Sie so deutlich wie möglich, was Ihrer Aufmerksamkeit im Moment am besten hilft, sich zu fokussieren; was Ihnen hilft, sich zu verankern. Dann lenken Sie die Aufmerksamkeit auf den von Ihnen gewählten Fokus und richten Ihre volle Aufmerksamkeit darauf. Verweilen Sie an dieser einen Stelle, öffnen Sie sich nach bestem Vermögen für alle Empfindungen an dieser Stelle – Ihrer Stelle, an der Sie sich erden, sich niederlassen, Ihre Aufmerksamkeit verankern.
13. Hin und wieder, besonders wenn Ihr Geist Sie immer wieder zu anderen Dingen hinführt, sollten Sie sich in Erinnerung rufen, dass auch das kein Fehler ist – es *ist* in diesem Augenblick die Praxis. Denn jedes Mal, wenn der Geist abschweift und Sie *merken*, dass er weg ist, ist das eine neue Chance, Ihren Anker wiederzufinden – welcher auch immer sich für Sie richtig anfühlt: die Füße, der Sitz, die Hände, der Atem. Es ist eine Chance, zurückzukommen, nach Hause zu kommen,

Ihre Verankerung immer wieder aufs Neue zu finden. Setzen Sie diese Übung so lange fort, wie Sie möchten.

Beenden

14. Und wenn Sie zum Ende kommen, rufen Sie sich in Erinnerung: Wo auch immer Sie den Tag verbringen, und was auch immer Sie tun, ob es angenehm oder unangenehm ist: Es kann einen entscheidenden Unterschied ausmachen, die Füße auf dem Boden, den Kontakt mit dem Stuhl beim Sitzen oder die Empfindungen der Hände oder des Atems bewusst wahrzunehmen. Auf diese Weise Ihre Verankerung zu finden, kann Ihnen ein Gefühl von Raum und Ruhe vermitteln – und dass Sie Wahlmöglichkeiten haben.

Tori fand die Idee, ihren Anker selbst wählen zu können, sehr nützlich. Schon oft hatte sie versucht zu meditieren und sich dabei immer auf den Atem konzentriert. Als die Lehrerin sagte, es gebe verschiedene Optionen – die Füße, den Kontakt mit dem Sitz oder die Hände –, hielt sie ihre Füße für am besten geeignet. Doch im Lauf des Meditierens merkte sie, dass die Konzentration auf ihre Hände sie am besten verankerte. »Ich ertappte mich dabei, dass ich lächelte«, sagte sie. »Mir wurde klar, dass ich etwas Bestimmtes erwartet hatte, aber als ich es ausprobierte, stellte sich heraus, dass es sich *ganz anders* als erwartet verhielt. Es ist nur eine Kleinigkeit, aber ich glaube, ich habe in der Regel eine ziemlich feste Vorstellung davon, wie die Dinge sein werden. Die ist aber nicht immer richtig.«

Toris Entdeckung mag nur eine kleine Sache gewesen sein, doch sie birgt eine wichtige Botschaft in sich. Wie wir in Kapitel zwei gesehen haben, besteht die Standardoption des Geistes darin, auf der Grundlage dessen, was in der Vergangenheit geschehen ist, vorherzusagen, was im nächsten Moment passieren wird. Das funktioniert zwar in den meisten Fällen gut, aber wie Tori sagte: Wir enden mit festen Vorstellungen davon, wie es ausgeht. Solange unsere Erfahrung nicht allzu sehr von der Vorhersage abweicht, ist die Motivation, auf die Realität zu achten, gering, also machen wir uns nicht die Mühe. Tori beschloss, jede Meditationspraxis Tag für Tag als neues Experiment zu betrachten und bewusst nicht vorwegzunehmen, was sie entdecken würde.

»Im Verlauf meiner Meditationen«, sagte sie, »bemerkte ich, wie sich mein Anker einfach von Tag zu Tag veränderte. Ich glaube, vorher wäre mir das nicht aufgefallen. Ich fand es etwas seltsam. Was an einem Tag beruhigend und erdend war, war es am nächsten Tag nicht mehr. Also begann ich, jeden Tag einen anderen Anker zu verwenden. Jeder Anker wirkte ›frisch‹ und gab mir ein stärkeres Signal. In diesem frühen Stadium wollte ich es so einfach und leicht wie möglich haben, also funktionierte ein schönes, klares, starkes Signal für mich am besten.«

Dan empfand es ebenso. »Ich dachte, meine Füße auf dem Boden wären mein bevorzugter Anker. Und ich mochte das Gefühl dieses Kontakts sehr. Aber als sich meine Aufmerksamkeit auf die Hände richtete, fühlten sie sich lebendig an; es kribbelte richtig. So viele Empfindungen liefen ab. Die eine Hand wurde leicht von der anderen gehalten, und die Leichtigkeit dieser Berührung war wunderschön – als wäre mein Körper freundlich zu sich selbst. Das hatte ich noch nie zuvor bemerkt. Mir war sogar etwas nach Weinen zumute – so eine Überraschung! Der nächste Tag war anders. Mein Geist sprang von hier nach da. Es war sogar so, als würden meine Füße und Hände darum wetteifern, wer der Anker sein sollte, und ich entschied mich für die Füße, mit dem Atem im Hintergrund. Das hat mich wirklich zur Ruhe gebracht.«

Tägliche Achtsamkeitspraxis »Nach dem Aufwachen«

Im Moment des Aufwachens fühlen sich viele Menschen schutzlos. Die unmittelbar nach dem Schlafen vorhandene Benommenheit kann einige Sekunden oder Minuten anhalten. Da diese Empfindungen den mit einer Depression einhergehenden Gefühlen der Trägheit ähneln können, werden unter Umständen alte und sehr unangenehme Gedanken und Emotionen reaktiviert. Sich bewusst zu machen, dass Sie sich in dieser Phase verletzlich fühlen, kann Ihnen helfen zu erkennen, was vor sich geht. Falls Sie zusätzliche Hilfe brauchen: Wir haben den schon erwähnten Track 1.6 bereitgestellt, den Sie in dieser Woche an zwei oder drei Vormittagen nutzen können. Danach sollten Sie versuchen, den Rest der Woche allein weiterzumachen.

Diese Übung lädt Sie ein, Ihre Aufmerksamkeit darauf zu richten, welche Gefühle in den Momenten vor dem Aufstehen im Körper vorhanden sind. Spüren Sie alle Empfindungen, welcher Art auch immer: Gefühle der Schwere, des Unbehagens oder der Müdigkeit; oder Leichtigkeit und Energie. Achten Sie darauf, wie sich diese in ihrer jeweils eigenen Geschwindigkeit fließend verändern. Beobachten Sie, wie Sie darauf reagieren: Bewerten Sie vielleicht, wie Sie geschlafen haben? Oder dass Sie sich fragen, wie wohl der Tag verlaufen wird? Es besteht kein Grund, Gedanken oder Gefühle loswerden zu wollen. Nehmen Sie sie einfach sanft und mitfühlend wahr, ebenso wie Ihre Reaktionen darauf. Beenden Sie diese kurze Praxis, indem Sie die Aufmerksamkeit einige achtsame Atemzüge lang auf den Atem richten.

Was an den Erfahrungen von Tori und Dan erstaunt, ist, dass sie von erfahrenen Praktizierenden gemacht wurden, nicht von Neulingen. Auch Devi hatte seit zehn Jahren – wenn auch unregelmäßig – meditiert und festgestellt, dass für sie der Atem der natürlichste Anker zu sein schien. Er war ihr am vertrautesten und half ihr, zumindest anfangs, ihren umherschweifenden Geist zu stabilisieren. Doch im Lauf der Woche wurde ihr die Meditationsanleitung zunehmend vertraut, und sie konnte Empfindungen in den Füßen, auf der Sitzfläche und in den Händen wahrnehmen. Im Lauf der Woche wurden ihre Füße zu neuen, zuverlässigen Verbündeten beim Fokussieren des Geistes. »Ich hatte immer den Atem benutzt«, sagte sie. »Die Füße waren also eine schöne Entdeckung.«

Devi bemerkte jedoch noch etwas: »Die Füße, die Hände und der Kontakt mit dem, worauf ich saß, machten es mir leichter, daran zu denken, mich zu verankern und wieder zurückzubringen, wenn meine Stimmung oder meine geistige Verfassung im Lauf des Tages schwankten. Ich weiß, dass ich dünnhäutig bin, wenn ich gedankenlos durch die sozialen Medien scrolle; oder wenn ich meinen Partner oder die Kinder anblaffe; oder wenn ich Dinge immer wieder aufschiebe. Ich sehe, wie viel Schaden ich mir selbst und meiner Familie zufüge, wenn diese alten Gewohnheiten die Kontrolle übernehmen. Das geschieht so oft, dass es nicht mehr gesund ist. Es ist wie eine Teergrube mitten in meiner Seele. Bin ich erst einmal drin, schaffe ich es nicht mehr heraus. Die Verankerungsübung war gut, denn sie hat mir geholfen, mich wieder in meinen Körper zurückzubringen. Ich meditiere schon lange, aber diesmal war es anders. Es fühlt sich nachsichtiger an – so, dass man es in seinem eigenen Tempo machen kann. Und verschiedene Anker zu verwenden, war wirklich hilfreich. Vor allem bei meinem Gefühl, abgekoppelt zu sein – das, wie ich inzwischen weiß, daher rührte, dass ich mich im Kopf ständig im Kreis drehte, immer auf der Gedankenautobahn. Diese Meditation hat mir eine ›Ausfahrt‹ gegeben, sodass ich die Gedankenautobahn verlassen konnte.«

Selbst am Ende des achtwöchigen Kurses war »Ihre Verankerung finden« für Dan eine Meditation, zu der er immer wieder zurückkehrte: »Diese Möglichkeit, mit verschiedenen Ankerpunkten zu experimentieren, war eine echte Unterstützung für mich. Ich konnte eine feste, stabile Präsenz in meinem Körper finden, einen Ort, an dem der Verstand nicht so laut schrie. Diese verschiedenen Teile meines Körpers wurden mir sehr vertraut, so wie alte Freunde, beim Aufwachen wie auch bei meinen Unternehmungen im Lauf des Tages. Vor *allem* im Lauf des Tages. Dadurch konnte ich mich sicher fühlen. Ich merke heute zwar manchmal, dass mein Geist immer noch ins schwarze Loch der Grübeleien abtaucht, aber es ist viel wahrscheinlicher, dass ich ihn einfange, sobald es dazu kommt, und dass ich ihn danach besser wieder daraus hervorlocken kann, zurück ans Tageslicht.«

Diese Vorteile ergaben sich auch weiterhin. »In meiner täglichen Praxis verwende ich jetzt die neuen Verankerungen: Füße, Sitz und Hände. Vor allem den Sitz. Das hat mir geholfen, meine Praxis ganz körperlich zu verankern, besser auf meiner Meditationsbank zur Ruhe zu kommen und zu verschiedenen Tageszeiten in mich hineinzuspüren. Das beruhigt und erdet mich, wenn es zu hektisch wird.«

Wenn Sie mit den Meditationsübungen dieser Woche beginnen, vergessen Sie nicht: Das Programm zielt nicht darauf ab, dass Sie all Ihre Gedanken oder Probleme loswerden – oder auch nur eins davon. Der geistige Sein-Modus (siehe Seite 42) versucht nicht, die Gefühle des Getriebenseins, der Erschöpfung und der Überforderung, die Sie vielleicht an diesen Punkt gebracht haben, loszuwerden oder sie zu »lösen«. Stattdessen hält er Ihren rasenden Verstand und wiegt Ihre aufgewühlten Emotionen wie ein Kind in einer warmen, aufmerksamen Präsenz. Es ist eine Form des Gewahrseins, die klar erkennt, dass viele unserer belastendsten Emotionen in Wirklichkeit die natürliche Reaktion eines Geistes sind, der sein Bestes tut, uns auf die einzige Weise zu schützen, die er kennt. Doch solche Strategien gehen oft nach hinten los. Achtsamkeit hilft uns, das immer klarer zu erkennen. Sie zeigt uns, wie sich der Geist verstrickt und verheddert; und was noch wichtiger ist: Sie zeigt uns, was wir dagegen tun können. Und oft besteht das Beste, das wir tun können, darin, überhaupt nichts zu tun, sondern stattdessen einfach dazusitzen, umgeben von unserer Achtsamkeit, und es geschehen zu lassen, dass sich unsere geistigen Verstrickungen von allein auflösen.

KAPITEL 6

WOCHE ZWEI: Innehalten – sich mit einem zerstreuten Geist anfreunden und ihn sammeln

Das junge Paar war verständlicherweise aufgeregt. Gerade waren die beiden in ein massives altes Bauernhaus am Rande von Exmoor gezogen, mit Blick auf das Doone-Tal bis hin zum Bristolkanal. Es sollte ihr Familienheim werden – aber erst nach viel Arbeit. Sehr viel Arbeit.

Das Einrichten war der einfache Teil; das Paar hatte ein Gespür für Design, und es gab viele Winterabende zu füllen. Als dann der Frühling nahte, war die Zeit gekommen, den Garten zu planen, der eine Wildnis aus Steinen, Unkraut und Dornensträuchern war. Nachdem die beiden sich entschieden hatten, wo die Blumenbeete und das Gemüsebeet hinkommen sollten, machten sie sich ans Roden und Umgraben. Alles lief gut – bis sie versuchten, einen großen Stein zu bewegen. Er lag genau in der Mitte des Platzes, der für die Blumen vorgesehen war. Es war eine riesige Masse aus massivem Schiefer. Beide würden mit anpacken müssen, um ihn zu versetzen. Sie gruben um den Stein herum und darunter, in der Hoffnung, ihn so genügend zu lockern, um ihn aus dem Weg rollen zu können.

Doch er saß fest. Also benutzten sie Gerüststangen als Hebel. Er rührte sich immer noch nicht. Immer weiter schabten sie und trugen immer mehr Erde ab, bis sie merkten, dass es sich bei dem verirrten Stein um eine Felskuppe im Moor handelte; den Fels, auf dem ihr Haus erbaut worden war und auf dem sie jetzt standen.

»Wir brauchen einen Presslufthammer und einen Bagger«, seufzte der eine.

»Oder wir legen einen Steingarten mit Wildblumen an«, lächelte die andere.

Uns »zum Besseren« verändern zu wollen, kann wie der Versuch sein, einen solchen Stein auszugraben. Wir meinen, wir könnten die Anteile, die wir an uns nicht mögen, dadurch loswerden, dass wir nur lange genug oder angestrengt genug meditieren. Aber wie sieht es aus, wenn ausgerechnet das, was wir ändern wollen, nicht wie ein Findling ist, der entfernt werden kann, sondern eher einem Gebirgsausläufer im Moor gleicht? Was, wenn die »Makel«, die wir loswerden wollen, in Wirklichkeit ein hinderlicher Ausläufer eines tieferen, grundlegenderen Aspekts unseres Geistes sind – eines Aspekts, der unter der Oberfläche viel gute Arbeit für uns leistet und uns nach bestem Vermögen hilft, damit es uns in einer scheinbar chaotischen Welt gut geht? Viele unserer »Fehler«, die wir selbst zu solchen erklärt haben, können so sein. In einem Zusammenhang sind sie das notwendige Fundament unserer Psyche, in einem anderen werden sie als Schwächen oder sogar als Charakterfehler angesehen.

Eine »Schwäche«, die wir bisweilen als besonders lästig empfinden, ist ein umherschweifender Geist, der sich leicht ablenken lässt und scheinbar außerstande ist, beim Meditieren ruhig zu bleiben. Ein solches Umherschweifen ist jedoch kein Makel, sondern eine lebenswichtige Eigenschaft des Geistes, von der Natur feinjustiert, damit wir uns in einer sich ständig verändernden Welt anpassen und entfalten können. Denn eben diese Ablenkbarkeit des Geistes sorgt dafür, dass wir auch schnell, kreativ und anpassungsfähig sind. Diese Eigenschaften, die wir alle anstreben, helfen uns, den schmalen Grat zwischen Chaos auf der einen und erstarrter Verknöcherung auf der anderen Seite zu bewältigen. Paradoxerweise entspringt eine solche Ablenkbarkeit der Fähigkeit des Geistes, mehrere parallele Ereignisse im Auge zu behalten und sich zugleich bewusst auf ein einziges zu konzentrieren. Das tut er, indem er mehrere Modelle der Welt erstellt und sie aktualisiert, sobald neue Informationen von den Sinnen eintreffen. Das dominanteste Modell gewinnt und wird zu unserer aktuellen Erfahrung der Welt. Selbst wenn Sie sich also auf das konzentrieren, was im Vordergrund geschieht, nimmt ein Teil von Ihnen auch das wahr, was in der Peripherie vor sich geht. Das bedeutet, der Geist kann leicht von Dingen gekapert werden, die am Rande des Gewahrseins auftauchen, oder von unsicheren Gegebenheiten, die nicht recht in sein Modell der Welt passen. Einige davon haben wir schon erwähnt: Zum Beispiel kann es ein flimmernder Fernsehbildschirm sein, den wir aus dem Augenwinkel sehen, oder die Erwähnung unseres Namens in einem überfüllten Raum. Wenn so etwas Unerwartetes passiert, verlagert sich die Aufmerksamkeit, damit sich der Geist auf die unsichere Gegebenheit konzentrieren und sie aufklären kann. Mit anderen Worten: Wir werden abgelenkt.

Ablenkungen treten jedoch nicht nur in der äußeren, physischen Welt auf, sondern auch in unserem Innenleben. Denn auf unsere inneren Datenströme werden dieselben Abläufe und Algorithmen angewandt wie auf die der Außenwelt. Und dieser Prozess vollzieht sich ständig, ob wir uns dessen bewusst sind oder nicht. Unser Geist ist im Hintergrund stets aktiv und hält Ausschau nach Unwägbarkeiten und Ungereimtheiten, nach unklaren Bereichen und Dingen, die nicht recht passen oder keinen Sinn ergeben. Daher verbringt er einen Großteil seiner Zeit damit, über die Vergangenheit nachzudenken, die Zukunft zu planen und zahlreiche »Was-wäre-wenn«-Szenarien zu entwerfen. Die Liste ist endlos und wird unablässig in die Zukunft hinein fortgesetzt.

Naturgemäß sind viele dieser Überlegungen vage und ungewiss, und Ungewissheit ist ein Magnet für das Bewusstsein, vor allem, wenn es um beabsichtigte Handlungen geht, die noch nicht abgeschlossen sind. Unvollendete Aufgaben sind – ähnlich wie eine nicht geschlossene Akte – mit Ungewissheit verbunden, und so wird die Aufmerksamkeit, ebenso wie bei einem flimmernden Fernsehbildschirm, darauf gelenkt. Wenn dieser Ablenkungsprozess gut funktioniert, wird er zu einem In-Erinnerung-Rufen; wir werden buchstäblich immer wieder an etwas erinnert. Mehr noch, unsere Aufmerksamkeit *muss* auf diese Weise einnehmbar sein, denn dadurch vergegenwärtigen wir uns wieder, in welcher Zeit und an welchem Ort wir uns befinden. Das hilft uns, unser Leben zu organisieren, Pläne zu verfolgen, Verabredungen einzuhalten, Medikamente einzunehmen und Projekte abzuschließen. Merkwürdigerweise helfen uns ausgerechnet die Ablenkungen, den Überblick über unser Leben und unsere Selbstwahrnehmung zu behalten. Falls in Ihrem Freundeskreis oder Ihrer Familie jemand an Demenz erkrankt ist, wissen Sie, wie schrecklich es ist, wenn der Verstand die Betreffenden nicht mehr rechtzeitig erinnert, sodass sie das Gefühl dafür verlieren, wo sie in der Welt sind und *wer* sie sind.

Auch wenn es uns also nicht gefällt, *wohin* uns der Geist führt, wenn er immer wieder abgelenkt wird, können wir doch den zugrunde liegenden Prozess würdigen, denn er leistet in jedem Moment und jeden Tag wichtige Arbeit. Dennoch können Ablenkungen in unserer hypervernetzten, schnelllebigen Welt nur allzu oft überwältigend werden. Was bei unseren steinzeitlichen Vorfahren, die in einer viel überschaubareren Welt lebten, gut funktionierte, ist heute zum Fluch geworden. Deshalb ist es so wichtig, gute Anker für die Aufmerksamkeit zu finden (und deshalb haben wir uns letzte Woche darauf konzentriert): Weil es dazu beiträgt, die »Aufmerksamkeitsmuskeln« zu stärken, damit wir den Stürmen der Angst, Anspannung und Verzweiflung, die hin und wieder aufkommen, standhalten können.

Aber was wäre, wenn es eine Möglichkeit gäbe, die Intensität der Stürme an sich zu verringern? Mit Achtsamkeit können wir genau das lernen, und zwar, indem wir unsere Beziehung zu dem, was uns zu überwältigen droht, ändern. Eine solche Beziehung aufzubauen, das ist das Thema dieser Woche.

Wenn Sie in der Meditation zu Ihrem gewählten Anker zurückkehren, könnten Sie leicht glauben, dass das, was Sie weggeführt hat – seien es Zukunftspläne oder Erinnerungen an die Vergangenheit –, in gewisser Weise der »Feind« ist (wie der Stein im Garten am Anfang des Kapitels) und dass Meditieren dazu da ist, ihn leichter loszuwerden. Und wenn Sie das nicht schaffen, dann haben Sie eben versagt. Das kann Scham auslösen. Ein Gefühl, als wäre man gerade bei etwas Unpassendem oder gar Falschem ertappt worden. Aus diesen Gründen hören wir oft Äußerungen wie: »Ich kann nicht meditieren. Ich habe es einmal versucht. Ich bin ein hoffnungsloser Fall. Mein Geist schweift ständig ab. Ich bin einfach nicht gut darin.«

Aber wie sieht es aus, wenn das gedankliche Abschweifen nicht der Feind der Achtsamkeit wäre, sondern ein Verbündeter? Stellen Sie sich vor, Sie werden Mitglied in einem Fitnessstudio und stellen am ersten Tag fest, dass es dort keine Geräte gibt. Keine Trainingsräder, keine Crosstrainer, keine Gewichte und Laufbänder. Nur einen leeren Raum. Sie würden sich betrogen fühlen und denken, dass Sie Ihr Geld vergeudet haben, weil Sie sich ja genau deswegen im Fitnessstudio angemeldet haben, weil Sie diese Geräte brauchen. Auch wenn Sie vielleicht nicht wüssten, wie man sie benutzt, oder noch nicht einmal verstünden, wozu sie gut sind, würden Sie trotzdem wissen wollen, wo all die tollen Geräte abgeblieben sind.

Stellen Sie sich nun vor, Ihr Geist wäre wie ein mentales Fitnessstudio. Wäre Ihr Geist leer und verlassen, dann wäre es, als würden Sie so ein leeres Fitnessstudio betreten. Es gäbe nichts, woran

Sie üben könnten. Doch glücklicherweise kommen beim Meditieren die Sportgeräte zwangsläufig zu Ihnen. Ein Gedanke, ein Bild, eine Erinnerung, ein Plan, ein paar To-do-Listen, der Drang, Nachrichten abzurufen oder zu versenden, Tagträume, Grübeleien und Sorgen … Achtsamkeitstraining ist kein cleverer Weg, all das loszuwerden. Denn Sie *brauchen* die geistige Aktivität für Ihre Praxis. Um die Fähigkeit zu erlernen, ganz bewusst aufmerksam zu sein – Augenblick für Augenblick und ohne strenge Selbstkritik –, braucht man etwas, an dem man üben kann. Ihr immer wieder abschweifender Geist ist genau das, was Sie benötigen. Er ist ein bisschen wie ein Welpe, der losläuft und Ihnen alle möglichen Gegenstände aus dem Haus bringt, an die Sie gar nicht mehr gedacht hatten. Wenn das nach Ihrem Geist klingt, dann haben Sie also schon alles, was Sie brauchen, um Ihr Training zu beginnen. Sie müssen nicht die Zähne zusammenbeißen in dem Versuch, die Aktivität Ihres Geistes zu stoppen – ganz im Gegenteil. Wie die Meditationslehrerin Helen Ma es ausdrückt: »Was wäre, wenn Sie nichts ändern, sondern einfach nur ›das Licht einschalten‹ müssten, um Ihre geistigen Muster klarer zu erkennen?«

Achtsamkeit, das Erstellen von Modellen und das Default Mode Network (Ruhezustandsnetzwerk)

Seit der Veröffentlichung unseres ersten Buches im Jahr 2011 hat die Neurowissenschaft eine kleine Revolution erlebt und damit einhergehend verstanden, wie Meditation ihre bemerkenswerten Wirkungen erzielt. Noch vor relativ kurzer Zeit glaubte man, das Gehirn und das Nervensystem reagierten nur auf Reize und die Nerven täten nur sehr wenig, wenn sie nicht zum Handeln angeregt würden. Obwohl Wissenschaftler seit mehreren Jahrzehnten über hoch entwickelte Scanner wie die funktionelle Magnetresonanztomografie (fMRT) verfügen, hielt sich diese Annahme der Passivität – dass das Gehirn wartet, bis es einen Reiz erhält – hartnäckig. Warum? Weil das Hauptaugenmerk bei den Experimenten auf der Verarbeitung gegebener Reize lag. Niemand dachte daran, das Gehirn zu scannen, wenn gar nichts passierte. Man mietet keine teuren Scanner, legt Menschen hinein, verschränkt dann die Arme und wartet, dass Bilder erscheinen. Man muss Freiwillige dazu bewegen, etwas zu *tun* – Aufgaben zu lösen, wie solche, an denen das Gedächtnis oder die Aufmerksamkeit beteiligt ist; und man muss sie auch dazu bringen, Kontrollaufgaben zu erledigen, um die anderen damit vergleichen zu können.

Doch irgendwann fiel den Forschenden etwas Merkwürdiges auf. Zwischen den Aufgaben, wenn die Teilnehmenden sich ausruhten, war ihr Gehirn immer noch aktiv. Es schien in einen »Ruhezustandsmodus« zu verfallen. Dieser ist jedoch nicht so wie der Stand-by-Modus Ihres Computers oder Fernsehers. Er ist hochaktiv. Selbst wenn wir uns ausruhen, ist das Gehirn also hochaktiv und summt wie ein Bienenstock. Das ist als »Default Mode Network« (DMN) bekannt geworden.

Dieses Netzwerk arbeitet unaufhörlich weiter. Es sei denn, es wird durch eine Aufgabe gedämpft, die mehr konzentrierte Aufmerksamkeit erfordert. Dann nämlich schaltet sich ein anderes Netzwerk (das »zentrale exekutive Netzwerk« beziehungsweise die »Zentrale Exekutive«) ein. Die meisten Neurowissenschaftler interessierten sich also für dieses exekutive Netzwerk – bis sie die Bedeutung des Ruhezustandsnetzwerks beziehungsweise Default Mode Network erkannten. Es stellte sich heraus, dass das Gehirn immer arbeitet, ebenso wie die anderen wichtigen Organe des Körpers, zum Beispiel Herz, Lunge und Leber. Die Neurowissenschaftlerin Lisa Feldman Barrett erklärt in ihrem Buch *Wie Gefühle entstehen*, dass die 86 Milliarden Neuronen des Gehirns niemals inaktiv sind und nur auf Starthilfe warten.[22]

Was um alles in der Welt *tut* das Ruhezustandsnetzwerk bei all dieser ständigen, unablässigen Aktivität? Kurz zusammengefasst, sagt Barrett, es macht Vorhersagen. Es sucht nach Mustern und vervollständigt sie durch Simulationen. Dabei verwendet es Informationen aus der nahen und fernen Vergangenheit, um mentale Modelle der Welt zu erstellen und zu entscheiden, was zu tun ist. Vorstellungskraft, Planung, Schlussfolgerung, Rückgriff auf Erinnerungen an Geschehenes und auf das, was hätte geschehen können (bekannt als »kontrafaktische Szenarien«) – all das wird genutzt, um Zukunftspläne zu erstellen und Probleme zu lösen. Und diese Modelle fließen in das globale Modell des Geistes ein, in das Modell der Realität, das alles leitet, was wir denken, fühlen, empfinden und tun.

Wissenschaftler haben herausgefunden, dass bei Grübeleien und Sorgen das Default Mode Network sehr aktiv ist, weil Grübeleien und Sorgen die Vorstellungskraft betreffen. Und wenn das passiert, ist es für das alternative exekutive Netzwerk schwer, sich einzuschalten und anschließend eingeschaltet zu bleiben. Das ist der Grund, warum Sie seit letzter Woche verschiedene Anker erkunden, die Ihnen helfen, »Boden unter Ihren Füßen« zu finden – sei es der Sitz, die Hände oder der Atem. Damit haben Sie sich selbst eine Aufgabe gestellt, die das Default Mode Network sanft hemmt.

Und deshalb sind Sie diese Woche bereit, einen weiteren Schritt zu tun: eine andere Beziehung zu den Aktivitäten des Default Mode Network aufzubauen. Sie werden das im Labor Ihrer täglichen Praxis tun, indem Sie bewusst innehalten, sehen, wohin der Default Mode Sie gebracht hat, und dann sofort ein neues Gefühl des freundlichen Verstehens, der Dankbarkeit und der Ehrfurcht gegenüber dem Geist entwickeln.

Um den Prozess der Veränderung Ihrer Beziehung zum umherschweifenden Geist und seinen wilden, unsicheren Stürmen zu beginnen, müssen Sie genau den Moment erforschen, in dem Sie zum ersten Mal erkennen, dass Ihr Geist vom gewählten Anker abgeschweift ist. Das tun Sie, indem Sie *sofort* ganz bewusst einige Augenblicke innehalten, sodass Sie klarer sehen können, wohin Ihr Geist gewandert ist. Das wird dazu beitragen, dass Sie mit seiner Aktivität vertrauter werden, sodass Sie allmählich seine Muster erkennen wie auch die Orte, an die er immer wieder zurückkehrt. Und wenn Sie in der Lage sind, in diesen wenigen Momenten ein Gefühl der *Dankbarkeit* und des *Staunens* gegenüber Ihrem Geist und allem, was er für Sie tut, zu kultivieren, dann werden Sie den Prozess der Veränderung Ihrer Beziehung zu sich selbst beginnen und Frustration zusehends durch Freundlichkeit ersetzen. Eine solche Herangehensweise bewirkt zweierlei: Sie entwickelt den Geist, weil Sie üben, beiseitezutreten und seine Aktivitäten klarer zu sehen, und sie kultiviert das Herz, sodass Sie nach und nach lernen, dem Geist ein Gefühl der Freundlichkeit entgegenzubringen.

Wenn Sie meditationserfahren sind, kann es sich als schwierig erweisen, eine solche bewusste Pause einzulegen, weil Sie vielleicht inzwischen so versiert darin sind zu bemerken, wenn der Geist abgeschweift ist, dass Sie ihn automatisch wieder zum ursprünglichen Fokus zurückbringen. Das kann so schnell und automatisch geschehen, dass es unter Umständen schwer ist, diese Gewohnheit zu durchbrechen – besonders dann, wenn Sie jahrelang die Fähigkeit perfektioniert haben, sich schnell wieder auf den Atem zu konzentrieren. Wenn es bei Ihnen so ist, dann kann sich absichtliches Innehalten wie eine Unterbrechung Ihrer Praxis anfühlen, und Sie könnten sogar den irritierenden Hang spüren, sich wieder in Ihren Gedankenstrom hineinziehen zu lassen. Dies könnte auch die Sorge auslösen, dass Ihnen Ihre grundlegenden Meditationsfähigkeiten abhandenkommen. Seien Sie unbesorgt. Diese Fähigkeiten werden auch in Zukunft noch da sein, falls Sie sie brauchen. Die Übungen dieser Woche werden Ihnen im Wesentlichen helfen, neue Möglichkeiten zu erkunden, und nicht dazu beitragen, dass Sie alte Fähigkeiten verlieren. Sie werden lernen, nicht nur zu bemerken, *wann* der Geist abgelenkt worden ist, sondern auch, *wie* Sie eine Pause nutzen können, um wahrzunehmen, was Ihr Geist gerade tut: Ob er plant, tagträumt, sich erinnert oder sich Sorgen macht. Und das wiederum hilft Ihnen, einen Moment lang Dankbarkeit für ihn zu empfinden.

Übungen für Woche zwei

- **Meditation »Innehalten«,** die entweder einmal täglich zwanzig Minuten (Track 2.2) oder zweimal täglich zehn Minuten (Track 2.1) über fünf Tage hinweg durchgeführt wird. Sobald Sie mit den Instruktionen vertraut sind, können Sie die Version mit den »minimalen Anleitungen« verwenden (Mi) (Track 2.4) oder einfach den Track mit dem Glockenklang bei fünf, zehn, fünfzehn, zwanzig, fünfundzwanzig und dreißig Minuten verwenden. Damit können Sie festlegen, wie lange Sie täglich meditieren wollen.
- **Meditation »Innehalten« – dreißig Minuten** (Track 2.3). Sitzen Sie in dieser Woche an mindestens einem Tag eine halbe Stunde; wählen Sie den am besten geeigneten Track.
- **Tägliche Achtsamkeitspraxis »Tagsüber innehalten«** – Siehe die Anweisungen im Kasten auf Seite 116f..

Alle Meditationen für diese Woche finden Sie unter
www.penguin.de/neues-achtsamkeitstraining

Meditation »Innehalten«

Diese Meditation soll Ihnen helfen, sich im gegenwärtigen Moment zu verankern und eine andere Beziehung zum abschweifenden Geist zu entwickeln.

Vorbereitung

1. Sie können diese Meditation entweder im Liegen (auf einer Matte oder einem Teppich) durchführen oder im Sitzen auf einem festen Stuhl mit gerader Rückenlehne, auf einem Kissen oder einer Meditationsbank. Nehmen Sie sich Zeit, eine Haltung zu finden, die Ihre Absicht, jetzt ganz wach und präsent zu sein, am besten unterstützt. Lassen Sie zu, dass Ihre Augen sich schließen, wenn Ihnen das angenehm ist, oder senken Sie Ihren Blick.

Kurzer Body Scan

2. Wenn Sie bereit sind, sammeln Sie Ihre Aufmerksamkeit und lenken Sie sie zu den Füßen. Nehmen Sie alle Empfindungen wahr, die hier sein könnten: in den Zehen – an den Fußsohlen – in den Fersen – und an der Oberseite des Fußes. Bleiben Sie mit Ihrer Aufmerksamkeit bei den Füßen, und nehmen Sie alle Empfindungen so, wie sie auftreten, wahr, so flüchtig sie auch sein mögen. Beobachten Sie, wie sie kommen und gehen und sich von einem Moment zum nächsten verändern. Seien Sie neugierig, seien Sie freundlich-interessiert daran, ob die Empfindungen angenehm oder unangenehm sind, und denken Sie daran, dass es keine *richtige* Art zu fühlen gibt.
3. Erweitern Sie nun Ihre Aufmerksamkeit langsam auf die Unterschenkel, die Knie und dann auf die Ober-

schenkel, bis Sie beide Beine im Gewahrsein halten. Schließen Sie nun die Empfindung des Kontakts mit dem Stuhl, dem Hocker oder dem Kissen beim Sitzen ein – nehmen Sie die vorhandenen körperlichen Empfindungen wahr, welche auch immer hier sein mögen.

4. Dehnen Sie die Aufmerksamkeit erneut nach oben hin aus, zum Becken und zu den Hüften – dann zum unteren Rücken und Unterbauch und den Körper hinaufwandernd zur Brust vorne bis zum Schlüsselbein und den Rücken hinauf bis zu den Schulterblättern; nehmen Sie dabei alle körperlichen Empfindungen im Oberkörper wahr.
5. Wenn Sie bereit sind, weiten Sie Ihre Aufmerksamkeit erneut aus: diesmal auf die linke Hand und den linken Arm – dann auf die rechte Hand und den rechten Arm – quer über die Schultern – auf den Nacken – das Gesicht und den Kopf –, bis Sie den ganzen Körper im Gewahrsein halten.
6. Sehen Sie, ob Sie alle Empfindungen im Körper so sein lassen können, wie sie sind. Lassen Sie los, in diesen Moment hinein – voll präsent im Hier und Jetzt, mit dem Körper, so wie er ist.

Einen Anker wählen

7. Wenn Sie bereit sind, richten Sie die Aufmerksamkeit auf eine Stelle im Körper, an der es Ihnen besonders leichtfällt, sie zu verankern. Das können die Empfindungen des ein- und ausströmenden Atems sein. Wenn Sie möchten, können Sie sich auch auf den Kontakt Ihrer Füße mit dem Boden, Ihres Körpers mit dem Stuhl oder der Matte oder auf den Kontakt Ihrer Hände mit dem, worauf sie liegen, konzentrieren. Welche Stelle

auch immer Sie wählen, nehmen Sie einfach wahr, was da ist, nach bestem Vermögen, Moment für Moment.

Innehalten: Sich mit dem Geist anfreunden und ihn sammeln

8. Früher oder später werden Sie wahrscheinlich merken, dass der Geist vom Anker abschweift und ins Denken, Planen, in Erinnerungen oder Tagträume verfällt. Wenn das passiert, ist das kein Grund, sich zu kritisieren oder möglichst schnell zum Atem zurückzukehren. Halten Sie stattdessen bewusst inne, und versuchen Sie, klar zu erkennen, wohin der Geist abgeschweift ist; dabei können Sie sich innerlich sagen: »Da ist Denken; so ist Denken«, oder: »Da ist Sorge; so ist Sichsorgen«, oder: »Da ist Planen; so ist Planen.«[23]
9. Probieren Sie, ob es möglich ist, dem Geist Freundlichkeit entgegenzubringen und es vielleicht sogar zu bewundern, wie gut er seine Arbeit tut; einen kurzen Moment der Dankbarkeit zu spüren, weil der Geist sein Bestes tut.
10. Führen Sie Ihre Aufmerksamkeit dann langsam zurück – nehmen Sie sich Zeit, sich wieder zu erden, bevor Sie zu Ihrem gewählten Fokus zurückkehren und sich von den Empfindungen im Körper im gegenwärtigen Moment verankern lassen.
11. Denken Sie daran: Zu bemerken, dass der Geist abgeschweift ist, und ihn wieder zurückzubringen, *ist* die Meditation; es ist hier und jetzt die Praxis. Betrachten Sie – während Sie die Aufmerksamkeit immer wieder aufs Neue zurückbringen – das geistige Abschweifen als Gelegenheit, Geduld und Mitgefühl zu entwickeln.

Beenden

12. Vergessen Sie nicht, dass Körper und Atem stets zur Verfügung stehen und Ihnen helfen können, innezuhalten – was auch immer gerade geschieht. Sie bieten einen Ort der Stille und des Friedens in Ihrem Tag, während er sich von Moment zu Moment entfaltet.

Wie hat Ihnen die Trainingseinheit im geistigen Fitnessstudio gefallen? War sie voller nützlicher Geräte, die es Ihnen ermöglicht haben, Ihren umherschweifenden Geist in all seiner bewegten Schönheit zu erkunden? Oder empfanden Sie die Erfahrung als frustrierend, hatten hinterher das Gefühl, versagt zu haben, und waren verzweifelt; hatten das Gefühl, Ihre Praxis nicht im Griff zu haben; spürten vielleicht ein vages Unbehagen, weil Sie kaum den Einstieg gefunden, geschweige denn Fortschritte gemacht haben; oder Sie haben angefangen und gemerkt, dass die Gedanken abgeschweift sind – und dann ist Ihr Geist, noch bevor Sie bewusst innegehalten und auf Geist und Körper geachtet haben, woandershin gesprungen …

Das ist alles ganz normal. Ihr Geist hat sich einfach so verhalten, wie er es nun einmal tut. Er scheint seinen eigenen Kopf zu haben. Dennoch haben Sie sich wahrscheinlich dafür kritisiert, dass Sie »versagt« und keinen ruhigen, klaren Geist kultiviert haben. Auch diese Kritik ist normal. Ihr Geist tut sein Bestes, um Sie zu größeren Bemühungen anzuspornen.

Ellas Erfahrung hat sie überrascht. Sie sagte: »Mein Geist war abgeschweift, wie immer, und ich habe mich dafür kritisiert, wie ich es immer tue – und dann hörte ich einfach damit auf. Es gelang mir, einen Moment innezuhalten, statt meinen Geist grob zum Anker zurückzureißen. Und in diesem Moment, gerade als mein innerer Kritiker in Aktion treten wollte, meldete sich eine andere kleine Stimme in meinem Kopf und fragte leise: ›Hat der Richter in deinem Kopf dich jemals für unschuldig befunden?‹ Die Antwort war ein schallendes ›Nein‹. *Nicht ein einziges Mal.* Mein innerer Kritiker ist immer im Hintergrund und verlangt Perfektion. Egal, was ich tue, er ist immer da und blafft mir seine Kritik entgegen. Die Erkenntnis, dass er immer da ist, als ein halb unabhängiger ›Bestandteil‹ meines Geistes, war ein neuer, radikaler Schritt für mich. Interessant ist, dass ich von vielen Meditationslehrern gehört habe, man solle nicht urteilen, wenn man von geistigem Abschweifen zurückkehrt. Aber das ist mir nie wirklich klar geworden. Ich driftete immer wieder ab ins Urteilen. Das ist meine vorgegebene Einstellung. Diese Meditation gab mir eine Praxis, mit der ich das Gegenteil von Urteilen tun konnte. Damit meine ich nicht nur das Innehalten und die Dankbarkeit, sondern auch, die Rückkehr zum Anker zu verlangsamen. Nachdem ich zu Beginn der Woche mit mir gekämpft hatte, beschloss ich, die Praxis ›Minimale Anleitungen‹ (Mi) zu machen und meine Füße und Beine dabei zu überspringen – ich habe oft Schmerzen in den Beinen. Es wurde eine der friedvolleren Sitzungen in dieser Woche. Ich merkte, dass ich nach den kurzen Anweisungen ganz leicht wieder zum Atem zurückkehren und mich auf ihn konzentrieren konnte. Bis dahin fand ich lange Stilleperioden ziemlich entmutigend, daher war das an sich schon ein kleiner Durchbruch für mich. Mit diesem Vorgehen konnte ich nun auch die Empfehlung schätzen lernen, nicht überstürzt zurückzukehren, sobald man merkt, dass die Gedanken abgeschweift sind. Ich stecke normalerweise so voller Anschuldigungen – deshalb genügte diese kleine Pause, um mich daran zu erinnern, mitfühlend zu sein und mir selbst zu verzeihen. Diese wenigen Momente der Stille und Vergebung waren ausreichend, um zu bewirken, dass mein Geist entspannter wurde, sodass ich ihn sanft dazu bringen konnte, sich wieder auf meinen Atem zu konzentrieren.«

Was geschah hier? Sagen wir es so: Wenn Sie Ihrem Geist mit Wertschätzung begegnen, anstatt ihn zu zwingen, sich auf eine bestimmte Weise zu verhalten, beruhigt er sich von selbst. Das Innehalten und die Dankbarkeit verändern die Perspektive des Geistes. Sie merken, dass Sie weniger urteilen, und dadurch wird mehr geistiger Raum freigegeben, denn Sie versuchen nicht, aktiv zu werden und das »Problem« des abschweifenden Geistes zu lösen. Ihr Geist gerät nicht in unnötige Kämpfe mit sich selbst. Das ist ein echter Vorteil, wenn Sie wollen, dass er klar und konzentriert ist (siehe unten sowie übernächsten Kasten, Seite 111f.).

Die Praxis des Innehaltens und Spürens: Wie hilft sie?

Laboruntersuchungen zeigen, dass Menschen, die Achtsamkeit praktizieren, ihre Aufmerksamkeit besser fokussieren und aufrechterhalten können und sich nicht so leicht ablenken lassen.[24] Meditationsschulung verbessert die Hirnrhythmen, die eine entscheidende Rolle für das Filtern und Optimieren des Flusses der Sinnesinformationen spielen.[25] Diese Fähigkeiten in den Alltag einzubringen, kann sich vor allem bei Menschen, die unter Stress, Depressionen oder Erschöpfung leiden, als sehr wirksam erweisen, denn sie helfen Depressiven, die mit der Depression einhergehenden Aufmerksamkeits- und Gedächtnisprobleme zu bewältigen.[26] Insbesondere haben diese Menschen oft Schwierigkeiten, ablenkende Reize herauszufiltern[27], sich von Ablenkungen zu lösen[28] und zu lernen, zwischen wirklich wichtigen, dringenden Angelegenheiten und irrelevanten, weniger dringenden zu unterscheiden (das heißt zwischen dem »Signal« und dem »Rauschen«).[29] Achtsamkeit vermittelt hier neue Fähigkeiten, die hilfreich sind, um mit solchen Problemen umzugehen.

Es gibt einen Teil des Gehirns, den sogenannten anterioren cingulären Kortex (ACC), der Aufgaben überwacht und dafür sorgt, dass alles auf Kurs bleibt. Der ACC ist sowohl mit jenen Teilen des Gehirns verbunden, die mit Emotionen zu tun haben (limbisches System), als auch mit denen, die für die kognitive Kontrolle von Aufgaben zuständig sind (präfrontaler Kortex). In einer Studie wurden erfahrene Meditierende gebeten, in einem Gehirnscanner eine Meditation mit fokussierter Aufmerksamkeit durchzuführen. Sie drückten auf einen Knopf, sobald sie merkten, dass ihr Geist abschweifte. Die Studie ergab, dass der Moment, in dem ihnen ihre umherschweifenden Gedanken bewusst wurden, mit einer erhöhten Aktivität im ACC einherging.[30]

Wenn der Geist während der Meditation abschweift, spielt der ACC eine wichtige Rolle beim Erkennen, dass der Geist nicht dort ist, wo er sein sollte, und leitet diese Information an Netzwerke der exekutiven Kontrolle weiter, damit die Aufmerksamkeit neu fokussiert werden kann. Studien haben gezeigt, dass sich die Funktionsweise des ACC verbessert, nachdem Menschen meditieren gelernt haben.[31] Dass der ACC besser funktioniert, bedeutet, Sie erkennen Ihre abschweifenden Gedanken früher und können eine sanfte Anpassung vornehmen, ohne hart mit sich selbst ins Gericht zu gehen und selbstkritisch zu sein.

Die Achtsamkeitspraxis hilft Ihnen, sich jeweils auf eine Sache zu konzentrieren und geschickter mit Ihrem Geist umzugehen, wenn er abgelenkt wird. Geistiges Abschweifen ist das »Fitnessgerät«, das Ihnen viele Gelegenheiten gibt, zu lernen, wie Sie Ihrem Geist freundlich und dankbar begegnen können statt mit Selbstkritik (die nur zu noch mehr Ablenkung führt).

Doch das ist oft leichter gesagt als getan, wie Ana feststellen musste: »Ich fand es sehr schwierig, über meinen eigenen Geist zu staunen. In früheren Meditationskursen wurde mir zum Thema abschweifender Geist gesagt: ›Ja, okay, das tut er nun mal, also bring ihn sanft, aber *bestimmt* zum Atem zurück.‹ Aber nun, bei den neuen Meditationen, waren wir aufgefordert, noch weiter zu gehen – innezuhalten, zu staunen und dann zurückzukehren. Ich fand das sehr schwierig. Als ich dann mehr auf die Meditationsanweisungen achtete, wurde mir klar, dass ich Vorstellungen aus meinen früheren Meditationspraktiken mit eingebracht hatte und nicht der Einstellung folgte, die diesen neuen Meditationen zugrunde lag. Also ließ ich die alten Vorstellungen sanft fallen. Mir wurde auch klar, dass ich das Wort ›bestimmt‹ (das in der Vedana-Meditation gar nicht vorkommt) falsch interpretiert hatte. Ich hatte es im Sinne von ›hart‹ oder ›unnachgiebig‹ verstanden. Wie eine zu feste Umarmung. Ich erkannte dann, dass ›bestimmt‹ oder ›fest‹ auch wie eine warme, liebevolle, schützende Umarmung sein kann. Gewissermaßen eine feste, aber sanfte Stärke. Sobald mir das klar geworden war, konnte ich die Vorstellung ›bestimmt‹ aus meinem Kopf streichen und stattdessen eine liebevollere, fürsorglichere und mitfühlendere Einstellung entwickeln. Danach waren meine Bedenken einfach verschwunden.«

Gelegentlich kommt mitten in einer Meditation, die scheinbar gut läuft, eine unangenehme Erinnerung oder ein unangenehmes Gefühl auf. Es ist fast so, als würde ein Schalter im Geist angeknipst oder ein Nerv oder Muskel unversehens eingeklemmt, sodass ein scharfer Schmerz durch den Geist oder den Körper geschickt wird. So erging es Jess, als beim Praktizieren eine unangenehme Erinnerung an etwas aufkam, das ihr Schuldgefühle verursachte: »Wie sollte ich ein Gefühl der Wertschätzung oder des Staunens im Geist aufkommen lassen, wenn das diese schreckliche Erinnerung auslöste?«, fragte sie.

Etwas Ähnliches geschah Sim in der zweiten Woche. Der Trigger war nicht die Meditation, sondern ein Blick auf sein Spiegelbild in einem Schaufenster, als er durch die Stadt ging. »Ich dachte mir: ›Du siehst lächerlich aus; willst cool aussehen, bist es aber nicht. Wenn du das doch weißt, warum versuchst du es dann so krampfhaft?‹ Das brachte viele Gefühle aus meinen Teenagerjahren zurück, als ich von anderen Kindern gehänselt wurde. Wenn ich mich so fühle, ist es einfach unmöglich, meinem Geist dankbar zu sein. Es bewirkt nur, dass ich etwas geknickt bin und mich nutzlos fühle.«

In einer Situation wie der von Jess und Sim denkt unser Geist immer noch – auch wenn er uns schroff anblafft –, dass er uns hilft. Wahrscheinlich fallen Ihnen Gelegenheiten ein, bei denen es nötig sein kann, jemanden anzuschreien, zum Beispiel ein Kind, wenn es auf eine stark befahrene Straße laufen will. Vielleicht haben Sie selbst schon die Erfahrung gemacht, in solchen Situationen angeschrien zu werden, oder haben erlebt, dass Eltern, Lehrer oder Gleichaltrige längere Zeit wütend auf Sie waren. Aufgrund solcher Erfahrungen oder aus der instinktiven Angst heraus, zu versagen, haben Sie sich letztendlich vielleicht eine harte Selbstkritik angewöhnt, in der Form, dass Sie sich innerlich anschreien. In den meisten Fällen geht dieses Schimpfen aber nach hinten los. Es hindert Sie daran, effektiv zu handeln, indem es Ihre Aufmerksamkeit einschränkt, Ihre Kreativität dämpft und Ihnen ganz allgemein das Gefühl gibt, wertlos zu sein, ohne dass Sie irgendeinen Nutzen davon hätten. Dennoch bleiben viele von uns bei derartigen Taktiken, so wie Jess und Sim.

In solchen Fällen könnte es etwas unrealistisch sein, ein Gefühl des Staunens und der Dankbarkeit in Ihrem Geist zu wecken. Versuchen Sie stattdessen, wenn möglich, etwas Freundlichkeit aufzubringen und sich mitfühlend der eingebildeten Dringlichkeit zuzuwenden, die der Geist kreiert. Es könnte hilfreich sein, sich innerlich zu sagen: »Es ist in Ordnung, das nicht zu mögen. Ich brauche jetzt nichts zu tun.« In Woche vier und fünf werden wir noch ausführlicher auf diesen Ansatz eingehen.

Kann Achtsamkeit die Intelligenz steigern?

Die Graduate Record Examination (GRE) ist eine standardisierte, computergestützte Multiple-Choice-Prüfung, die in den USA häufig für die Zulassung zu Graduiertenstudiengängen verlangt wird. Die Psychologen Michael Mrazek, Jonathan Schooler und Kollegen[32] untersuchten, wie sich eine tägliche Achtsamkeitspraxis auf die Leistung bei den GRE-Tests zum Sprachverständnis auswirkte, nachdem zwei Wochen lang viermal wöchentlich eine Dreiviertelstunde im Kurs geübt worden war. Jede Achtsamkeits-Unterrichtseinheit beinhaltete eine zehn- bis zwanzigminütige Übung fokussierter Aufmerksamkeit mit der Anweisung, den Geist ganz natürlich ruhen zu lassen und nicht zu versuchen, Gedanken zu unterdrücken. Die Studierenden übten auch zehn Minuten pro Tag außerhalb des Unterrichts.

Die GRE-Ergebnisse dieser Prüflinge wurden mit denen anderer Studierender verglichen, die nach dem Zufallsprinzip angewiesen wurden, sich jeden Tag genauso lange über Ernährung zu informieren, anstatt zu meditieren, und während der Woche zu Hause ihre Nahrungsaufnahme zu protokollieren. Alle Teilnehmenden an der Studie absolvierten auch einen psychologischen Test, bei dem ihr Arbeitsgedächtnis bewertet wurde, einschließlich einer Messung, wie oft sie abschweiften (das heißt Gedanken hatten, die nichts mit der gestellten Aufgabe zu tun hatten).

Die Ergebnisse zeigten, dass diejenigen, die Achtsamkeit geübt hatten, in der GRE-Prüfung besser abschnitten (entsprechend einer Steigerung der Punktzahl um sechzehn Prozent) als diejenigen, die der Ernährungsgruppe zugeordnet worden waren. Insbesondere konnten die Wissenschaftler die höheren Punktzahlen darauf zurückführen, dass die Studierenden aus der Achtsamkeitsgruppe nach ihrer Me-

> ditationspraxis geistig weniger abschweiften (insbesondere diejenigen, die sich vor dem Erlernen der Meditation tendenziell leicht ablenken ließen). Die deutliche Wirkung auf die Leistung war darauf zurückzuführen, dass sie in der Lage waren, Aufgaben, die sie als schwierig empfunden hatten, beiseitezulassen, ohne darüber nachzugrübeln. Dadurch wurde die geistige Kapazität freigesetzt, die erforderlich war, um sich ohne Ablenkung auf spätere Testaufgaben konzentrieren zu können. Das heißt für uns, dass Achtsamkeit Sie also zwar nicht intelligenter macht; aber sie lässt die Intelligenz, über die Sie bereits verfügen, deutlicher zutage treten.

All das beinhaltet auch einen tieferen Aspekt. Als Jess und Sim etwas eingehender betrachteten, was in ihrem Geist vor sich ging, stellten sie fest, dass es zwei Seiten gab: einerseits die unangenehme Erinnerung, die wie aus dem Nichts im Geist aufkam – die anfängliche Ablenkung –, und andererseits die Reaktion auf diese Erinnerung. »Als ich den Sturm in meinem Kopf zum ersten Mal bewusst wahrgenommen habe, sah ich genauer hin«, sagte Jess. »Und mir fiel wieder ein, was meine Meditationslehrerin mir gesagt hatte: Dass ich zwar keine Kontrolle darüber habe, was in meinem Kopf erscheint, aber darüber, was als Nächstes geschieht. Daraufhin sah ich meine Reaktion auf diese erste Erinnerung viel klarer. Ich erkannte, dass ich solche Momente nutzen konnte – ich konnte lernen, bewusst darauf einzugehen, statt automatisch zu reagieren. Und genau das habe ich getan. Sobald sich mein innerer Kritiker meldete und mich schon allein deswegen angriff, weil ich *versuchte*, Wertschätzung und Staunen in meinem Geist zu wecken, atmete ich bewusst tief ein und entspannte mich in die Kritik hinein. Leise sagte ich mir: ›Danke, dass du versuchst, mich zu beschützen.‹ Ich erkannte, dass mein innerer Kritiker an leidvolle Ereignisse aus der Vergangenheit erinnert worden war und meinen Geist zum Handeln anspornen wollte – damit er seinen Schutzschild hochhält und seine Abwehrkräfte bereit macht. Alles für mich. Was ziemlich nett von ihm war, dachte ich nun. Und als ich das anerkannt hatte – die Ablenkung und dass ich erfolgreich an meine schmerzliche Vergangenheit erinnert worden war –, war die Arbeit des inneren Kritikers getan, und er wurde still. Ganz still. Das war merkwürdig effektiv. Ich war dann in der Lage, etwas Mitgefühl aufzubringen, nicht nur für mich, sondern auch für meinen inneren Kritiker. Danach habe ich jedes Mal, wenn mein innerer Kritiker Amok lief, seine Bedenken sanft anerkannt und meine Meditation fortgesetzt. Eine noch größere Transformation war es jedoch für mich, als ich diese Einstellung auf mein tägliches Leben übertragen habe. Jedes Mal, wenn der Kritiker auftauchte, erkannte ich einfach die Ablenkung und seine Bedenken an, und er verstummte. Also wurden meine Tage nicht mehr von Kämpfen mit mir selbst und meinen Mitmenschen aufgezehrt, sondern ich führte allmählich ein etwas harmonischeres Leben. Natürlich gab es immer noch Kämpfe, aber sie waren seltener, bei Weitem nicht so heftig und auf jeden Fall kürzer.«

Einen anderen Ansatz verfolgte Mira: »Ich hatte früher den Vorsitz in vielen Komitees. In diesen Sitzungen gab es häufig jemanden, der sich über irgendetwas aufregte oder es kritisierte. Die Betreffenden unterbrachen die Sitzung ständig und machten es dem Komitee unmöglich, sich auf seine Aufgabe zu konzentrieren. Manchmal dominierten sie die Sitzung so sehr, dass die Anwesenden Angst vor ihnen hatten. Ich habe häufig gehofft, dass sie nicht zu den Sitzungen kämen. Es war alles andere als angenehm. Nach einer Weile lernte ich, einfach zu sagen: ›Vielen Dank, möchte noch jemand etwas sagen?‹ Gelegentlich fingen sie wieder an, und ich sagte: ›Danke, wir haben gehört, was Sie zu sagen haben. Noch jemand?‹ So legte sich alles. Ich habe gelernt, dass letztendlich die meisten Komiteemitglieder für Fairness sind – dass jeder angehört wird –, und sie respektieren auch die schwierigen Mitglieder. Und oft, wenn die Person mit der lauten Stimme aufhörte zu sprechen, meldete sich eine ruhigere Stimme unter den Anwesenden zu Wort, und das half, die Dinge so voranzubringen, wie es für das Meeting förderlich war. Wenn ich also heute merke, dass das ›Komitee in meinem Kopf‹ abgelenkt ist und vom inneren Kritiker dominiert wird, sage ich sanft, aber bestimmt: ›Danke, ich habe deine Meinung gehört, möchte noch jemand etwas sagen?‹ Es ist erstaunlich, wie oft das dem inneren Kritiker den Wind aus den Segeln nimmt und eine ruhigere, freundlichere Stimme gehört werden kann.«

»Weiträumig«
von Kaveri Patel

Liebes Du,
du hast immer
so viele Dinge zu tun
musst an so vielen Orten sein
dein Geist dreht sich wie
Ventilatorblätter bei hoher Geschwindigkeit
jeder Moment immer verschwommen
weil du nie stillstehst

Ich weiß, du bist müde
Ich weiß auch, es ist nicht deine Schuld
Das ständige Gehirnsummen ist wie
ein Bienenschwarm, der droht
zu stechen, wenn du die Augen schließt

Du hast wieder etwas vergessen
Du musst dich darauf vorbereiten, oder aber
Du hättest es anders machen müssen

Was wäre, wenn du die Augen schließt?
Würde die Welt
ohne dich zusammenbrechen?

Oder würde dein Geist
zum weiten Himmel werden
zu einem Gedankenschwarm
der durch den Sonnenaufgang fliegt
während du einfach nur zusiehst und lächelst

Ana mochte dieses Gedicht. Es erinnerte sie an sich selbst und gab ihr Hoffnung für die Zukunft. Sie hatte sich durch die erste Woche gekämpft und verbrachte auch die erste Hälfte der zweiten Woche so. Bis sich schließlich etwas änderte. »Ich dachte mir: ›Ich habe mich durch diese Meditationen hindurchgekämpft und -geboxt und versucht, sie zum Funktionieren zu bringen. Aber das, was ich gesucht habe, habe ich nicht bekommen.‹ Ich war genauso mürrisch und gestresst wie immer. Dann wurde mir klar, dass ich nicht wirklich mit dem, was das Wesen der Übungen ausmacht, in Beziehung getreten war. Ich hatte die Anweisungen zwar buchstabengetreu befolgt, mich aber kaum auf ihre inneren Werte eingelassen. Also dachte ich mir: ›Einen Versuch ist es wert. Ich werde versuchen, den Rest dieser Woche innezuhalten, zu staunen und mich wieder zu verankern. Ich lasse mich auf das Wesen dieser Vorstellungen ein.‹ Aus früherer Erfahrung weiß ich: In den wenigen Momenten, in denen ich es geschafft habe, mir selbst mehr Großzügigkeit, Mitgefühl und Freundlichkeit entgegenzubringen, hat das mein Leben verändert. Aber ich habe einige echt schlimme Erinnerungen, sodass meine Herausforderung darin lag, diese Freundlichkeit auch darauf auszudehnen. Es war schwer, aber nach und nach schien sich tatsächlich etwas zu ändern. Zu wissen, dass ich jederzeit eine Pause einlegen kann, hat mir dabei geholfen. Ich konnte das Ganze aus einer anderen Perspektive betrachten, weil ich erkannt hatte, dass mein Verstand diese Erinnerungen vielleicht aus einem bestimmten Grund heraufbeschwor. Aber das bedeutete nicht, dass ich weiter auf diesen Erinnerungen aufbauen und die Situation verschlimmern musste. Ich brauchte nicht zuzulassen, dass sie mein Leben beherrschten und mich als Person definierten. Ja, diese schrecklichen Dinge waren geschehen – sie gehörten zu meiner persönlichen Geschichte –, aber sie waren nur ein kleiner Teil von mir, nicht mein ganzes Ich. Gegen Ende der zweiten Woche gab es einen Moment, in dem ich eine tiefe Glückseligkeit spürte, die mir eine Ruhe vermittelte, wie ich sie seit Langem nicht mehr empfunden hatte. Ich fühlte mich so präsent wie noch nie zuvor. Es war ganz unglaublich. Ich spürte, wie gut mir die Praxis tat, und beschloss, weiterhin all meine Selbstverurteilungen, dass ich ein schlechter Mensch sei, loszulassen – jedenfalls so gut ich konnte. Wie ich allerdings sagen muss, merkte ich im späteren Verlauf der Woche, dass sich wieder Selbstverurteilungen festsetzten; dann eine gewisse Enttäuschung darüber, dass ich das vorherige entspannte Gefühl nicht aufrechterhalten konnte; Gedanken darüber, ›wie viel besser es mir jetzt gehen müsste‹. Aber dann ertappte ich mich dabei und erkannte, dass ich in den Strudel hineingezogen wurde, und schaffte es viel schneller als früher wieder hinaus.«

Tägliche Achtsamkeitspraxis »Tagsüber innehalten«

Versuchen Sie diese Woche tagsüber immer wieder innezuhalten und sich auf die Welt um Sie herum einzustimmen. Konzentrieren Sie sich jeden Tag auf ein anderes »Sinnestor« (Schmecken, Sehen, Tasten, Riechen und Hören), und nehmen Sie sich einige Augenblicke Zeit, um die Empfindungen zu spüren und festzustellen, ob sie angenehm oder unangenehm sind oder irgendwo dazwischenliegen. Dabei kann es hilfreich sein, die Empfindungen des Atems oder der Füße auf dem Boden im Hintergrund des Gewahrseins zu halten.

- **Tag eins: Schmecken –** Wie ist die Gefühlsfärbung beim ersten Schluck Ihres ersten Getränks am Tag? Oder der Geschmack Ihres Frühstücks oder Ihres Mittagessens – zum Beispiel des ersten Bissens? Und wie ist es mit den anderen Bissen?
- **Tag zwei: Sehen –** Nehmen Sie wahr, was Ihre Augen um Sie herum aufnehmen, wenn Sie sich bewegen oder sitzen. Halten Sie inne, und spüren Sie, ob es angenehm, unangenehm oder eher neutral ist.

Halten Sie auch in den nächsten Tagen zwischendurch im Alltag inne, und konzentrieren Sie sich auf den jeweiligen Sinn. Nehmen Sie wahr, was Sie genau in dem Moment in sich aufnehmen, und versuchen Sie, bevor der Moment vergeht, zu erkennen, ob es angenehm ist oder nicht.

- **Tag drei: Berühren**
- **Tag vier: Riechen**
- **Tag fünf: Hören**

Halten Sie Ihre Erfahrungen ruhig auf Papier oder in Ihrem Tagebuch fest, wenn Sie die Gelegenheit dazu haben.

Jeden Tag zur »Be-Sinnung« kommen

Wie fanden Sie die Übung, sich wieder mit Ihren Sinnen zu verbinden? War es schwierig? Augenöffnend? Belebend? Oder eine Mischung aus allen dreien? Noah fand, dass es bei einigen Sinnen schwieriger war als bei anderen. Beim Sehen und Hören fiel es ihm leichter: »Diese beiden Sinne fühlen sich immer an, als wären sie

›sofort da‹«, sagte er. »Aber auf das Schmecken musste ich mich bewusst konzentrieren. Meinem Gefühl nach war mehr Distanz zwischen mir und dem Schmecken. Das bedeutete, dass mich sogar der Geschmack der vertrautesten Dinge in Zustände führte, an die ich mich von Natur aus nicht begebe. Zum Beispiel, wenn ich bewusst meinen Kaffee schmeckte. Und dann bemerkte ich etwas anderes, das sehr tiefgreifend war. Wenn ich eine Sache wahrnahm – wirklich wahrnahm –, wurde auch alles andere lebendiger, nicht nur der Sinn, auf den ich mich konzentriert hatte. Das fiel mir am dritten oder vierten Tag auf, als ich durch ein Waldstück spazierte und mich aufs Hören konzentrieren wollte. Ich hörte das Rascheln des Windes in den Blättern, das Zwitschern der vielen kleinen Vögel und das Knacken der Bäume. Dann nahm ich den Geruch des Waldes wahr. Ich konnte Dutzende verschiedene Aromen riechen – die Erde, den harzigen Geruch der Tannennadeln, sogar die Feuchtigkeit in der Luft. Was ich für einen einzigen Geruch gehalten hatte, war in Wirklichkeit viel komplexer und hatte unzählige verschiedene Schichten. Ich war nicht nur mit meinem Gehör, sondern auch mit all meinen anderen Sinnen beteiligt. Plötzlich fühlte ich mich mit dem Wald verbunden – ich wurde fast ein Teil von ihm –, denn *all* meine Sinne strebten danach, mit der Welt um mich herum in Verbindung zu treten. Ich glaube nicht, dass ich etwas dergleichen schon einmal erlebt habe – zumindest nicht, seit ich ein Kind war, als für mich alles neu und magisch war.«

Noahs Erfahrung ist wichtig, denn sie zeigt: Mentale Blockaden können verhindern, dass ein Sinn seine volle Kapazität entfaltet. Erinnern Sie sich an Kapitel zwei, in dem wir dargestellt haben, dass das Gehirn *vorhersagt*, was Sie wahrnehmen werden? Wenn Sie die Aufmerksamkeit bewusst wieder auf Ihre Sinne lenken, schieben Sie diesen prädiktiven Geist aufs Abstellgleis und kehren gleichzeitig zurück in den gegenwärtigen Moment, *so wie er ist.* Sobald Sie einem Sinn Ihre volle Aufmerksamkeit schenken, tritt der vorhersagende Geist vorübergehend in den Hintergrund und ermöglicht so, dass Sie automatisch auch wieder mit Ihren anderen Sinnen in Verbindung treten können.

Hier Anas Erfahrung: »Ich habe mich wahrnehmen lassen, was vor sich ging. Was ich gesehen, gehört und gerochen habe. Und dadurch habe ich mich auch mit allem anderen stärker verbunden gefühlt. So habe ich nach und nach viel mehr über mein Leben erfahren – einfach, indem ich mich mit den kleinen Dingen verbunden, mich auf sie konzentriert habe. Diese Woche habe ich eine Biene gerettet, die sich in eine Zimmerecke verirrt hatte. Normalerweise hätte ich sie noch nicht mal bemerkt, aber ich habe mich zugleich auf mein Gehör konzentriert, sodass ich ihr panisches Summen hören konnte. Erstaunlich, was man normalerweise alles nicht mitbekommt.«

Und Jess: »Letzten Sonntag haben wir einen langen Spaziergang gemacht. Mein Partner ist nicht mehr ganz so fit wie früher und hatte ein bisschen zu kämpfen. Normalerweise ärgert es mich, wenn ich warten oder langsamer gehen muss. Dann fühle ich mich schuldig, weil ich mich ärgere. Doch diesmal hörte ich auf zu ›warten‹ und dachte: ›Das ist eine gute Gelegenheit, die tägliche Achtsamkeit zu üben und einfach das, was ich sehe und höre, in mich aufzunehmen.‹ Je mehr ich das tat, desto mehr gefiel mir, wo ich mich befand. Meine Umgebung versetzte mich in Staunen. Und dann noch etwas: Das Gefühl, meine Umgebung einfach nur zu beobachten, brachte mir Stille. Ziemlich tiefreichend. Inzwischen verstehe ich, was die Leute meinen, wenn sie sagen, dass es bei der Achtsamkeit nicht darum geht, nach großen Transformationen oder einer Art Erleuchtung zu streben. Die Feinheiten sind es! Und das Zusammenkommen solcher kleinen Realisationen. Sie bauen aufeinander auf, bis man an einem Punkt des ruhigen Gewahrseins angelangt ist.«

Wie in so vielen anderen Bereichen der Achtsamkeit kann man auch hier zwar über ein Konzept Bescheid wissen, aber dennoch nicht die Motivation oder Zeit finden, es in die Praxis umzusetzen. Das geschieht gewöhnlich deswegen, weil der Verstand scheinbar dringendere Angelegenheiten zu erledigen hat. Und das ist ja auch seine Aufgabe. Der prädiktive Geist hat immer eine lange Projektliste abzuarbeiten. Wenn man also eine Sache abschließt, ist das nur das Einsatzzeichen, um die nächste zu beginnen. Uns direkt auf unsere Empfindungen zu konzentrieren, gibt uns eine Pause von dieser Litanei der ›Dinge, die wir tun müssen‹. Dieser einfache Schritt führt nicht nur zu einer größeren Sinnesfreude, sondern weckt auch wieder Gefühle der Neugier, des Staunens und der Ehrfurcht. Und wenn der getriebene Modus etwas zur Ruhe gekommen ist, werden Sie sehr oft merken, dass Sie auch mehr Zeit und Energie haben, bewusste Entscheidungen darüber zu treffen, was Sie als Nächstes wirklich tun möchten und tun müssen.

Beim Durchführen dieser Übungen merken Sie vielleicht, dass manches das eine Mal angenehm und ein anderes Mal unangenehm ist. Zum Beispiel kann eine Wanderung wunderbar sein, aber am Ende ermüdend. Ein Konzert zu besuchen oder in einen Club zu gehen, ist ein Fest der Sinne – eine Weile. Von einem Moment zum nächsten passiert so viel. Deswegen leuchtet es ein, dass sich angenehme und unangenehme Sinneserfahrungen mischen und von Augenblick zu Augenblick verändern können. Das ist der Kern dieser Praxis. Sie lehrt Sie nach und nach, dass sich solche »Mikro-Momente« entfalten, wie sie wollen, und dass jeder einzelne angenehme, unangenehme und neutrale Gefühlsfärbungen auslöst. In einem Moment spüren Sie vielleicht etwas Angenehmes, und im nächsten öffnet sich ein anderes Sinnestor, und das fühlt sich womöglich unangenehm an. Vielleicht genießen Sie den Geschmack Ihres Lieblingsgetränks, aber gleichzeitig wogt kurz eine unangenehme Empfindung auf, wenn es zu heiß oder zu kalt, zu süß oder nicht süß genug ist, wenn es zu stark oder zu schwach oder fade schmeckt. Oft bemerken Sie solche Nuancen nicht, weil Ihre Reaktionen automatisch ablaufen. Nur zu leicht werden Sie von den ständig wechselnden Gefühlsfärbungen gebeutelt, ohne dass es Ihnen voll bewusst ist. Was Sie mögen oder nicht mögen, hat jedoch trotzdem tiefgreifende Auswirkungen auf Sie, ob Sie es nun sehen, hören, schmecken, riechen oder berühren. Indem Sie es bewusst wahrnehmen und dessen gewahr werden, wie es sich auf Sie auswirkt, können Sie lernen, bewusst darauf einzugehen, anstatt automatisch zu reagieren.

Oder wie Ana sagte: »Ich nehme Schönheit sehr viel bewusster wahr. Die Welt ist voll Schönheit, wenn man sich die Zeit nimmt, sie zu bemerken. Allmählich fielen mir am Abend die Sterne auf, ich sah und hörte die Vögel im Garten, sah sogar die Tautropfen auf der Wäscheleine. Sie waren besonders faszinierend, weil ich an so vertrauten Orten wie in meinem Garten auf sie aufmerksam wurde. Es ist ein kleiner Stadtgarten, der inzwischen totale Bewunderung in mir weckt.«

KAPITEL 7

WOCHE DREI: Wiederentdecken, wie sich etwas anfühlt

Gwyneth ist neunzig und technisch gern auf dem neuesten Stand. In ihrem Lieblingssessel sitzt sie am Fenster und blickt mit konzentriertem Gesichtsausdruck auf ihr iPad.

Dann gibt das iPad plötzlich mehrere laut zu hörende Klickgeräusche von sich.

»Aargh! Nicht schon wieder!«

Gwyneth gefällt es, dass ihr iPad Fotos macht, aber sie schimpft, dass es oft »zu clever« ist und innerhalb einer Sekunde eine lange Abfolge von Fotos aufnimmt. Zu solchen Serienbildern kommt es immer dann, wenn sie eine Taste etwas zu lange gedrückt hält. Oft tut sie das aus Versehen und merkt erst später, dass sie fünfzehn nahezu identische Bilder von ihrem Stuhl, ihrem Schoß, ihrer Nasenspitze oder der Wand ihr gegenüber aufgenommen hat. Bevor sie auch nur daran denken kann, es zu stoppen, werden diese Fotos in ihre Mediathek hochgeladen, und das Gerät erstellt einen neuen »Rückblick« für sie, der mit einem Soundtrack aus einer ihrer Playlists unterlegt ist. Und gelegentlich erscheint ein kleines Dialogfeld mit der Frage: »Bist du das?«

Unsere mentalen Modelle von der Welt sind auch ein bisschen so – allerdings mit einem entscheidenden Unterschied: Während das erste Bild einer mentalen Bilderflut in der Regel auf zuverlässigen Informationen aus der »realen« physischen Welt beruht, werden die nachfolgenden Bilder *innerlich* erzeugt und basieren auf einem Abgleich dieses ersten Bildes mit ähnlichen Bildfolgen aus der eigenen Vergangenheit. Während sich die mentalen Serienbilder entfalten, werden sie *vielleicht* durch den Vergleich der inneren Bilder mit den Informationen, die von den Sinnen kommen, aktualisiert – vielleicht aber auch nicht. Wenn die Informationen von den Sinnen nicht stark oder genau genug sind, um den Serienbildern zu widersprechen, dann entspringt Ihr bewusstes Erleben ausschließlich Ihren innerlich erzeugten Bildern, nicht dem, was Sie wahrnehmen. Es ist fast so, als würden zwei parallele Informationsströme durch das Gehirn fließen: Der eine enthält Rohdaten, die von den Sinnen kommen, der andere einen virtuellen Videostream. Dieser virtuelle Strom, eine schnelle Abfolge von mentalen Modellen, wird erstellt aus Vorhersagen darüber, was von einem Moment zum nächsten wahrscheinlich passieren wird, basierend auf dem, was früher geschehen ist. Das mag schwierig und kompliziert erscheinen – nun ja, das ist es tatsächlich. Sogar unglaublich schwierig. Aber es ist immer noch einfacher, als wenn das Gehirn auf völlig neue Daten zurückgreift. Die Verarbeitung neuer Daten erfordert mehr Aufwand, als sich auf alte Daten zu stützen.

Die Auswirkungen können wir im täglichen Leben sehen. Wenn Sie eine Straße entlanggehen, spüren Sie mit großer Wahrscheinlichkeit nicht, dass Ihre Füße tatsächlich den Boden berühren. Stattdessen werden Ihre Erfahrungen aus einer virtuellen mentalen Schleife gespeist, die aus Ihren Vorhersagen darüber entsteht, wie es sich normalerweise anfühlt zu gehen. Und normalerweise macht Sie das nicht schlauer. Denn diese virtuelle Welt wird Ihnen nur dann bewusst, wenn Ihnen ein Fehler unterläuft, zum Beispiel wenn Sie vom Bürgersteig auf die Straße treten und stolpern – und dann feststellen, dass das, was Sie für die Bordsteinkante gehalten haben, in Wirklichkeit eine weiße Linie war. Ihr Gehirn hat die Information (die weiße Linie) registriert, die Serienbilder haben vorhergesagt, dass es eine Bordsteinkante war, und dann sind Sie gestolpert, weil keine Stufe da war. Wir alle haben das schon unzählige Male erlebt; aber denken Sie daran, was das impliziert: Wäre es ein echter Bordstein und keine weiße Linie gewesen, dann wäre die Erfahrung des Hinuntertretens eher von Ihrem Vorhersagemodell als von den tatsächlichen Empfindungen gekommen. Stattdessen sind Sie gestolpert, und das hat Sie gezwungen, wieder mit der realen physischen Welt in Verbindung zu treten, wenn auch nur für ein paar Sekunden, bevor Ihr Geist sich nahtlos daranmachte, ein aktualisiertes Modell zu bilden. Dieser kleine Fehler war ein Moment, in dem Sie sich wieder mit der Welt verbunden haben, vielleicht einer von nur einer Handvoll an diesem Tag.

Das Gehirn kann sich nur deswegen auf virtuelle Modelle stützen, weil unsere Welt fast immer vorhersehbar ist. Das Gehirn braucht nur die Wahrscheinlichkeiten der Vergangenheit zusammenzufassen, aus den Ausgangsdaten Serienbilder zu erzeugen und gelegentlich den Datenstrom zu überprüfen und nötigenfalls zu korrigieren. Solche mentalen Modelle fühlen sich wahr und vertraut an, weil sie aus Ihrer Vergangenheit gebildet sind. Sie sind persönlich, geläufig – und gerade das macht sie überwältigend überzeugend. Trotzdem ist es mit ein wenig Aufwand tatsächlich möglich, den Schleier beiseitezuschieben und die echte Welt zu beobachten, wie sie sich Bild für Bild entfaltet.

Erinnern Sie sich an Kapitel drei, an die Arbeit von Eadweard Muybridge, der bewiesen hat, dass galoppierende Pferde tatsächlich alle vier Hufe vom Boden abheben (siehe Seite 43)? Das war nur möglich, weil es ihm gelang, eine Reihe von Bildern aufzunehmen, die die tatsächlichen Informationen (die Füße der galoppierenden Pferde) Bild für Bild festhielten. Er verlangsamte alles bis zum Stillstand, um die zugrunde liegenden Bewegungsmuster aufzudecken.

In dieser Woche werden Sie lernen, Ihre Erfahrungen in ähnlicher Weise zu betrachten. Die folgenden Übungen werden nach und nach den allerersten Moment enthüllen, in dem etwas in Ihrer Erfahrung aufkommt, und Bild für Bild zeigen, wie dann der Reaktionsimpuls im Geist seine virtuelle Welt auf der Grundlage der Gefühlsfärbung kreiert. Die Übungen werden verdeutlichen, dass Ihre innere Welt aus Momenten aufgebaut ist, die sich entweder angenehm, unangenehm oder neutral anfühlen – Momente, die Sie nicht kontrollieren, die aber dennoch jeden Moment Ihres gesamten Lebens und Ihre Einstellung zur Welt formen. Momente, die zu zukünftigen Momenten führen. Und *eben diese* nachfolgenden Momente können gesteuert und letztendlich verändert werden. Dazu müssen Sie »stromaufwärts gehen«, um zu registrieren, was im ersten Moment, in dem ein Gedanke, ein Gefühl oder eine Empfindung aufkommt, geschieht. Sie werden erkunden, wie es ist, Ihre Erfahrung Bild für Bild wahrzunehmen. Sie werden lernen, die erste Andeutung eines Gefühls zu erkennen. Kein Gefühl im Sinne einer »voll ausgebildeten« Emotion wie Traurigkeit oder Aufregung, Sorge oder Entspannung, sondern ein einfacheres Gefühl des »Angenehmen« oder »Unangenehmen« an einem Augenblick. Dieser einfache Eindruck *ist* die Gefühlsfärbung – Vedana – eines Augenblicks. Um einen ersten Vorgeschmack davon zu erhalten, versuchen Sie es mit folgender Übung.

Wie sich etwas anfühlt

Schauen Sie sich die unten stehenden Felder an. Sehen Sie sie der Reihe nach an, und versuchen Sie bei jedem wahrzunehmen, wie es sich für Sie *anfühlt*: angenehm, unangenehm oder neutral. Es gibt keine richtige oder falsche Antwort, Sie brauchen nicht zu viel nachzudenken. Ihre erste Reaktion ist in Ordnung.

Eine fettige Bratpfanne

Ein lächelndes Baby **Abflussgeruch**

Sonnenschein am Strand

Der Geruch von Toast **Blätterrauschen**

Ein überquellender Müllsack

Ein unordentliches Zimmer **Frisch gebackenes Brot**

Was haben Sie wahrgenommen? Die meisten Menschen sagen, dass sie allein schon die *Vorstellung* von frisch gebackenem Brot als angenehm empfinden. Instinktiv wissen sie, dass sie es mögen; sie brauchen nicht lange darüber nachzudenken. Umgekehrt können die meisten ohne Weiteres sagen, dass sie Abflussgeruch nicht mögen. Auch hier ist es eine unmittelbare Reaktion. Natürlich unterscheiden sich die Menschen darin, was sie als angenehm oder unangenehm empfinden, und auch darin, wie *stark* die angenehme oder unangenehme Gefühlsfärbung einer Sache für sie ist, aber dennoch ist sie erkennbar.

Wir brauchen nicht genau zu wissen, wie wir die Gefühlsfärbung erkennen oder wie intensiv sie ist. Wir haben einfach ein unmittelbares Gefühl oder eine innere »Anzeige«, ob etwas angenehm, unangenehm oder neutral ist, einen »gefühlten Eindruck«.

Solche Erfahrungen sind nicht statisch. Die gleiche Erfahrung kann bei einer Gelegenheit angenehm und bei der nächsten unangenehm sein. So ist Blätterrascheln vielleicht angenehm, wenn Sie an einem sonnigen Herbsttag durch den Wald gehen. Genau dasselbe Rascheln kann aber unangenehm sein, wenn Sie glauben, dass ein Einbrecher in Ihrem Garten ist. Solche Unterschiede können bedeutsam sein und zeigen, wie wichtig es ist, nicht im Voraus als gegeben anzunehmen, wie es für Sie sein wird. Wichtig ist auch, zu wissen, dass Sie nicht ändern können, wie Sie die auftretenden Gefühlsfärbungen empfinden. Sie können sich nicht antrainieren, ein *unangenehmes* Gefühl als *angenehm* zu empfinden. Es *ist* einfach so. Aber wie bereits angedeutet: Sie können lernen, das, was als Nächstes passiert, zu ändern. Sie können lernen, zu verhindern, dass Ihre Gefühlsfärbungen Kaskaden negativer Gedanken, Gefühle, Emotionen und sogar körperlicher Empfindungen triggern. Denn wenn Sie lernen, diese Tönungen *bewusst wahrzunehmen*, erkennen Sie deutlicher ihre Auswirkungen auf die folgenden Momente; und auf diese anschließenden Momente können Sie anders reagieren. Sie können lernen, dass Gefühlsfärbungen bei Ihnen nicht mehr die instinktiven, gewohnten Reaktionen auslösen, die so vieles im Leben beeinträchtigen. Denn was wirklich Schaden anrichtet, sind Ihre nachfolgenden Reaktionen – die Reaktionsimpulse.

Wie Sie noch aus dem ersten Kapitel wissen, funktioniert das so: Dinge, die sich *angenehm* anfühlen, rufen tendenziell im nächsten Moment den ganz natürlichen Wunsch hervor, dass sie bleiben, sowie eine gewisse Angst, sie könnten vergehen. Solche Gefühle können Sehnsucht, Wehmut und leichte Verunsicherung auslösen. Das kann zu ersten Anzeichen von Angst und Stress und zu Gefühlen der Leere und Isolation führen. Es ist dann ganz normal, dass wir uns noch fester an den Funken des anfänglichen Glücks klammern und uns danach sehnen, dass die angenehmen Gefühle zurückkehren.

Umgekehrt erzeugen Dinge, die sich *unangenehm* anfühlen, in der Regel ein Gefühl der Abneigung, den Wunsch, sie wegzuschieben, davonzulaufen, sich zu verstecken oder sich gegen die Gefühle zu sträuben. Das führt zu Anspannung und Stress, Angst und Furcht, Traurigkeit und Erschöpfung. Es kann auch Gefühle der Ungerechtigkeit auslösen, den Eindruck, vom Leben schikaniert und gegängelt zu werden.

Auf Ereignisse, die sich weder angenehm noch unangenehm anfühlen, folgt gewöhnlich, dass der Geist abschaltet. Dann können Gefühle der Langeweile, der Sinnlosigkeit und sogar der Abkopplung auftreten. Das kann die Suche nach mehr Stimulation auslösen, nach etwas, irgendetwas, das die Gefühle der Sinnlosigkeit abwenden kann. Selbst neutrale Gefühlsfärbungen können uns also in eine emotionale Abwärtsspirale stürzen.

Gefühlsfärbungen treten kontinuierlich auf, sie steigen und fallen wie Meereswellen. Praktisch wird eine Tönung also schnell von einer anderen abgelöst – und dann von einer weiteren in einem scheinbar endlosen Kreislauf von kleinen Hochs, Tiefs und dem neutralen Nichts dazwischen. Das gewährleistet, dass sich der Geist von Natur aus selbst korrigiert und dabei auch beweglich und kreativ ist. Doch gelegentlich kann auch etwas schieflaufen. In den kommenden Wochen werden wir mehr darüber erfahren, auf welche verschiedenen Arten das geschehen kann, aber noch wichtiger: Sie werden lernen, wie Sie die Balance wiederherstellen können, damit Sie wieder ein glücklicheres, zufriedeneres und friedlicheres Leben führen. Der erste Schritt auf diesem Weg besteht darin, dass Sie lernen, Ihre Gefühlsfärbungen zu beobachten, wenn sie aufkommen, Bild für Bild.

Übungen für Woche drei

- **Meditation »Gefühlsfärbung« –** Durchführung entweder zweimal täglich zehn Minuten (Track 3.1) oder einmal täglich zwanzig Minuten (Track 3.2). An mindestens einem Tag in dieser Woche sollten Sie eine halbe Stunde meditieren (Track 3.3). Sobald Sie mit den Anweisungen vertraut sind, ist es sinnvoll, entweder die Version der Meditation mit den minimalen Anleitungen (Mi) zu verwenden (Track 3.4) oder einfach für die Dauer des von Ihnen gewählten Zeitraums zu meditieren. Sie können auch in Ihr Tage- oder Notizbuch jegliche Entdeckungen, Freuden oder Schwierigkeiten eintragen, die Ihnen bei Ihren Meditationen begegnet sind. Insgesamt sollten die »Gefühlsfärbung« -Meditationen an mindestens sechs Tagen der kommenden sieben Tage praktiziert werden.
- **Tägliche Achtsamkeitspraxis »Reflexion am Ende des Tages« –** Nehmen Sie sich täglich vor dem Schlafengehen ein bisschen Zeit, um die Ereignisse des Tages vor Ihrem geistigen Auge Revue passieren zu lassen und dann die Gefühlsfärbung jedes Ereignisses zu spüren. Lesen Sie dazu den Kasten auf Seite 139f., und/oder verwenden Sie Track 3.5 als Einstieg für die ersten Tage.

Alle Meditationen für diese Woche finden Sie unter
www.penguin.de/neues-achtsamkeitstraining

In der folgenden Meditation »Gefühlsfärbung« werden Sie zunächst eingeladen, sich in Ihrem Atem und Körper zu verankern und dann die Aufmerksamkeit von den Empfindungen an der Körperoberfläche zu den Empfindungen im Körperinneren zu lenken, dann zu Geräuschen und anschließend zu jeglichen Gedanken oder Emotionen, die im Geist aufkommen. Ziel ist es, die Gefühlsfärbung dessen, was aufkommt, zu registrieren, was auch immer es sei. Wenn Sie also an einen bevorstehenden Urlaub denken oder einen Vogel singen hören, registrieren Sie es vielleicht als *angenehm*. Fährt draußen ein lauter Lkw vorbei, oder Sie spüren einen Schmerz im Rücken, registrieren Sie die Gefühlsfärbung vielleicht als *unangenehm*. Sie brauchen nicht zu viel nachzudenken oder gar zu wissen, *wie* Sie es erkennen. Es geht nur darum, das Gefühl zu registrieren: angenehm, unangenehm oder neutral. Gelegentlich stellen Sie vielleicht fest, dass überhaupt keine Gefühlsfärbung da ist. Das ist in Ordnung. Es ist nicht nötig, jedes Mal etwas zu spüren. Wenn sich etwas bemerkbar macht, ein Geräusch oder ein Gedanke, und Sie nicht genau wissen, ob es angenehm oder unangenehm ist (oder war), brauchen Sie nicht zu viel darüber nachzudenken oder sich zu beunruhigen; im nächsten Moment wird wieder etwas anderes aufkommen. Und wenn Sie tatsächlich eine Gefühlsfärbung wahrnehmen, ist es nicht unbedingt nötig, die Wörter »angenehm«, »unangenehm« oder »neutral« zu verwenden. Stattdessen können Sie auf Ihre eigenen Bezeichnungen zurückgreifen, um zu beschreiben, wie sich etwas anfühlt, zum Beispiel »bittersüß«, »mag ich« oder »mag ich nicht«.[33] Probieren Sie verschiedene Wörter aus, um Ihre Gefühlsfärbungen zu beschreiben, und sehen Sie, was sich für Sie richtig anfühlt. Alternativ können Sie sich eine Skala mit einem Zeiger, der sich nach links oder rechts bewegt, vorstellen; oder vielleicht eine farbige Skala mit Rot (unangenehm) auf der einen Seite und Grün (angenehm) auf der anderen. Gefühlsfärbungen können auf viele verschiedene Arten registriert werden. Ebenso wie manche Menschen die Welt primär visuell wahrnehmen, andere dagegen taktil, registrieren wir die Tönungen auf jeweils etwas andere Weise. Vielleicht können Sie den ersten Übungstag nutzen, um herauszufinden, welche Methode für Sie funktioniert. Für die Zwecke dieses Buches werden wir jedoch weiterhin bei angenehm, unangenehm und neutral bleiben.

Meditation »Gefühlsfärbung«

Vorbereitung

1. Setzen Sie sich auf einen Stuhl, einen Hocker oder ein Kissen. Lassen Sie die Schultern sinken, der Kopf ist im Gleichgewicht, sodass Ihre Haltung verkörpert, dass Sie präsent sind, wach für jeden Moment. Wählen Sie dann einen Anker wie in Woche eins und zwei: den Atem, die Füße, den Kontakt mit dem Sitz oder die Hände.
2. Wenn Sie sich bereit dazu fühlen, weiten Sie den Fokus Ihrer Aufmerksamkeit bewusst auf den ganzen Körper aus.

Die Gefühlsfärbung von Körperempfindungen und Geräuschen[34]

3. Bringen Sie, während Sie hier sitzen, Ihr Gewahrsein zu den Empfindungen im Körper, die jetzt am deutlichsten sind, und versuchen Sie zu spüren, ob sie angenehm, unangenehm oder etwas dazwischen sind. Bei vielen Empfindungen kann die Gefühlsfärbung nur schwach wahrnehmbar sein. Seien Sie daher unbesorgt, wenn Sie sich nicht sicher sind; lassen Sie einfach los, und warten Sie, bis sich eine andere Empfindung einstellt.
4. Wenn Sie sich bereit fühlen, weiten Sie Ihre Aufmerksamkeit so gut Sie können auf Geräusche aus, und re-

gistrieren Sie die Gefühlsfärbung: angenehm, unangenehm oder keines von beiden? Sie brauchen nicht darüber nachzugrübeln; nehmen Sie einfach wahr, was Körper und Geist schon fühlen, wenn sie einen Klang empfangen.

Gefühlsfärbung von Ablenkungen

5. Lassen Sie, sobald Sie sich bereit fühlen, die Geräusche in den Hintergrund treten, und richten Sie die Aufmerksamkeit wieder auf Ihren Anker.
6. Versuchen Sie, immer wenn Sie merken, dass Sie geistig abschweifen, auch die Gefühlsfärbung der Ablenkung wahrzunehmen (so wie bei den Körperempfindungen und Geräuschen). Die Ablenkung kann von etwas kommen, das im Außen passiert, oder aus dem Körperinneren oder vom Geist (eine Erinnerung, ein Plan, ein Tagtraum oder eine Sorge). Was auch immer es ist, nehmen Sie sich, sobald Sie es wahrnehmen, einen Augenblick Zeit, um zu spüren, ob es angenehm, unangenehm oder neutral ist.
7. Anschließend, wenn Sie die Gefühlsfärbung registriert haben, lenken Sie die Aufmerksamkeit wieder auf den Körper. Kommen Sie zurück, und verankern Sie sich erneut in diesem Moment. Und wenn die nächste Ablenkung sich einstellt, registrieren Sie auch bei dieser wieder die Gefühlsfärbung, bevor Sie zu Ihrem Anker zurückkehren. Denken Sie daran: Bemühen Sie sich nicht zu sehr. Wenn etwas schwer wahrnehmbar ist, lassen Sie es los; warten Sie, bis etwas anderes auftaucht.
8. Bleiben Sie in Stille sitzen, während Sie die Übung allein weiterführen; prüfen Sie dabei gelegentlich, wo sich Ihr Geist befindet; und wenn er »gewandert« ist, spüren Sie, ob es dort angenehm oder unangenehm ist.

9. Wenn Sie sich durch etwas überfordert fühlen, können Sie das Wahrnehmen der Gefühlsfärbung jederzeit beenden und den Fokus der Aufmerksamkeit wieder zu Ihrem gewählten Anker zurücklenken.

Beenden

10. Fokussieren Sie gegen Ende der Sitzung wieder Ihren gewählten Anker, kehren Sie zurück zur Einfachheit der Empfindungen, die von Moment zu Moment aufkommen und sich wieder auflösen.

Drew kämpfte sich durch die ersten Tage der dritten Woche. Es fiel ihm schwer, seine Gefühlsfärbungen nicht zu werten, obwohl seine Meditationslehrerin viel Zeit damit verbracht hatte, ihm zu erklären, wie man sie einfach wahrnimmt, anstatt sie zu beurteilen oder zu interpretieren. Trotz aller Bemühungen gelang es ihm nicht, diesen Kerngedanken wirklich zu erfassen, sodass er immer wieder ins Stolpern geriet. »Um ehrlich zu sein, war es ein ziemlicher Albtraum«, sagte Drew. »Das Problem ist, dass ich bei der Arbeit den ganzen Tag mit Bewerten und Vergleichen zubringe, sodass die Vorstellung, einfach nur wahrzunehmen, dass etwas da ist, meinem ganzen Charakter von Grund auf zuwiderläuft. Sobald ich also eine Gefühlsfärbung bemerkte, schaltete sich der verstandesbetonte Teil meines Geistes ein und bewertete sofort die Gefühle. Dieser Teil von mir begann dann Fragen zu stellen wie: ›Ist das wirklich angenehm? … Bist du dir sicher? Jetzt fühlt es sich ein bisschen nach gar nichts an … vielleicht ein bisschen unangenehm …‹«

Drews Erfahrungen sind nicht ungewöhnlich. Urteilen und Vergleichen sind ein so zentraler Bestandteil unseres Lebens, dass es schwierig sein kann, einfach nur wahrzunehmen, dass etwas da ist – und dann genau dort mit dem Wahrnehmen aufzuhören und keinen einzigen Schritt weiterzugehen. Die Vorstellung, dass etwas einfach nur da ist, kann ein besonders schwer zu akzeptierendes Konzept sein. Es steht so sehr im Widerspruch zur westlichen »rationalen« Tradition, dass viele es fast als persönlichen Affront empfinden könnten. Verschlimmert wird dies dadurch, dass dieses einfache Registrieren, zumindest oberflächlich betrachtet, den Eindruck erwecken kann, man beurteile tatsächlich etwas; man *entscheide*, ob etwas angenehm, unangenehm oder neutral ist. Es kann sich also anfühlen, als würde man etwas auf intellektueller Ebene kategorisieren, selbst wenn das nicht der Fall ist. Diese Schwierigkeit wird durch die Natur der Gefühlsfärbungen an sich noch verstärkt. Sie können sehr schnell nacheinander aufkommen, vor allem, wenn wir müde, gestresst oder gehetzt sind. Wenn wir Zeit mit dem Beurteilen einer Erfahrung verbringen, anstatt sie einfach nur zu registrieren, kann die nächste Gefühlsfärbung schon auftauchen, bevor wir mit dem Bewerten der ersten fertig sind. Dann fühlt sich die gesamte Erfahrung gehetzt, verwirrend und bisweilen ermüdend an.

»Die ganze Sache war so verdammt verwirrend«, sagte Drew. »Ich habe ewig gebraucht, um herauszufinden, ob ich gerade eine Gefühlsfärbung einfach wahrgenommen oder sie noch einmal bewertet hatte. Ich fühlte mich wie ein kompletter Versager. Als könnte ich noch nicht mal wahrnehmen, ob etwas da war oder nicht.«

Wenn Sie in einen solchen Sumpf des Zu-viel-Denkens hineingezogen werden, sollten Sie geistig so behutsam wie möglich einen Schritt beiseitetreten. Versuchen Sie nicht zu entscheiden, ob Sie ein Urteil gefällt haben, anstatt eine Gefühlsfärbung zu registrieren, sondern nehmen Sie stattdessen einfach wahr, was als Nächstes passiert. Jede Reaktion hinterlässt einen kleinen »Fingerabdruck«: Wenn Sie eine Tönung *registrieren*, haben Sie normalerweise einen unmittelbaren Eindruck der Einfachheit; das Gefühl, die Erfahrung hinter sich zu lassen und weiterzugehen. Wenn Sie dagegen einen Gefühlsfärbung *beurteilen*, haben Sie das Gefühl, es sei komplex und offene Probleme müssten gelöst werden. Vielleicht merken Sie, dass Sie länger bei der Erfahrung verweilen, diese mit ähnlichen früheren Erfahrungen vergleichen und sich in Gedanken verheddern.

Amelie hatte dieselben Schwierigkeiten wie Drew: »Das ist genau das, wo ich auch stecken geblieben bin. Zuerst fand ich das Konzept der Gefühlsfärbungen sehr hilfreich. Es war neu für mich und fügte den Meditationen eine zusätzliche Ebene hinzu. Ich hatte mich daran gewöhnt, meine Gedanken und Gefühle zu erkennen, sodass das Registrieren, ob sie angenehm, unangenehm oder neutral waren, den Prozess förderte. Aber dann kamen mir Fragen in den Sinn. Es fiel mir sehr schwer, beim einfachen Registrieren eines Gefühls haltzumachen und auf die nächste Gefühlsfärbung zu warten. Mein Gehirn schaltete sich ein und analysierte: ›Warum war das angenehm, warum gibt mir das ein Gefühl der Ruhe?‹ – ›Warum war das neutral?‹ – ›Früher mochte ich das; aber jetzt nicht mehr. Warum nicht?‹ – ›Warum ist dieser Gedanke unangenehm?‹ – ›Warum empfinde ich es als unangenehm, obwohl viele andere es nicht so empfinden?‹ So viel Denken, immer wieder! Wenn das anfing, wurde ich von den Gedanken mitgerissen und fand mich in meilenweiter Entfernung wieder, zum Beispiel in meiner Kindheit, oder ich war in meine Pläne für die nächste Woche vertieft, oder ich wurde von Ärger-Gefühlen überflutet. Manchmal war das alles völlig überwältigend.«

Derartiges Zu-viel-Denken ist normal. Es wird ausgelöst, wenn ein Gedanke den konzeptionellen Verstand ankurbelt. Das geschieht in zwei Stufen. Zuerst will der rationale Verstand die Erfahrung beurteilen und vergleicht sie darum mit anderen, indem er auf Erinnerungen an frühere, ähnliche Erfahrungen zurückgreift. Dann stellt er offene Fragen, weil er herausfinden will, *warum* die Erfahrung so ist, wie sie ist. Fragen wie: »Warum war ich damals glücklich und jetzt nicht?« Jede kleine Frage hält den Verstand noch ein bisschen länger auf Trab und führt zu noch mehr Zu-viel-Denken.

Noah hatte ähnliche Probleme und war noch mehr davon »besessen, es hinzukriegen«: »Ich fand es sehr demoralisierend; so als wäre ich nicht imstande, es zu schaffen. Ich merkte, dass die Meditationen über Gefühlsfärbungen meine schlechte Laune noch verschlimmerten. Sie brachten alte Erinnerungen und negative Vorstellungen über mich wieder zurück. Ich empfand es als Herausforderung und verstrickte mich in die Vorstellung, dass es eine richtige und eine falsche Art zu meditieren gäbe; dass es ziemlich vertrackt war und man leicht etwas falsch machen konnte; und ich gelangte zu der Überzeugung, dass ich es tatsächlich falsch machte. Ich ertappte mich dabei, dass ich meine täglichen Meditationen ständig analysierte und innerlich mit mir selbst darüber debattierte, ob ich es schon ›kapiert‹ hatte oder nicht. Dann setzten alte Denkmuster ein, bei denen ich mich im Kreis drehte. Ich begann, mich zwanghaft zu fragen: ›Was ist los mit mir? Ich bin dafür nicht zu gebrauchen – ich bin zu *gar nichts* zu gebrauchen. Warum bin ich immer so eine Niete?‹«

Aber Noah war keine Niete, und seine Erfahrungen waren auch nicht ungewöhnlich. Um das noch einmal zu betonen: *Es ist unmöglich, beim Meditieren zu versagen.* Oft sind Momente des scheinbaren Versagens genau das Gegenteil. Wenn Sie merken, dass Ihr Geist abschweift und einfach nicht zur Ruhe kommen will, wenn Sie urteilen, statt die Gefühlsfärbungen wahrzunehmen, und wenn immer mehr schwierige Gefühle aufkommen, dann sind das keine Momente des Versagens, sondern Momente der Hoffnung. Es sind Momente des Gewahrseins, der Achtsamkeit; Momente, in denen Sie einen kurzen Einblick erhaschen, wie Ihr Geist arbeitet. Und solche kurzen Einblicke werden Sie nach und nach in die Lage versetzen, dass Sie bewusst auf etwas eingehen können, anstatt automatisch darauf zu reagieren.

Sollten Sie dennoch merken, dass starke negative Gedanken, Gefühle oder Emotionen Sie überwältigen, rufen Sie sich sanft in Erinnerung, dass Sie mit den Meditationen eine Weile pausieren oder sogar die formale Praxis für einen oder zwei Tage sein lassen können. Stattdessen können Sie sich auf Ihre Gefühlsfärbungen einstimmen, während Sie Ihrem normalen Alltag nachgehen. Sollte sich auch das als schwierig oder traumatisch erweisen, wollen Sie vielleicht sogar eine Zeit lang das aktive Benennen unterlassen und einfach warten, bis eine Gefühlsfärbung aufkommt, die unmissverständlich und klar genug ist.

Noah probierte es und empfand es als befreiend: »Ich habe die Meditationstracks ein paar Tage nicht mehr gehört und mich entschieden, bei dem Ganzen eine Verschnaufpause einzulegen. Einige Tage darauf goss ich Milch in einen Krug und merkte, dass es sich anders anfühlte. Es war angenehm. Ich brauchte das nicht bewusst zu benennen. Ich wusste es einfach. Danach war ich in der Lage, weitere angenehme und unangenehme Momente wahrzunehmen, ohne mich in den Prozess zu verstricken, indem ich zu sehr nach ihnen suchte. Es fühlte sich an, als hätte ich es irgendwie ›geknackt‹ – dass ich es schaffen könnte, wenn ich mich nicht zu sehr bemühte. Das überzeugte mich davon, dass die Meditationen tatsächlich eine positive Wirkung hatten. Dadurch gewann ich die nötige Zuversicht, um wieder mit den Übungen zu beginnen.«

Manche Praktizierende finden die Einfachheit der Gefühlsfärbungen etwas schwer fassbar, denn sie fürchten, ein verstecktes Element, eine Nuance oder einen komplexeren Aspekt zu übersehen. Amelie zum Beispiel fand die folgende kleine Übung nützlich, um die Dinge zu klären.

Die Einfachheit der Gefühlsfärbungen erfassen

Stellen Sie sich vor, Ihnen wird ein Ball zugeworfen. Sobald Sie ihn fangen, wissen Sie, ob er hart oder weich ist; Sie brauchen nicht darüber nachzudenken.

Können Sie das Angenehme oder Unangenehme einer Empfindung, eines Geräusches, eines Gedankens oder Impulses ebenso wahrnehmen?

Wenn Sie sich dabei ertappen, dass Sie Zeit mit Nachdenken über die Gefühlsfärbung verbringen, weil Sie herausfinden wollen, was sie ist oder warum sie so ist, wie sie ist, dann versuchen Sie einmal, vom kognitiven Urteilen abzulassen und sich auf das unmittelbare »angenehm« oder »unangenehm« einzustellen – so wie das Unmittelbare an dem Gefühl, dass ein Ball hart oder weich ist. Wenn es nichts Unmittelbares zu fühlen gibt, ist das kein Problem. Lassen Sie den Moment verstreichen, und warten Sie auf den nächsten.

Amelie fand die Vorstellung, einen Ball zu fangen und auf Anhieb zu wissen, ob er hart oder weich ist, besonders nützlich. Ihr gefiel es, dass die Weichheit eines Balls eher eine Sinnesempfindung als ein Gedanke ist. Als sie die Empfindung da sein ließ, fiel es ihr leichter, die Erfahrung nicht mehr zu analysieren: »Es hat mir enorm geholfen«, sagte sie. »Ich habe mein Denken nicht bewusst analysiert. Ich brauchte mir nur noch sanft in Erinnerung zu rufen, nicht zu sehr ins Detail zu gehen, und dann wurde es leichter, komplexe Logik zu vermeiden. Ich habe es einfach ›kapiert‹, als ich es so angegangen bin.«

Eine Alternative besteht darin, tatenlos zu bleiben: den Verstand einfach tun zu lassen, was er tut; es klar als »Denken« zu sehen und dann die Gefühlsfärbung des Gedankenstroms wahrzunehmen. Immerhin ist dieser jetzt im Vordergrund Ihres Gewahrseins. Und wenn sich das Denken frustrierend anfühlt, dann schauen Sie, ob es möglich ist, die Tönung dieser Frustration wahrzunehmen.

Sicher sein wollen

Wenig später merkte Amelie, dass sie sich den Kopf darüber zermarterte, ob sie wirklich eine Gefühlsfärbung erkannt oder nur etwas anderes gespürt hatte – das Aufflackern eines Gedankens oder einer Empfindung. Gefühlsfärbungen können sehr subtil sein. Und wenn sie im Körper aufkommen, ist das oft gar nicht so offensichtlich. Manchmal spürt man sie eher als eine Empfindungswelle, ein schwaches Flackern oder sogar eine Farbe. Es ist also wichtig, zu verstehen, dass Sie vielleicht Schwierigkeiten haben, dies wahrzunehmen. Das ist völlig in Ordnung, denn es *kann* tatsächlich schwierig sein. Dies zu verstehen, kann an sich schon befreiend sein. Wenn Sie sich davon lösen, sicher sein zu wollen, dann kann sich ein Raum öffnen, in dem Sie sehen, was um Sie herum ist, und in dem Sie sich allmählich selbst akzeptieren können.

Tägliche Achtsamkeitspraxis »Reflexion am Ende des Tages«

Diese Übung erweitert Ihr Training: Sie lenken Ihre Aufmerksamkeit auf die Gefühlsfärbung dessen, was heute geschehen ist.

1. Beginnen Sie damit, sich zu verankern, indem Sie den Kontakt des Körpers mit dem Gegenstand, auf dem Sie sitzen oder liegen, wahrnehmen oder die Aufmerksamkeit im Atem verankern.
2. Sobald Sie bereit sind, lassen Sie die Ereignisse des heutigen Tages im Geist Revue passieren. Wenn Sie sich jedes Ereignis, egal wie klein oder groß, ins Gedächtnis rufen, lassen Sie es einen Moment auf der Werkbank des Geistes ruhen, und achten Sie auf seine Gefühlsfärbung – so wie sie sich *jetzt* für Sie anfühlt. Ist sie angenehm, unangenehm oder neutral?
3. Wenn keine Gefühlsfärbung da zu sein scheint, die Sie wahrnehmen können, lassen Sie einfach das nächste Ereignis im Geist aufkommen.
4. Achten Sie darauf, ob Sie dazu verleitet werden, *über* die Erfahrung nachzudenken, und kehren Sie so gut wie möglich dazu zurück, die Gefühlsfärbung ohne zu

urteilen wahrzunehmen, bevor Sie sich dem nächsten Ereignis zuwenden. Stellen Sie sich zum Beispiel jedes Ereignis wie einen Kieselstein am Strand vor, den Sie aufheben, betrachten und dann wieder hinlegen.

5. Um die Übung zu beenden, kehren Sie kurz zu Ihrem Anker zurück.

Im Lauf der dritten Woche merken Sie vielleicht auch, dass Gefühlsfärbungen manchmal angenehm und unangenehm *zugleich* sein können. Bei Amelie waren leichte Kopfschmerzen neben einem angenehmen Gefühl der Ruhe vorhanden, und im nächsten Moment wich beides einem angenehmen Kribbeln. Im Lauf der dritten Woche konnte sie leichter genau den Moment wahrnehmen, in dem eine Gefühlsfärbung auftauchte, und dann weitergehen. Bei der Praxis am Tagesende sagte sie dann: »Ich merkte, dass ich mich weniger in Geschichten hineinziehen ließ. Ich habe nur den Eindruck ›angenehm/unangenehm/neutral‹ wahrgenommen, und das genügte.«

Besonders frustrierend kann es sein, immer wieder an derselben Stelle der Meditation ins Stocken zu geraten. Alex fand es zwar leicht, die Gefühlsfärbungen im Körper zu spüren, aber viel schwieriger, diejenigen, die mit Klang verbunden waren, wahrzunehmen. Besonders kniffligwar es für ihn, »genau den Moment« einzugrenzen, in dem der Klang auftrat, und die Tönung genau dieses Moments zu spüren. Er meinte, dass etwas nicht stimmte, wenn er es nicht sofort wahrnahm: »Ich konnte mich nicht entscheiden, ob das Geräusch angenehm, unangenehm oder keins von beidem war. Aber dieses Zaudern war eher ein nachträglicher Gedanke als eine unmittelbare Reaktion.«

Alex machte hier eine wichtige Beobachtung. Manchmal wird man sich einer Gefühlsfärbung erst durch ihre Nachwirkungen bewusst. So öffnen Sie auf der Suche nach einem Snack vielleicht die Kühlschranktür oder einen Schrank und merken erst dann, dass Sie mehrere »neutrale« Gefühlsfärbungen erlebt haben. In Wirklichkeit haben Sie gar nicht nach einem Snack gesucht, sondern nach etwas, das Sie von Langeweile und Unruhe ablenkt. Manchmal, so stellt der Meditationslehrer John Peacock fest, erkennen wir die Tönung nur daran, wie sie sich auf unser Verhalten auswirkt. Er nennt es die »Fußspuren, die sie im Sand hinterlässt«. Wenn das passiert, brauchen Sie sich nicht selbst zu kritisieren. Stattdessen können Sie sich herzlich beglückwünschen, weil Sie es bemerkt haben. Es ist völlig in Ordnung, die Gefühlsfärbung erst im Nachhinein zu bemerken und nicht schon in dem Moment, wenn sie auftritt. Mitunter werden uns Gefühlsfärbungen nun mal erst auf diese Weise bewusst.

Sollten Ihnen ähnliche Schwierigkeiten begegnen wie Alex, versuchen Sie nach bestem Vermögen, beharrlich zu bleiben. Schauen Sie, ob Sie die Tönung des ersten Kontakts wahrnehmen können – den Moment, in dem Sie ein Geräusch, einen Gedanken oder einen Tagtraum zum ersten Mal wahrnehmen. Denken Sie aber auch hier daran: Es ist in Ordnung, wenn Sie diesen ersten Kontakt nicht bemerken. Sie brauchen ihn nicht zurückzuverfolgen. Versuchen Sie stattdessen, falls möglich, sich den »letzten Kontakt« zu vergegenwärtigen, also das Geräusch, den Gedanken oder den Teil des Plans oder Tagtraums, den Sie zuletzt – vor der Gefühlsfärbung – wahrgenommen haben.

Manche finden es hilfreich, zu erkunden, *wo im Körper* eine Gefühlsfärbung ist. Wie Sie vielleicht schon bei den Beispielen im Kasten auf Seite 126 festgestellt haben, ist es oft schwierig, zu sagen, *wie* wir erkennen, dass etwas angenehm oder unangenehm ist. Es *ist* einfach so. Das Lächeln eines Babys kann einfach nur süß und angenehm sein, ohne dass eine Veränderung im Körper auszumachen ist. Wenn überhaupt eine Tönung spürbar ist, kann sie sehr subtil sein, wie ein Gefühl des »Weitwerdens«, wenn wir etwas Angenehmes erleben, oder ein Gefühl des »Engwerdens«, wenn wir etwas Unangenehmes erleben. Solche Gefühle können sich überall im Körper finden, am häufigsten treten sie jedoch im Magen, in der Brust, in den Schultern oder in der Kehle auf. Wenn Sie solche Erkundungen im Rahmen Ihrer formellen Meditationspraxis schwierig finden, halten Sie einfach nach angenehmen und unangenehmen Gefühlsfärbungen im Alltag Ausschau. Vielleicht begleiten diese Ihren ersten Schluck Tee oder Kaffee am Morgen, Ihren Weg zur Arbeit oder zu einer Freundin oder das Geräusch eines schweren Lastwagens, der draußen die Straße entlangrumpelt. Wenn so etwas auftaucht, halten Sie sanft inne und beobachten Sie: »Ah, jetzt ist es angenehm« oder »Ah, unangenehm«. Mehr brauchen Sie nicht zu tun. Nach und nach werden Sie merken, dass sich Geist und Körper ganz natürlich auf diese Form der Erfahrung einstellen.

Die Tendenz, Unangenehmes eher wahrzunehmen

Für Kurt zeigten sich Gefühlsfärbungen am stärksten bei unangenehmen Dingen: »Bei der Zwanzig-Minuten-Meditation beobachtete ich, wohin mein Geist ging, und registrierte die Gefühlsfärbung – und die war oft nicht gut. Meine Gedanken schweiften immer zu Dingen ab, die nicht angenehm waren – zu Plänen, Dingen, die ich erledigen musste und auf die ich mich nicht freute. An einem oder zwei Tagen der dritten Woche ging mir der Gedanke nicht aus dem Kopf, dass ich meinen Job verlieren könnte. Meine Gedanken gerieten in ein sehr dunkles Kaninchenloch. Immer wieder. In dasselbe Loch! Ich spürte es auch im Körper. Besonders im Magen. Richtig aufgewühlt, wirklich unangenehm. Dann wurde mir klar, was vor sich ging. Ich dachte mir: ›Was bringt es, mir deswegen Sorgen zu machen?‹ Ich fand es schwierig, Ablenkungen anzunehmen; ich wollte nur, dass sie verschwanden und mich mit der Entspannung weitermachen ließen.«

Mitunter könnte man das Gefühl haben, dass der Geist auf Negatives fixiert ist. Sobald er aktiv wird, zieht er uns offenbar immer wieder in die Geschichten hinein, die er kreiert. Manchmal ist es möglich, einen Schritt zurückzutreten und es einfach zu beobachten, in anderen Fällen sind die Geschichten schlicht zu fesselnd. Es kann den Anschein haben, als schafften wir es nicht, die Praxis in den Griff zu bekommen. Doch das sind keine Zeichen, dass Sie versagt hätten, sondern Gelegenheiten, Ihre Praxis zu vertiefen. Versuchen Sie in solchen Momenten zu beobachten, wie der Geist kommt und geht, sodass das »Hindernis« zu Ihrer Achtsamkeitspraxis wird. Versuchen Sie, sich zu sagen: »Ah, da ist Denken«, oder vielleicht: »Da ist Tagträumen« oder »Planen« oder »Ablenkung«, oder was auch immer nach Ihrem Empfinden geeignet ist. Ein anderer Ansatz ist, sich sanft zu sagen: »So fühlt sich Denken an«, oder vielleicht: »So fühlt sich Tagträumen an« oder was auch immer nach Ihrem Empfinden am passendsten ist. Diese Vorgehensweise eröffnet Ihnen einen Raum, in dem Sie lernen können, Ablenkungen willkommen zu heißen, sodass Sie allmählich in der Lage sind, jede einzelne als angenehm, unangenehm oder neutral zu registrieren. Wenn Sie dann merken, dass Sie durch Unangenehmes abgelenkt werden oder sich in Gedanken verlieren, können Sie lernen, die Auswirkungen auf Körper, Gefühle oder Impulse wahrzunehmen. Sie können lernen, die Gefühlsfärbung wahrzunehmen, und dann mit dem fortfahren, was Sie gerade getan haben.

Die Gefühlsfärbung benennen

Es hat etwas außerordentlich Wirkmächtiges an sich, Worte zu finden, um zu beschreiben, wie sich etwas anfühlt. Ein Gefühl zu benennen, bringt es stärker ins Gewahrsein, erkennt es an und dämpft die Neigung des Geistes, auf alte Gewohnheiten und Modelle zurückzugreifen. Dadurch haben wir letztlich mehr Wahlmöglichkeiten.
Der Psychologe Matthew Lieberman hat gezeigt, dass das Benennen eines Gefühls angesichts negativer Bilder (zum

Beispiel »verängstigt«) die Aktivität in der Amygdala verringert, die allgemein als eines der wichtigsten Zentren emotionaler Reaktivität im Gehirn gilt.[35] Die Psychologin Michelle Craske und ihr Team[36] fanden heraus, dass es bei Menschen mit einer Spinnenphobie schon ausreichend war, wenn sie ihre Erfahrung in Worte fassten, um eine geringere physiologische Reaktivität auf Spinnen zu zeigen. Dadurch konnten sie sich ihnen schließlich mehr nähern.

Der Psychologe David Creswell und andere entdeckten, dass das Benennen emotionaler Reize (Fotos von Gesichtern) mehr bewusste Top-down-Aktivität im präfrontalen Kortex hervorruft, was automatische emotionale Reaktionen auflöst und deren Intensität und Dauer verringert. Bei Menschen, die achtsamer sind, ist dieses Muster stärker ausgeprägt: mehr neuronale Top-down-Aktivierung im vorderen Bereich des Gehirns und eine deutlichere Verringerung der Amygdala-Reaktivität. Aus diesem Muster wird erkennbar, dass Achtsamkeit mit einer effektiveren neuronalen Reaktion auf Erfahrungen verbunden ist.[37]

Insgesamt zeigt diese Forschung, dass das Benennen von Unangenehmem dessen Folgen wirksam verringert. Achtsamkeit verstärkt diese Wirkung und führt zu mehr Ruhe und Stabilität.

Manchmal können Gedanken so laut und hartnäckig sein, dass es schwierig ist, etwas anderes wahrzunehmen. Leila fand das schon am Anfang heraus. Im weiteren Verlauf merkte sie jedoch, dass ihr Gedankenstrom allmählich leiser und weniger aufdringlich wurde, während Empfindungen, Impulse und sogar Geräusche deutlicher wurden. Nach einigen Tagen stellte sie fest, dass sie »stromaufwärts« unterwegs war, um die Gefühlsfärbung von Geräuschen, Gedanken und Empfindungen zu erfassen. Die Gefühlsfärbungen gaben ihr etwas, das sie erforschen konnte, und anstatt sich nur auf die Gedanken und Gefühle selbst zu konzentrieren, konnte sie etwas tiefer gehen. Das war besonders morgens wichtig. Leila fand es hilfreich, sich auf die Gefühlsfärbung einzustimmen (Angenehmes und Unangenehmes wahrzunehmen), wenn sich die ersten Momente des Tages entfalteten. »Dadurch konnte ich bewusst spüren, wie ich in den Tag ging, und das war eine neue Erkenntnis für mich«, sagte sie.

Manchmal entführten Leilas Gedanken sie, und sie versank ganz in Tagträumen oder Planungen. Doch sobald sie dies erkannte, merkte sie, dass sie die Gefühlsfärbung des gesamten Gedankenstroms spüren konnte. Ihn als angenehm, unangenehm oder neutral zu benennen, half ihr, Distanz dazu zu gewinnen, anstatt sich mitreißen zu lassen oder sich dafür zu verurteilen, dass sie diese Gedanken hatte.

Manchmal nehmen Sie also vielleicht eine »allgemeine« Gefühlsfärbung wahr, die entweder der Durchschnitt aller spezifischen Tönungen ist oder aber bedeutet, dass ein Sinnestor die Erfahrung dominiert. Wenn Sie merken, dass ein Sinnestor die Oberhand gewinnt oder dass Ihre Gedanken in irgendeiner Weise beunruhigend sind, sich also verselbstständigt haben, dann kann es hilfreich sein, sich zu fragen: »Was ist sonst noch da, genau jetzt?«, und anschließend, nachdem Sie das Ergebnis eine Weile betrachtet haben, weiterzugehen und zu fragen, welche Aspekte von Körper und Geist relativ neutral sind.

Toby sagte, ein solch nuanciertes Herangehen erinnere ihn an einen Traumfänger*. Die Gefühlsfärbung zu spüren, wenn etwas leicht Angenehmes oder Unangenehmes aufkam, war so, als nähme man das Zittern des Traumfängers wahr, wenn der Wind hindurchweht. Dann fielen Toby andere Gelegenheiten auf, bei denen die

* Kultobjekt aus der nordamerikanischen Ojibwe-Kultur; zum Teil aus Federn bestehend (Anm. d. Red.)

Gefühlsfärbung nicht dem entsprach, was er erwartete. Wenn er zum Beispiel eine schmerzende Stelle im Körper spürte, ging er davon aus, dass die Tönung immer unangenehm sei, aber manchmal war sie neutraler, als er erwartet hatte. Solche Erfahrungen hatten mit der Zeit eine immer umfassendere Wirkung auf ihn.

»Es hat meine Wahrnehmung völlig verändert«, sagte er. »Früher habe ich zum Beispiel Sitzungen gehasst. Aber wie ich in letzter Zeit gemerkt habe, ist die Gefühlsfärbung in dem Moment, wenn gerade eine Sitzung ansteht, oft angenehmer, als ich erwartet hatte.« Toby fand dann heraus, dass diese andere Einstellung erhebliche Folgeeffekte nach sich zog: »Ich habe erkannt, dass die Sitzungen gar nicht so schlimm sind, und das hat die Stimmung beeinflusst, die ich in die Sitzungen einbringe. Das war für mich und wahrscheinlich auch für andere gut.«

Diese Erfahrung ähnelte der von Frankie. Ihren Angaben zufolge ist ihr Haus sehr ruhig, »ideal fürs Meditieren«, wie sie es ausdrückte, und sehr angenehm. Das bedeutet aber auch, dass Geräusche, wenn sie denn mal vorhanden sind, ablenkend sein können. Als eines Morgens während ihrer Praxis ein Motorrad vorbeifuhr, veränderte sich ihre Einstellung von angenehm zu unangenehm. Tief in ihrem Inneren hatte sie das Gefühl: »Das ist ein Motorrad, und Motorräder machen unangenehmen Lärm.« Interessanterweise bemerkte sie, dass das Gefühl: »Das Motorrad macht unangenehmen Lärm«, zu ihrer *allgemeinen Vorstellung* von Motorrädern gehörte und nicht zu ihrer tatsächlichen Erfahrung. Und es war diese Vorstellung, die sie als unangenehm empfand: die Vorhersage. Eine momentane Ablenkung und ihre Vorhersage darüber, dann ihre Reaktion darauf – all das entfaltete sich in aufeinanderfolgenden Augenblicken, von denen jeder seine jeweils eigene Gefühlsfärbung hatte, genau wie die des rennenden Pferdes in Muybridges bahnbrechender Fotografie (siehe Seite 43).

Im weiteren Verlauf dieser Woche werden Sie vielleicht merken, dass Ihre Wahrnehmung sich schärft, und erkennen, dass ein

Moment weder angenehm noch unangenehm sein muss. Er könnte auch *keines von beiden* sein – einfach neutral –, und das ermöglicht Ihnen weiterzugehen.

Kurt sagte: »Ich bin jetzt besser in der Lage, meine Stimmungen zu lesen, nehme genau den Moment wahr, in dem eine Emotion aufkommt, und kann dann entscheiden, wie ich darauf reagiere. Neulich rief mich meine Partnerin zum Abendessen. Ich war zwar noch nicht ganz fertig mit dem, was ich gerade tat, erkannte aber, dass ich trotzdem gehen musste. In der Küche angelangt, merkte ich, dass meine Gedanken und meine Stimmung immer noch etwas unangenehm waren. Genau in solchen Situationen geraten wir normalerweise wegen irgendetwas in Streit. Als mir das klar wurde, flackerte eine weitere unangenehme Gefühlsfärbung auf, doch anstatt mich davon herausfordern zu lassen und in die Defensive zu gehen, erkannte ich sie einfach an. Ich hörte mich sogar innerlich sagen: ›Verbreite ich dieses Gefühl weiter, oder kann es jetzt *bei mir* aufhören?‹ Diese einfache Frage führte zu einer Pause, die es mir ermöglichte, zu akzeptieren, dass sich zwar ein unangenehmer Moment ergeben hatte, der aber nicht zu einem ausgewachsenen Streit zu eskalieren brauchte. So hatten wir am Ende ein schönes Abendessen. Das war nur ein kleiner Schritt, aber er hat so viel bewirkt! Es läuft jetzt viel besser zwischen uns.«

Drew machte eine ähnliche Erfahrung. Als er eines Abends früher nach Hause kam, bot er seinem siebenjährigen Sohn an, ihm eine Gutenachtgeschichte vorzulesen: »Er ist gerade in dem Alter, in dem er schon ein bisschen selbst lesen kann, aber ich dachte, er möchte, dass ich es tue, so wie früher, als er noch jünger war.«

Doch sein Sohn war inzwischen alt genug für Spott und hatte seinen eigenen Sinn für Humor entwickelt, also antwortete er: »Dad, du bist zu alt für diese Geschichte. Außerdem solltest du sie so langsam mal kennen.«

»Ein vorwitziges Grinsen lag auf dem Gesicht meines Sohnes. Früher wäre mir das nicht aufgefallen, sondern ich hätte mich nur geärgert und ihm gesagt, dann solle er die Geschichte eben allein lesen. Anschließend hätte ich mich schuldig gefühlt, weil ich ihn angeraunzt hätte. Doch bei dieser Gelegenheit spürte ich das Unangenehme an meiner Stimmung. Es war eine Art Kontraktion im Körper, unspezifisch, aber dennoch eine sehr deutliche unangenehme Gefühlsfärbung. Das zu spüren, genügte schon, um die Gereiztheit zu entschärfen und mir einen Moment Zeit zu geben, um das Angenehme an seinem Grinsen zu bemerken und eine bessere Entscheidung zu treffen. So konnte ich viel geschickter mit der Situation umgehen. Ich zeigte echtes Interesse an ihm und seiner Lektüre, anstatt mich auf mich selbst und meine Verärgerung zu konzentrieren. Also raunzte ich ihn nicht an, sondern wollte wissen, welches Buch er gerade las. Sobald ich fragte, wurde auch seine Stimmung gelöster, wir unterhielten uns über seine Lieblingsbücher und lasen abwechselnd aus Roald Dahl vor.«

Solche Übergänge von einer unerkannten zu einer bewusst wahrgenommenen Gefühlsfärbung geben uns einen Vorgeschmack auf die Freiheit. Gefühlsfärbungen zu benennen, ist, ebenso wie das Benennen von Emotionen, außerordentlich wirkungsvoll. *Unerkannte* Gefühlsfärbungen lösen Kaskaden von Reaktionen aus – tatsächliche und vorgestellte. *Erkannte* Gefühlsfärbungen sind anders. Dadurch, dass wir sie wahrnehmen, entsteht eine kleine Lücke, ein Moment, der die scheinbar unvermeidliche Emotionskaskade in eine Abfolge von Entscheidungen verwandeln kann.

Darin liegt die Weisheit

Wenn wir unglücklich sind, werden Erinnerungen an früher von unserem jetzigen Geisteszustand gefärbt. Sind wir traurig, ohne Hoffnung oder ängstlich, dann können Erinnerungen, die wir abrufen, durch die aktuelle Emotion zusätzliche Ebenen erhalten. Denn unsere Erinnerungen sind nicht in Stein gemeißelt. Sie sind nicht wie Fotografien oder Familienvideos; unsere Erinnerung an die Vergangenheit ist formbar. Unglücklichsein führt nicht nur zu weiterem Unglücklichsein, Stress zu noch mehr Stress und Angst zu noch mehr Angst, sondern unsere Erinnerungen werden *umgestaltet* und verstärken dadurch eine solche Negativität noch.

Das funktioniert so: Jedes Mal, wenn wir ein Element aus dem Gedächtnis abrufen, wird es neu kodiert; das heißt, es wird durch den aktuellen Kontext ebenso beeinflusst wie durch die Elemente, die schon im Gedächtnis waren. Diese Neukodierung bedeutet jedoch, dass das, was in den Gedächtnisspeicher zurückgelangt, sich von dem unterscheidet, was wir herausgenommen haben. Es kann besser oder schlechter sein – aber es ist nicht immer dasselbe. Forschungen zu Augenzeugenaussagen veranschaulichen dies.[38] Den Teilnehmenden wurde das Video eines Bagatellautounfalls gezeigt. Einige wurden gefragt: »Wie schnell waren die Autos, als sie aufeinandergetroffen sind?« Andere wurden gefragt: »Wie schnell fuhren die Autos, als sie zusammengestoßen sind?« Und wieder andere: »... als sie zusammengekracht sind?«

Die Wörter, mit denen der Vorfall beschrieben wurde, bewirkten einen großen Unterschied. Obwohl alle dieselben Videos gesehen hatten, erinnerten sich die Proband*innen beim Wort »krachen« an eine höhere Geschwindigkeit als diejenigen, die mit milderen Worten »präpariert« worden waren. Und wenn das Wort »zusammengekracht« verwendet worden war, sahen die Proband*innen – eine Woche später noch einmal befragt – mit größerer Wahrscheinlichkeit Glassplitter vor dem inneren Auge, obwohl in dem Video keine Glassplitter zu sehen waren. Die Sprache, die zum Zeitpunkt des Sicherinnerns verwendet wurde, beeinflusste also die Erinnerung selbst.

Wenn wir auf unser eigenes Leben zurückblicken, Ereignisse abrufen und darüber nachdenken, kann dasselbe passieren. Sind Sie wütend oder traurig und erinnern sich dann an etwas Schwieriges oder denken darüber nach, können die Gefühle des gegenwärtigen Moments sich an die Erinnerung »heften« und in sie integriert werden. Und diese veränderten Erinnerungen werden auch in die mentalen Modelle integriert, mit denen Sie Ihre Simulation der Welt aufbauen.

Das wirft die Frage auf: Warum ist das Gedächtnis bei derartigen Einflüssen überhaupt so anfällig, dass es in der Wiedergabe weniger genau wird? Das liegt daran, dass diese Eigenart auch wichtige Vorteile hat. Sie ermöglicht uns, das, was wir gelernt haben, in einen größeren Zusammenhang zu integrieren. Durch sie können wir einzelne Informationen und Ereignisse miteinander verknüpfen und unser Gesamtverständnis verbessern. Die Tatsache, dass das Gedächtnis formbar ist, fördert das Verstehen.

Stellen Sie sich vor, Sie lehren an einer Schule und helfen Ihren Schülern, sich auf eine Prüfung vorzubereiten. Sie wollen, dass sie sich an das erinnern, was sie im Lauf des Jahres gelernt haben. Darum lassen Sie sie in regelmäßigen Abständen Tests und Übungen absolvieren. So erhalten die Schüler nicht nur Gelegenheit, das Gelernte zu wiederholen, sondern können auch den älteren Stoff in einen größeren Zusammenhang einordnen. Oder denken Sie an einen Zeitpunkt zurück, an dem Sie einer guten Freundin von einer Schwierigkeit in Ihrem Leben erzählt haben; und die Freundin ist auf Sie eingegangen und hat Ihnen wirklich zugehört, ohne zu urteilen. Sie fanden wahrscheinlich, dass das Abrufen der Erinnerung in einer solch liebevollen Umgebung sie auf hilfreiche Weise veränderte; vielleicht stellte diese sie in einen neuen Zusammenhang, sodass Sie neue Perspektiven erkennen konnten.

Das ist einer der Gründe, warum es so heilsam sein kann, wenn wir uns auf unsere Gefühlsfärbungen einstimmen. Zu beobachten, wie sie auf- und abwogen, ohne zu urteilen, nimmt ihnen den Stachel und beugt unseren – ganz natürlichen – Reaktionen darauf vor. Es ist ein Akt der Freundlichkeit gegenüber uns selbst, der ermöglicht, dass Gedanken, Gefühle, Emotionen, Empfindungen und Erinnerungen in einen umfassenderen, freundlicheren Raum hineingeboren werden. Das wiederum erweitert die Perspektive und lindert nach und nach die beunruhigendsten Gemütszustände.

Darin liegt die Weisheit.

KAPITEL 8

WOCHE VIER: Die Balance wiederherstellen

»Mach dir keine großen Hoffnungen«, sagte die Stimme in Renatas Kopf. Es wurde langsam zur Gewohnheit. Jedes Mal, wenn sich Renatas Stimmung hob, kam ihr diese Stimme aus der Kindheit in den Sinn und dämpfte ihre Hoffnungen auf eine bessere Zukunft. Paradoxerweise hatte sie sie erst bemerkt, als sie mit dem Kurs »Gefühlsfärbung« begonnen hatte. Bis dahin war die Stimme einfach nur ein weiterer Teil des leicht deprimierenden Hintergrundgeplappers in ihrem Geist gewesen. Doch auch wenn es sich nicht immer so anfühlte, erfüllte der Kurs seinen Zweck: Er kam ihren Problemen auf die Spur und förderte sie zutage, sodass sie mit der Heilung beginnen und schließlich ein erfüllteres Leben führen konnte.

Renata war zwar nie im klinischen Sinne depressiv gewesen, aber dennoch war ein Großteil ihres Erwachsenenlebens von längeren Phasen allgemeiner Verzweiflung, Angst und Traurigkeit überschattet. Sie konnte sich kaum an eine Zeit erinnern, in der sie wirklich glücklich und voller Energie gewesen war und echte Begeisterung für das Leben empfunden hatte. Diese Unfähigkeit, sich zu freuen, fand sie schon immer etwas verwunderlich. Denn schließlich gab es bei ihr viele äußere Zeichen eines recht guten

Lebens und keine Risikofaktoren, die mit Depressionen in Verbindung gebracht werden (wie zum Beispiel ein schweres Lebenstrauma oder eine gestörte Kindheit). Nach ihren Beschreibungen hatte sie ein ganz gewöhnliches Leben mit einer durchschnittlichen Kindheit – eine durchschnittliche Familie in einer durchschnittlichen Stadt – und hatte überhaupt keine größeren Tragödien erlebt. Auch ihr Erwachsenenleben und ihr beruflicher Werdegang verliefen gut. Mit achtzehn verließ sie ihr Elternhaus, um aufs College zu gehen, machte einen Abschluss in Betriebswirtschaft, kehrte für eine Weile nach Hause zurück und war dann im Marketing eines kleinen Unternehmens tätig, einige Autostunden von ihrem Heimatort entfernt. Meistens machte ihr die Arbeit Spaß, und ihre Karriere nahm einen ganz guten Verlauf.

»Was ist bloß schiefgegangen?«, fragte sie sich dennoch des Öfteren. Rückblickend war sie so langsam in eine leichte Depression abgeglitten, dass sie es kaum bemerkt hatte. Die derzeitige depressive Episode hatte im Jahr zuvor im Anschluss an eine Phase starker Überarbeitung begonnen. Dadurch war sie oft so müde, dass sie ihre Lebenslust verlor und Einladungen, mit Freunden auszugehen, immer häufiger ausschlug. Stattdessen verbrachte sie mehr Zeit vor dem Fernseher. Dann blieben ihre Sportkurse ebenfalls auf der Strecke, und sie kochte nicht mehr das gesunde Essen, das sie früher so gerne mochte. Obwohl es keine ins Auge springenden Probleme gab, bemerkten Renatas Freunde, dass sie langsam immer trauriger wurde, und schalteten sich ein, um ihr zu helfen. Eine Freundin empfahl ihr Achtsamkeit. Daraufhin kaufte Renata sich ein Buch und nahm einige Yogastunden in einem örtlichen Studio. Diese Stunden halfen ihr, und so beschloss sie, mehr in dieser Richtung zu tun und den Kurs »Gefühlsfärbung« zu belegen. Anfangs fand sie es eher unkompliziert und hatte das Gefühl, dass sie die Übungen und die dahinterstehenden Vorstellungen wirklich in den Griff bekam. Das Konzept, in der ersten Woche einen Anker zu wählen, war besonders hilfreich für sie, da ihre Atmung aufgrund ihres leichten Asthmas leicht ein wenig instabil wurde. In der zweiten Woche war »Innehalten« nützlich, denn es erinnerte sie daran, dass sie selbst die Wahl hatte, wohin ihre Gedanken gingen; und die Aufforderung, ihrem Geist etwas Dankbarkeit oder sogar bewunderndes Erstaunen entgegenzubringen, war eine völlig neue Vorstellung für sie; es ermöglichte ihr eine ganz neue Perspektive und erklärte, warum ihr Geist immer so hektisch und geschäftig war.

Doch in der dritten Woche geriet sie in eine Sackgasse. Es fiel ihr sehr schwer, angenehme und unangenehme Gefühlsfärbungen zu bemerken. Wenn sie sie dann doch wahrnahm, analysierte sie ständig, warum sie sie mochte oder nicht, bevor sie sich in Gedanken verlor. Die Meditationen frustrierten sie zunehmend, und sie ärgerte sich auch über sich selbst, weil sie »versagte« und es »nicht richtig« machte. Dennoch hielt sie weiterhin durch und lernte mit der Zeit, die Aufforderung zu schätzen, Ablenkungen als Fitnessgeräte zu betrachten, die gut für das Geistestraining sind. Mithilfe der Ablenkungen erlangte sie also ein Gefühl dafür, was ihr zu schaffen machte. Allmählich wurde ihr ein Thema bewusst, das sie zuvor nicht bemerkt hatte – eine halb verborgene Einstellung, die alles beeinflusste. Immer wenn sie etwas wahrnehmen konnte, das sie mochte oder nicht mochte, hörte sie sich innerlich flüstern: »Das solltest du aber nicht mögen.« Oder: »Das solltest du nicht ablehnen.«

Als die Ebenen ihres Geistes sich zunehmend offenbarten, wurde ihr klar, dass ihre Reaktion auf angenehme Empfindungen viel stärker ausfiel. Sie ertappte sich bei inneren Ermahnungen wie: »Das hält doch sowieso nicht lange an; mach dir keine Hoffnungen.« Nach einer Weile erkannte sie, woher die Stimme kam: aus ihrer Vergangenheit. Jahrzehntelang hatte sie Renata immer wieder mit kritischen Bemerkungen traktiert, ohne dass es ihr aufgefallen war.

Angefangen hatte alles im Alter von zwölf Jahren. In der Schule fand ein Mathe-Wettbewerb statt, und die ganze Klasse sollte daran teilnehmen. Renata war besonders aufgeregt, denn sie war gut in Mathe und wollte den Jungen in ihrer Klasse beweisen, dass sie cleverer war als sie. Ihre Mutter sah ihre Aufregung beim Frühstück und sagte: »Mach dir nicht zu viele Hoffnungen. Es ist okay, wenn du nicht so gut bist, wie du gerne wärst. Deinem Vater und mir macht das nichts aus.«

Als die Erinnerungen ihr im Kopf herumwirbelten, erkannte Renata, dass ihre Mutter sie offensichtlich für den Fall, dass es nicht gut lief, vor Enttäuschungen hatte schützen wollen. Bei ihr hatte es jedoch nur Gewissensbisse wegen ihrer Begeisterung ausgelöst und die Vorfreude auf ihren späteren Erfolg gedämpft. Das war ein Muster in der Familie. Als sie klein war, sagten ihre Eltern immer, wenn Renata bei einem Spiel in freudige Aufregung geriet: »Vor dem Schlafengehen wird es noch Tränen geben.« Als sie dann älter wurde, hieß es: »Mach dir nicht zu viele Hoffnungen.« Solche Sätze wurden ihr immer dann serviert, wenn es etwas gab, worauf sie sich freuen konnte, wie zum Beispiel den Schulball; vor allem aber dann, wenn sie sich auf eine größere Herausforderung vorbereitete, wie zum Beispiel auf eine wichtige Prüfung oder einen Auftritt in der Schulaufführung. Und selbst vor ihrem ersten Date. Es passierte sogar, als sie sich an einer Universität bewarb – einer, auf die sie unbedingt gehen wollte – und ihre Mutter warnte: »Es ist gut, wenn du dich bewirbst, aber mach dir keine großen Hoffnungen. Es gibt noch andere Orte.«

Die Entdeckung, was an der Wurzel ihrer Probleme lag, führte nicht dazu, dass Renata ihre Mutter nicht mehr mochte. Ganz im Gegenteil. Sie erkannte, dass ihre Mutter gelernt hatte, dem Glück zu misstrauen, weil sie so viel Leid im Leben erfahren hatte, und deswegen schlicht und einfach versuchte, ihre Tochter vor – in ihren Augen unvermeidlichen – Enttäuschungen zu schützen. Und Renata wurde klar, dass auch sie diese Gewohnheit entwickelt hatte. Anstatt Momente der Vorfreude und des Glücks zu genießen, wenn sie aufkamen, hatte sie gelernt, sie unbewusst zu dämpfen, bevor sie sich »zu viele Hoffnungen« machte. Immer wenn ein schöner

Moment winkte, schwirrten ihr automatisch Gedanken im Kopf herum wie: »Das hält nicht an, es hat keinen Sinn, sich zu freuen, Hochmut kommt vor dem Fall.« Und vor allem: »Alles Gute geht irgendwann zu Ende.« Das Märchen, in dem die Prinzessin Stroh zu Gold spinnt, fiel ihr ein. Aufgerüttelt stellte sie fest, dass sie gerade das Gegenteil tat: Gold zu Stroh spinnen.

Nicht nur Renata dämpfte auf diese Weise die erfreulichen Momente des Lebens. Wir alle tun das. Wenn wir nicht wirklich achtsam sind, kann es passieren, dass wir die emotionalen Höhepunkte des Lebens abflachen und die Täler mit ihrem Schutt füllen, sodass alles in der Landschaft auf Grautöne reduziert wird. Nicht solche Grautöne, die große Fotografen lieben und deren Nuancen die Schönheit unterstreichen, sondern solche, die dem allgegenwärtigen Nichts gleichkommen und dem Leben jeglichen Sinn und Zweck nehmen. Wer die eigenen Hoffnungen und Träume dämpft, schützt sich also nicht vor dem Scheitern, sondern macht sich bereit für ein Leben voller Angst, Unsicherheit und Verlust.[39]

Es gibt jedoch eine Alternative dazu. Sie *können* zulassen, dass die Freuden des Lebens Sie geistig nähren, und das Leben wieder in vollen Zügen genießen, indem Sie auf das Auf- und Abwogen Ihrer Gefühlsfärbungen achten, und zwar so, wie es in vielen alten Traditionen bekannt, im Westen jedoch lange in Vergessenheit geraten war. Sie beginnen damit, dass Sie sich selbst die Erlaubnis erteilen – auf ganz besondere Art und Weise –, die Freuden des Lebens zu genießen. Doch das allein reicht nicht ganz aus. Um das Gleichgewicht wiederherzustellen, sollten Sie sich erlauben, unangenehme Momente im Leben nicht zu mögen, ohne sie instinktiv wegzuschieben. Denn solange Sie nicht lernen, unangenehme Vedana aufkommen und eine Weile da sein zu lassen – sie wirklich zu fühlen –, werden Sie auch die angenehmen Momente im Leben nicht wirklich fühlen. Es sind zwei Seiten derselben Medaille. Meidet man eine, meidet man beide. Sie können lernen, beide zu akzeptieren, indem Sie sich auf Ihre Gefühlsfärbungen einstimmen, so wie in der vergangenen Woche, und sich ihnen dann zuwenden und zulassen, dass sie eine Weile anhalten und sich dann ganz von selbst auflösen. Wenn Sie so vorgehen, werden Sie feststellen, dass Ihr Leben von allein wieder ins Gleichgewicht kommt.

Eine solche radikale Akzeptanz ist fraglos schwierig. Sie können sie jedoch erreichen, indem Sie sich im Stillen einen kleinen Satz sagen, der Ihnen hilft, die Gefühlsfärbung so zuzulassen, wie sie ist, ohne sie ändern zu wollen. Das ist die wesentliche Praxis in dieser Woche.

Sie beginnen mit der Übung, indem Sie zunächst die vorhandenen Gefühlsfärbungen beim Meditieren erkennen, bevor Sie dies nach und nach auch im Alltag tun. Jedes Mal, wenn ein angenehmer Moment auftaucht, können Sie zulassen, dass er bleibt – und ihn wirklich fühlen —, indem Sie sich sanft sagen: »Es ist in Ordnung, das zu mögen.« Und wenn ein unangenehmer Moment aufkommt, können Sie sich sanft sagen: »Es ist in Ordnung, das nicht zu mögen.«

Doch vorab ein warnender Hinweis. Mit den Worten: »Es ist in Ordnung …«, sagen Sie nicht, dass die *Situation*, die das Gefühl ausgelöst hat, in Ordnung ist. Vielmehr sagen Sie, dass die *Gefühlsfärbung,* die mit dieser Situation einhergeht, für Sie akzeptabel und sogar ganz natürlich ist. Wenn Sie sich zum Beispiel am Rücken verletzt haben und es wehtut, sagen Sie nicht, dass es in Ordnung ist, Schmerzen zu haben, sondern Sie sagen: »Es ist in Ordnung, den Schmerz *nicht zu mögen.*« Oder wenn eine Erinnerung an ein vergangenes Problem oder Trauma hochkommt – dann sagen Sie nicht: »Es ist in Ordnung, dass das Trauma passiert ist«, sondern dass es okay ist, die Erinnerung als unangenehm zu empfinden und sie nicht zu mögen.

Wie kann ein so einfacher Ansatz überhaupt funktionieren? Nun, er beruht auf – und wird getragen von – fast zweitausendfünfhundert Jahren Weisheit. Einer Weisheit, die in allen Kulturen und Traditionen vorhanden ist, im Westen jedoch ins Abseits gedrängt und vielerorts missverstanden worden ist. Auch wenn die genauen inneren Mechanismen noch nicht ganz geklärt sind, kommen die moderne Psychologie und die Neurowissenschaften doch allmählich hinter die zugrunde liegenden Ursachen – und genau diese werden wir erkunden. Doch zunächst sollten Sie lernen, das Auf und Ab Ihrer Gefühlsfärbungen zu akzeptieren, wirklich mit ihnen in Verbindung zu treten und sie zu fühlen. Und dann können Sie wieder anfangen zu leben.

Bewegung ist ein besonders guter Weg zum Erkunden von Gefühlsfärbungen, weil das »Signal« oft stärker und spürbarer ist als bei einer Sitzmeditation. Deshalb werden Sie in dieser Woche Ihre Gefühlsfärbungen durch achtsame Bewegung (achtsames Gehen im Wechsel mit Dehnungen im Stehen) erkunden. Gehen ist hier eine gute Methode, zu üben, weil der Geist beim Gehen oft ins Tagträumen gerät, sodass es viele Gelegenheiten gibt, ihn in den gegenwärtigen Moment – und in den Körper – zurückzubringen und die Gefühlsfärbung zu beobachten. Ähnlich ist es beim Dehnen: Wenn wir uns nach etwas ausstrecken, merken wir oft, dass wir etwas schneller sind als nötig oder den Körper überfordern. Auch das kann also ein wertvolles »Fitnessgerät« für Ihre tägliche Praxis sein.

Übungen für Woche vier

- **Achtsames Gehen –** entweder zwanzig Minuten einmal am Tag (Track 4.2) oder zehn Minuten zweimal täglich (Track 4.1). Dies sollte im Wechsel mit der Übung »Achtsames Dehnen« (siehe unten) erfolgen, sodass Sie an drei Tagen jeweils eine Übung durchführen. Notieren Sie in Ihrem Tagebuch, wie es läuft: alle Schwierigkeiten, alle freudigen Situationen und Entdeckungen. Sobald Sie mit den Anweisungen vertraut sind, können Sie auch die Version mit minimaler Anleitung (Mi) (Track 4.4) oder den Track mit Glockenklang verwenden. Gehen Sie an mindestens einem Tag in dieser Woche eine halbe Stunde spazieren, entweder mit der entsprechend langen Version (Track 4.3) oder mit einem der oben genannten Tracks.

- **Übung »Achtsames Dehnen«** – täglich im Wechsel. Es gibt einen zehnminütigen Track (Track 4.5), der Sie anleitet, bis Sie mit der Reihenfolge vertraut sind. Danach können Sie die Anleitung ruhig weglassen.
- **Übung »Zehn-Finger-Dankbarkeit«** – einmal am Tag (Track 4.6). Nach ein paar Tagen können Sie zur Version mit minimalen Anleitungen übergehen (Mi) (Track 4.7) oder auch ganz ohne Anleitung üben.
- **Tägliche Achtsamkeitspraxis – »Etwas wertschätzen«.** Achten Sie täglich auf jeden kleinen Moment, in dem Sie etwas *Angenehmes* bemerken. Sie können in den ersten Tagen der Anleitung (Track 4.8) folgen und die Übung anschließend ohne Anleitung durchführen.

Diese Woche haben wir eine zusätzliche Meditation für diejenigen hinzugefügt, die nur schwer einschlafen können (Track 4.9).

Alle Meditationen für diese Woche finden Sie unter
www.penguin.de/neues-achtsamkeitstraining

In dieser Woche sind nicht die Übungen selbst die Hauptpraxis, sondern die Reaktionen auf die Gefühlsfärbungen beim Ausführen der Bewegungen. Wenn Sie während der achtsamen Bewegung, sei es beim Gehen oder Dehnen, eine *angenehme* Gefühlsfärbung wahrnehmen, sagen Sie sich im Stillen: »Es ist in Ordnung, das zu mögen.« Das soll Ihnen helfen, den Moment, *so wie er ist*, wertzuschätzen, ohne ihn dämpfen, vertiefen oder verlängern zu wollen. Wenn Sie eine *unangenehme* Gefühlsfärbung spüren, sagen Sie sich im Stillen: »Es ist in Ordnung, das nicht zu mögen«, und schauen Sie, ob es möglich ist, die unangenehme Empfindung einen Moment in einem umfassenderen, weiteren Bewusstsein zu halten.

Achtsame Bewegung löst bei manchen starke Reaktionen aus, und vielleicht stellen auch Sie fest, dass Sie schon allein beim Gedanken daran reagieren – darauf, dass Sie sie mögen oder nicht mögen oder einfach nur langweilig finden. Versuchen Sie, solchen Reaktionen möglichst nahezukommen, und achten Sie von Augenblick zu Augenblick auf Gedanken, Gefühle und Impulse wie auch auf das, was als Nächstes geschieht. Stimmen Sie sich genau auf den Moment ein, in dem Sie merken, ob die Reaktion angenehm ist oder nicht; schauen Sie, ob Sie sie einfach so sein lassen können, wie sie ist, indem Sie sich innerlich sanft sagen: »Es ist in Ordnung, das zu mögen«, oder: »Es ist in Ordnung, das nicht zu mögen.«

Achtsames Gehen

Bei dieser Praxis führen wir die alltägliche Aktivität des Gehens so aus, dass Geist und Körper darin geschult werden, die Aufmerksamkeit angesichts kleiner Ablenkungen zu fokussieren – Ablenkungen, die oft auftreten, wenn wir uns bewegen. Ziel ist es, zu lernen, sich bei Auftreten der Gefühlsfärbung auf sie einzustimmen und das Gefühl zu entwickeln, sie so sein zu lassen, wie sie vorgefunden wird.

Vorbereitung

1. Beginnen Sie damit, dass Sie einen Ort finden, an dem Sie ein paar Schritte auf und ab gehen können, drinnen oder draußen; einen Ort, an dem Sie nicht gestört oder angerempelt werden. Die Länge Ihres Weges ist nicht wichtig. Er kann so kurz wie eine Yogamatte oder so lang wie zehn Schritte sein.
2. Stellen Sie sich hin, die Füße parallel nebeneinander und etwa hüftbreit auseinander. Wenn der Untergrund sich dafür eignet, ziehen Sie ruhig Schuhe und Socken aus, damit Sie den Boden unter Ihren Füßen besser spüren können. Lassen Sie die Arme locker an den Seiten herabhängen, oder halten Sie die Hände vor oder hinter dem Körper zusammen, und blicken Sie sanft leicht nach unten oder geradeaus.

Gehen

3. Richten Sie Ihre Aufmerksamkeit auf die Fußsohlen; nehmen Sie dann die körperlichen Empfindungen beim Kontakt beider Füße mit dem Fußboden oder Untergrund wahr.
4. Wenn Sie bereit sind, gehen Sie los. Machen Sie kleine, natürliche Schritte, und spüren Sie, wie jeder Fuß den Boden berührt. Spüren Sie, wie sich das Gewicht des Körpers verlagert, wenn der Fuß den Boden verlässt, sich hebt und vorwärtsbewegt.
5. Gehen Sie weiterhin mit vollem Gewahrsein von einem Ende Ihrer Strecke zum anderen.
6. Wenn Sie am Ende Ihres Weges angelangt sind, drehen Sie sich langsam um. Nehmen Sie bewusst das Bewegungsmuster wahr, durch das der Körper die Richtung ändert.

Die Gefühlsfärbung registrieren …

7. Wenn Sie merken, dass der Geist von den Empfindungen in den Füßen abgeschweift ist, halten Sie inne, erkennen Sie, wohin er sich gewandt hat, und registrieren Sie seine Gefühlsfärbung: angenehm, unangenehm oder neutral.

… und sie so sein lassen, wie sie ist

8. Wenn Sie zu irgendeinem Zeitpunkt merken, dass sich Ihre Erfahrung *angenehm* anfühlt, sagen Sie sich innerlich: »Es ist in Ordnung, das zu mögen.« Wenn Sie Ihre Erfahrung als *unangenehm* empfinden, dann erkennen Sie es ebenfalls an, indem Sie sich sagen: »Es ist in Ordnung, dies *nicht* zu mögen.« Sobald Sie dann bereit sind, lenken Sie die Aufmerksamkeit wieder auf Ihre Füße. Denken Sie daran, sich nicht zu sehr zu bemühen. Falls es zu schwierig ist, die Gefühlsfärbung sofort zu spüren, lassen Sie davon ab und warten Sie, bis etwas anderes kommt.
9. Wenn der Geist *sehr* unruhig ist, kann es hilfreich sein, auf halber Strecke einen Moment innezuhalten und einfach nur zu stehen, die Füße hüftbreit auseinander, und die »Wetterlage« im Geist zusammen mit ihrer Gefühlsfärbung wahrzunehmen, egal, ob sie angenehm, unangenehm oder neutral ist. Wenn Sie möchten, können Sie die Tönung in Körper und Geist auch immer dann registrieren, wenn Sie am Ende Ihrer Strecke innehalten.
10. Wählen Sie das Tempo, das Sie beim achtsamen Gehen als besonders hilfreich empfinden. Gehen Sie mal langsam, mal in einem normaleren Tempo. Dehnen Sie, wenn Sie möchten, die Aufmerksamkeit während der Übung von der begrenzten Konzentration auf die Füße weiter aus: auf die Beine und die Hüfte, dann später

im Ihnen eigenen Tempo auf den ganzen Körper und auf alles, was Sie umgibt, während Sie sich bewegen.

Ende

11. Fahren Sie mit dieser Übung still für sich allein fort, bis die Glocke das Signal gibt, dass es an der Zeit ist, zum Ende zu kommen. Nehmen Sie sich beim Beenden dieser Übung vor, die Qualität des Gewahrseins, die Sie in dieser Meditation entwickelt haben, auch in Ihre normalen, alltäglichen Geh-Erfahrungen einzubringen. Bei Ihren Alltagsverrichtungen brauchen Sie nicht sehr langsam zu gehen. Selbst wenn Sie nur ein kleines bisschen langsamer werden, während Sie von einer Sache zur nächsten (über-)gehen, können Sie sich dadurch vielleicht besser »aufrecht halten« und lehnen sich nicht schon nach vorne – in den nächsten Moment. Auf diese Weise kann das achtsame Gehen Ihren ganzen Tag verändern.

Achtsames Dehnen

Diese Meditation soll bewirken, dass Sie den Körper in Bewegung achtsam wahrnehmen, sich auf die Gefühlsfärbung (angenehm oder unangenehm) einstimmen und, vor allem, *sie so sein lassen, wie sie ist.*

Denken Sie daran, dass es wichtig ist, bei diesen Dehnungen sanft zu sich selbst zu sein. Achten Sie auf sich, während Sie in Bewegung sind, und lassen Sie die Weisheit des Körpers entscheiden, was für Sie in Ordnung ist: wie weit Sie bei jeder Dehnung gehen, und wie lange Sie sie halten wollen. Falls Sie derzeit körperliche Probleme haben, sollten Sie Ihre Ärztin oder Ihren Physiotherapeuten konsultieren, bevor Sie mit Dehnungen beginnen, auch wenn sie so einfach sind wie diese. Wenn Sie sich nicht sicher sind, ob Sie mit einer Dehnung zurechtkommen, bleiben Sie ruhig stehen, und nehmen Sie Ihren Körper so wahr, wie er ist, sei es in Ruhe oder in Bewegung.

Wenn Sie eine Bewegung als zu intensiv empfinden, bleibt Ihnen stets die Möglichkeit, sie nur in der Vorstellung auszuführen oder sich zu jedem beliebigen Zeitpunkt nur ganz leicht zu bewegen oder aber aus der Haltung herauszukommen und sie aufs Neue einzunehmen, unabhängig davon, wozu die Anleitung auf dem Track Sie auffordert. Es ist auch in Ordnung, die Übung im Sitzen zu machen. Die konkrete Ausführung der Bewegung ist weniger wichtig, als dass sie bewusst ausgeführt wird.

Halten Sie zwischen den einzelnen Haltungen inne, und stimmen Sie sich auf die Nachwirkungen der Dehnung ein – auf die Empfindungen und die Gefühlsfärbung der Empfindungen –, und atmen Sie dabei frei und leicht, so wie Ihr Körper es möchte, sowohl beim Dehnen als auch zwischen den Dehnungen.

Zulassen

Sobald Sie unangenehme Empfindungen oder Widerwillen bemerken, sollten Sie es an jedem Punkt der Übung anerkennen und zulassen, indem Sie innerlich sagen: »Es ist in Ordnung, das nicht zu mögen.« Und wenn Ihnen eine Empfindung bewusst wird, die sich angenehm anfühlt, erlauben Sie auch das, indem Sie sich sagen: »Es ist in Ordnung, das zu mögen.«

Hier die empfohlene Bewegungsabfolge:

- Entscheiden Sie zuerst, ob Sie stehen oder sitzen wollen.
- Strecken Sie die Hände über den Kopf, sodass die Handflächen einander zugewandt sind.

- Strecken Sie nun erst die eine, dann die andere Hand nach oben, als wollten Sie Obst pflücken.
- Mit den Füßen etwas weiter auseinander und den Händen als Stütze auf den Hüften biegt der Körper sich seitlich nach links; anschließend machen Sie dieselbe Bewegung auf der anderen Seite.
- Wenn Sie bisher im Stehen geübt haben, können Sie sich jetzt für den Rest des Stretchings auf einen Stuhl, einen Hocker oder ein Kissen setzen. Nachdem Sie eine gute Sitzposition eingenommen haben, bewegen Sie die Schultern nach oben, hinten, unten und vorne. Verweilen Sie in jeder Position lange genug, um die Empfindungen und die Gefühlsfärbung zu spüren. Rollen Sie dann die Schultern ganz langsam erst in die eine, dann in die andere Richtung; spüren Sie dabei die wechselnden Empfindungen wie auch die Gefühlsfärbungen, die sie erzeugen, und lassen Sie sie so sein, wie sie sind.

Beenden

Nehmen Sie in den letzten Momenten der Übung die Gefühlsfärbung der Achtsamkeit selbst wahr. Rufen Sie sich dabei in Erinnerung, dass achtsames Wahrnehmen des Körpers Ihnen in jedem Moment des Tages zur Verfügung steht und Ihnen ermöglicht, verankert und ausgeglichen zu sein und das Gefühl zu haben, dass Sie sich so akzeptieren, wie Sie sind.

Ist es *wirklich* in Ordnung, das nicht zu mögen?

Jonathan hatte besondere Schwierigkeiten in Woche vier. Er war der Meinung, es sei ein Zeichen von Undankbarkeit zu sagen: »Es ist in Ordnung, das nicht zu mögen.« Und wie bei Renata (am Anfang dieses Kapitels) lag der Ursprung dafür in seiner Kindheit.

Jonathans Eltern waren streng religiös und glaubten, das Äußern von Unzufriedenheit sei eine Ablehnung der göttlichen Vorsehung. Sie waren der Meinung, man müsse stets dankbar sein – auch wenn man leidet. »Meine Eltern waren wunderbare Menschen, aber sie hatten dieses ›Ding‹ mit Gottes Vorsehung und der Sünde«, sagte Jonathan. »Wenn man etwas – und im Grunde betraf das alles – nicht mochte, bedeutete das, man hatte nicht genug Glauben und war somit ein schlechter Mensch. Gott hatte einen Weg für uns bestimmt. Zeiten des Leidens waren Glaubensprüfungen; Lektionen, aus denen wir lernen sollten; Lektionen, die uns auf dem schmalen rechten Weg halten sollten. Jegliches Murren oder alles, was Undankbarkeit auch nur andeutete, war eine Sünde. Ich teile ihren Glauben nicht, jedenfalls nicht viel davon, aber ich hatte diese Haltungen in mich aufgesogen, ohne es zu merken.«

Konkret führte selbst die Abneigung gegen etwas so Alltägliches wie einen nassen Wintertag dazu, dass Jonathan sich undankbar fühlte, und das löste negative, sich wiederholende Gedankenmuster aus, die ihn beunruhigten und in Angst versetzten. Die Übungen der vierten Woche schienen dieses Problem noch zu verschlimmern, denn wenn er sich sagte: »Es ist in Ordnung, das nicht zu mögen«, verstieß das gegen seine jahrzehntelange Konditionierung. Doch seine Probleme reichten noch tiefer. Ihm war nicht nur beigebracht worden, seine Unzufriedenheit nicht zu *äußern*, sondern auch, sie nicht zu *fühlen*. So hatte sich seine Einstellung, »bloß nicht klagen«, in eine heimtückische Einschränkung seiner Fähigkeit verwandelt, das, was wahr ist, zu fühlen – und zu erkennen. So kann es insbesondere jenen ergehen, die in der Vergangenheit das Gefühl hatten, dauerhaft ausgeliefert zu sein, die angegriffen oder missbraucht wurden oder die durch ihre Lebensgeschichte traumatisiert sind.

Über viele Jahre hinweg hatten Renata und Jonathan gelernt, ihre elementarsten Gefühle zu unterdrücken. Wenn sie unangenehme Gefühle wie Abneigung, Frustration oder Ärger empfanden, unterdrückten sie sie. Und wenn sie spürten, dass angenehme

Glücksgefühle in ihnen aufkamen, unterdrückten sie auch diese. Beide fühlten sich am Ende zunehmend schlecht: beschämt, wenn sie etwas als positiv empfanden; undankbar, wenn sie etwas anderes nicht mochten; verärgert, wenn sie überfordert waren; schuldig, wenn sie wütend wurden.[40] Aus diesen und anderen Gründen ist es wichtig, noch einmal zu betonen, dass Sie sich mit den Worten »Es ist in Ordnung …« nicht auf die angenehmen oder toxischen Situationen selbst beziehen, sondern auf Ihre natürlichen Gefühle, sie zu mögen oder nicht. Entscheidend ist hier, dass Sie Ihre Gefühlsfärbungen annehmen, seien sie positiv, negativ oder neutral. Gefühlsfärbungen sollten gespürt werden, denn dann haben sie ihre Botschaft erfolgreich übermittelt, und die Chancen stehen gut, dass sie ruhig weggehen – was zu mehr Ruhe und Zufriedenheit führt.

Pawla hatte in den ersten drei Wochen des Kurses Probleme, aber diese lösten sich von der vierten Woche an auf, wenn auch erst nach schwierigen ersten Tagen: »Ich hatte wirklich zu kämpfen. Ich bin ein sehr körperlich ausgerichteter Mensch. Solide und bodenständig – so habe ich es gern. Ich hasse das ganze ›überkandidelte‹ Zeug, dass der Geist Simulationen der Welt erschafft und sie nicht direkt wahrnimmt. Denn das heißt doch offenbar, dass die reale Welt nicht real ist, sondern eine Art Traum oder Halluzination. *Natürlich* ist das alles real – obwohl ich offen für die Vorstellung bin, dass es nicht ganz in der Weise real ist, wie wir glauben.«

Trotz ihrer anfänglichen Vorbehalte in Bezug darauf, wie der Verstand ein Bild von der Welt konstruiert, blieb Pawla aus einem einfachen Grund bei dem Kurs: Sie sah mit eigenen Augen, wie sehr ihre Mitschüler davon profitierten. Zudem beherzigte sie den Rat ihrer Lehrerin, die darauf hinwies, dass es nicht darauf ankäme, an Achtsamkeit und Gefühlsfärbungen zu glauben. Die Meditationen sind nicht wie Beschwörungen oder Gebete. Und sie sind keine Magie. Es sind Übungen, die Veränderungen bewirken, sofern man dabeibleibt. Deshalb werden sie Übungen genannt.

Wie ihre Meditationslehrerin sagte: »Du brauchst nicht zu wissen, woher Gefühlsfärbungen kommen. Du brauchst sie nicht zu verändern oder zum Verschwinden zu bringen. Du brauchst nur ›das Licht einzuschalten‹, um sie klarer zu sehen, und ihnen und dir selbst gegenüber freundlicher zu sein, wenn sie erscheinen. Dann siehst du, was passiert. Vielleicht lösen sie sich von selbst auf – sogar die stärksten und belastendsten.«

Pawla »kapierte« es schließlich bei einer ihrer achtsamen Dehnübungen: »Ich hatte an diesem Tag vorher schon Kopfschmerzen gehabt und war müde. Nachdem ich mich einige Minuten gedehnt hatte, merkte ich, dass die Gefühlsfärbung meines ganzen Körpers unangenehm war. Ich erkannte, dass ich immer noch Kopfschmerzen hatte und dass sie der Ursprung des Unangenehmen waren. Anstatt es jedoch zu erdulden, dachte ich: ›Dieses Gefühl ist unangenehm.‹ Und dann: ›Es ist in Ordnung, es nicht zu mögen.‹ Was dann geschah, war erstaunlich. Die Kopfschmerzen verschwanden einfach. Sie gingen ganz und gar weg. Ein paar Minuten später bemerkte ich wieder Schmerzen im Kopf, also erkannte ich sie aufs Neue an: ›Es ist in Ordnung, dieses Gefühl nicht zu mögen.‹ Wieder lösten sie sich auf und wurden durch ein leichtes Schmerzempfinden und Kribbeln an der Stelle ersetzt, wo der Schmerz gewesen war. Aber es war längst nicht mehr so unangenehm.«

Pawlas Erfahrungen veranschaulichen wunderbar, wie der Cache des Geistes in der Praxis funktioniert und dass schon das bloße Anerkennen der Tatsache, dass eine Gefühlsfärbung vorhanden ist, die alten, belastenden Informationen löscht und durch neue aktualisiert. In Pawlas Fall hatte ihr Kopfweh ein sensorisches »Echo« im mentalen Cache zurückgelassen. Der Cache spielte ihr dann dieses Echo in einer Endlosschleife immer wieder zurück. Obwohl die Kopfschmerzen von einem Augenblick zum nächsten variierten, hatte der Zwischenspeicher lediglich einen Schnappschuss des intensivsten Moments (des »Spitzenschmerzes«) gespeichert, weil das der hervorstechendste und wichtigste war; derjenige, an den sie nach Ansicht ihres Geistes erinnert werden musste (siehe folgende Abbildung). Dieses schmerzhafte Echo ihrer unmittelbaren Vergangenheit hallte bis in die Gegenwart und schließlich bis in die Zukunft nach. Letztendlich reagierte Pawla auf einen Schmerz, der gar nicht mehr mit derselben Intensität vorhanden war wie noch wenige Minuten zuvor. Zu sagen »Es ist in Ordnung, das nicht zu mögen«, reichte aus, um dieses Echo loszulassen. Und dadurch konnte Pawla fühlen, was wirklich im gegenwärtigen Moment geschah, und zwar so, wie es tatsächlich geschah – was ganz anders war, als sie es erwartet hatte.

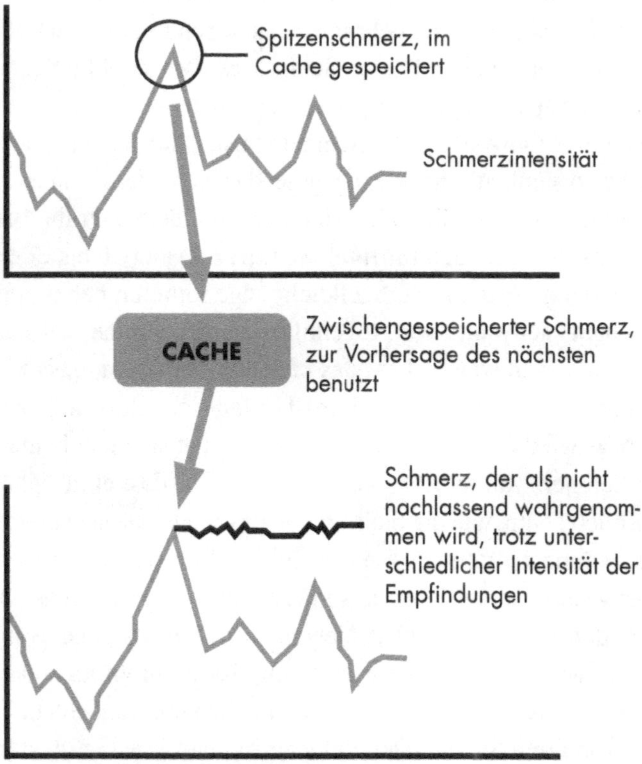

Wie »Spitzenschmerz« sich in Gegenwart und Zukunft hinein fortsetzen kann

»Hätte das Kopfweh angehalten, hätte ich ein Schmerzmittel eingenommen«, sagte Pawla. »Ich stehe nicht drauf, Schmerzen zu ertragen, wenn es nicht sein muss. Zufälligerweise habe ich noch am selben Tag etwas später mit anderen, kleineren Schmerzen experimentiert, mit demselben Ergebnis. Und auch nachts. Wegen einiger arthritischer Schmerzen, die ich in letzter Zeit habe, kann ich oft nicht schlafen. Ich wälze mich hin und her und suche vergeblich nach einer bequemen Position. Ich habe es damit versucht, mir zu sagen: ›Das ist unangenehm, es ist in Ordnung, wenn es mir nicht gefällt‹, und es war erstaunlich. Wirklich seltsam ist, dass ich mir jedes Mal sicher war, dass der Schmerz noch da war, aber als ich ihm nachging, war er nicht mehr in einer solchen Intensität da. Ich spürte also das Echo eines früheren Schmerzes. Der aktuelle Schmerz war viel geringer, als ich dachte. Und danach konnte ich viel besser einschlafen.« Obwohl Pawlas Schmerz tatsächlich nachließ, als sie ihm Aufmerksamkeit schenkte, bedeutet das nicht, dass er nicht real war, dass sie ihn nicht fühlte, ihn sich nur einbildete oder ihn »erfand«.

Dasselbe gilt auch für Ihren Schmerz. Dennoch hat er einen *anderen Ursprung*, als Sie vielleicht angenommen haben, und seine Intensität schwankt von Augenblick zu Augenblick viel stärker, als man erwarten würde. Und das bedeutet vor allem, dass Sie lernen können, einen großen Teil Ihres Leidens loszulassen.

Was wiederum Pawla angeht: Warum hat sie nicht bemerkt, dass ihr Schmerz von selbst zu- und abnahm? Und dass er manchmal ganz ausblieb? Nun, wie die meisten von uns wollte sie sich einfach nicht den Schmerzempfindungen zuwenden.[41] Sie fürchtete, dass sie zu intensiv sein könnten. Stattdessen versuchte sie, sich davon abzuwenden, den Schmerz wegzuschieben, so zu tun, als gebe es ihn nicht. Daher war alles, was sie wahrnahm, das in ihrem mentalen Cache gespeicherte schmerzhafte Echo und nicht die Echtzeit-Informationen von ihren Sinnen. Der einfache Akt, auf ihre Gefühlsfärbungen zu achten, hatte sie wieder mit den ruhigen Momenten in Verbindung gebracht, die selbst zwischen den intensivsten Empfindungen liegen.

Ist es *wirklich* in Ordnung, das nicht zu mögen?

Und in solchen ruhigen Momenten können wir oft ein gewisses Maß an Ruhe vor dem finden, was uns zu schaffen macht.[42]

Geburtsschmerzen transformieren

Zu lernen, intensive Schmerzen zu beobachten, kann die Erfahrung paradoxerweise zum Positiven verändern. Selbst in Phasen heftigster Schmerzen finden wir oft relativ ruhige Zeitabschnitte. Ein gutes Beispiel dafür ist die Pionierarbeit von Nancy Bardacke am Osher Center for Integrative Medicine, University of California, San Francisco (UCSF). Sie hat den Kurs *Mindfulness-based Childbirth and Parenting* (MBCP, »Achtsamkeitsbasierte Geburt und Elternschaft«) entwickelt, um Eltern zu helfen, Schwangerschaft, Geburt und Kindererziehung besser zu bewältigen. In ihrem Buch *Der achtsame Weg durch Schwangerschaft und Geburt*[43] lehrt sie werdende Eltern, wie sie am besten mit Geburtsschmerz umgehen können. Sie verwendet Eisblöcke, die in der Hand gehalten werden, um die Eltern auf Schmerzen vorzubereiten, die zwar vom Gefühl her schwer erträglich wirken, aber nicht gefährlich sind. Dadurch verstehen die Eltern besser, dass die Momente zwischen den Wehen, in denen kein Schmerz vorhanden ist, oft unbemerkt bleiben. Das ist verständlich, denn wie angedeutet werden die intensivsten Empfindungen im mentalen Cache zwischengespeichert – und unangenehme Gefühlsfärbungen tragen dazu bei, dass intensive Schmerzen vorhergesagt werden. MBCP erleichtert nachweislich Geburt und Elternschaft, verringert schwangerschaftsbedingte Ängste und Depressionen und hilft den Eltern, fundiertere Entscheidungen über die Geburt selbst zu treffen.[44]

Auch Alex geriet in der vierten Woche in eine Krise – und fand mithilfe seiner Achtsamkeitslehrerin einen Weg durch seine Schwierigkeiten. Und zwar, indem er seine seelische Bedrängnis ebenso behandelte wie Pawla ihre körperlichen Schmerzen. Er leerte seinen geistigen Cache von den wiederkehrenden seelischen Schmerzen, indem er bewusst akzeptierte, dass seine Bedrängnis unangenehm war.

Seine Krise begann mit einer E-Mail. Eines späten Abends plante er ein Treffen für den Caravan-Club, dem er angehörte. Es war eine Gruppe von Freunden, die sich vor vielen Jahren auf einem Caravan-Platz kennengelernt und beschlossen hatten, sich wieder zu treffen. Inzwischen waren ihre Kinder alle erwachsen und aus dem Haus, aber die alte Gruppe traf sich mindestens einmal pro Sommer. Das war immer ein schönes Highlight des Jahres. Doch einige Jahre zuvor war die Gruppe infolge eines Streits mit einem Paar zerbrochen, das die anderen beschuldigt hatte, es bei einer Einladung übergangen zu haben. Das vergällte die Atmosphäre. Am Ende verließ das Paar die Gruppe und sagte, es wolle keine weiteren Nachrichten erhalten. Alle respektierten ihren Wunsch, bis Alex sie versehentlich aufs Neue einlud. Er schickte eine kurze Rundmail an alle über das Treffen des aktuellen Jahres, stellte jedoch nach dem Absenden mit Schrecken fest, dass er eine alte Liste verwendet hatte, die die Namen des Paares enthielt. »Na ja«, dachte er. »Vielleicht haben sie ihre Meinung ja geändert und wollen wieder in Kontakt sein.«

Zwei Minuten später traf eine E-Mail ein: »Warum hast du uns die E-Mail geschickt? Prüfst du noch nicht mal, was du verschickst, bevor du es absendest? STREICH UNS VON DIESER LISTE!«

Alex war verärgert. Er hatte ein schlechtes Gewissen wegen seines Fehlers, und peinlich war ihm das Ganze noch dazu, denn der Absender hatte die wütende Nachricht an alle geschickt. Alex' Stimmung war schon labil, wenn die Umstände gut waren, aber dieses Ereignis bewirkte, dass er sich schrecklich fühlte. Er beschloss, achtsames Gehen zu praktizieren.

Beim Gehen schweiften seine Gedanken bald ab. Er grübelte über die Ereignisse des Abends nach und überlegte, »den Club aufzugeben«.

»Was bringt das?«, dachte er. »Ich mache dauernd Fehler. Enttäusche immer die Leute.« Er spürte, wie seine Verzweiflung wuchs. »Wozu ist meine Achtsamkeitspraxis überhaupt gut? Sie funktioniert nie, wenn ich sie am meisten brauche. Wie kann ich denn diese schreckliche Situation akzeptieren? Warum *soll* ich sie akzeptieren?«

Er versuchte erneut, sich auf den Strom seiner Gedanken zu konzentrieren, aber sie waren pausenlos unangenehm. Dann erinnerte er sich an den Rat seiner Achtsamkeitslehrerin, »das Licht einzuschalten«, indem er die Gefühlsfärbung innerlich »unangenehm« nannte und dann hinzufügte: »Es ist in Ordnung, das nicht zu mögen.«

Das gesamte belastende Negativitätsbündel löste sich auf.

»Es war eine totale Überraschung«, sagte er. »Ich ging weiter auf und ab, aber nach fünf Minuten kam mir der ganze dumme E-Mail-Austausch schon wieder in den Sinn. Diesmal wurde jedoch ein anderes Gefühl spürbar. Ich ärgerte mich nicht über mich selbst, sondern über das Paar. Ich war wütend. Gedanken wirbelten mir im Kopf herum, und ich grübelte über das Ganze nach. Einige Minuten war ich wütend und aufgebracht, aber dann erinnerte ich mich daran, darauf zu achten, wie es sich anfühlte. Wie sich meine Gefühlsfärbungen *anfühlten*. Es war nicht leicht, vom Grübeln dazu überzugehen, mich auf die Gefühlsfärbungen zu fokussieren, aber ich habe es geschafft. Ich sagte mir: ›Ah, das ist auch unangenehm. Es ist in Ordnung, das nicht zu mögen.‹«

Und dasselbe passierte: Es löste sich auf.

»Normalerweise hätte so etwas Tage, vielleicht sogar Wochen angehalten«, sagte Alex. »Ich wäre in einem schrecklichen Gemütszustand gelandet. In einer zutiefst finsteren Stimmung, die einfach nicht besser geworden wäre, egal, wie sehr ich dagegen angekämpft hätte. Ich hätte logisch mit mir selbst argumentiert, mich darauf hingewiesen, dass ich überreagiere und überempfindlich bin, dass das Problem von dem Paar ausgeht und es an der Zeit ist, mich gegen die beiden zur Wehr zu setzen. Dann hätte ich angefangen, sie zu hassen, dann den Caravan-Club und schließlich mich selbst dafür, dass ich voller Hass war. Tag für Tag wäre es so weitergegangen. Aber dieses Mal war es nicht so. Ich habe die Abwärtsspirale gestoppt, bevor sie außer Kontrolle geraten ist. Es war eine Offenbarung, erst die Stimmung und die damit einhergehende Gefühlsfärbung zu erkennen, dann zu sehen, welche Qual sie in mir hervorrief, und schließlich zu beobachten, wie sie sich auflöste – einfach indem ich mir sagte: ›Es ist in Ordnung, das nicht zu mögen.‹ Es fühlte sich an wie ein Wunder.«

Für Tess war achtsames Gehen aus einem anderen Grund eine Herausforderung. So sehr sie sich auch bemühte: Jedes Mal, wenn sie versuchte, sich auf die Empfindungen beim Gehen zu konzentrieren, raste ihr Geist davon. Er tat fast alles, außer sich aufs anstehende Meditieren zu konzentrieren. Meistens begann es mit »unangemessenen Gedanken und Fantasien« über den Ehemann ihrer Freundin – und gelegentlich auch über die Freundin selbst.

»Mein Problem ist ganz einfach, dass ich einen gesetzten, ›nicht aufmerksamen‹ Ehemann habe, zu dem ich kaum noch eine Beziehung herstellen kann. Das ist die Schattenseite. Die gute Seite ist, dass wir ein sehr komfortables Leben mit drei glücklichen, gesunden Kindern haben. Normalerweise kann ich die unangemessenen Gedanken und Fantasien verscheuchen, aber während der Gehmeditation sind sie gekommen und haben alles überflutet. Es wirkt falsch, zu sagen: ›Es ist in Ordnung, das zu mögen‹, denn die Gedanken sind nun einmal falsch.«

Wir alle haben, zumindest gelegentlich, Gedanken, Gefühle und Impulse, für die wir uns schämen, und wenn andere Menschen davon wüssten, wären wir entsetzt.[45] Und doch ist es völlig normal, sie zu haben. Gegen die spontanen Gedanken, Bilder und Impulse, die in Ihrem Kopf auftauchen, können Sie wenig tun. Aber Sie können etwas dafür tun, was als Nächstes passiert. Sie können wählen, wie Sie dazu stehen, und vor allem, ob Sie danach handeln oder nicht. Sie können lernen, bewusst darauf einzugehen, anstatt automatisch darauf zu reagieren. In der Ethik geht es ums Verhalten, nicht um den Inhalt unserer Gedanken. Wenn Sie bei derartigen Gedanken Schlüsse ziehen wie »Ich bin ein schlechter Mensch« oder »Ich werde verrückt« oder »Ich bin gefährlich«, fühlen Sie sich nur noch schlechter und vertiefen verletzliche Stimmungen; außerdem kehren die Gedanken dann mit größerer Wahrscheinlichkeit zurück.

Tief im Inneren wusste Tess das alles, aber sie hatte trotzdem ein schlechtes Gewissen wegen ihrer Fantasien. Diese machten sich zwar immer dann besonders stark bemerkbar, wenn sie Gehmeditation praktizierte, aber trotzdem gelang es ihr, mit der Bewegung fortzufahren und so viel Achtsamkeit wie möglich auf sie zu richten. Allmählich, Millimeter für Millimeter, begann sie, sie als das zu sehen, was sie waren: geistige Ereignisse, angenehm, unangenehm oder neutral. Während sie auf ihrem Flur hin- und herging, konnte sie schließlich beobachten, wie sie kamen und gingen. Sie beherzigte den Rat ihrer Lehrerin und achtete darauf, wie jeder »unangemessene« Gedanke starke angenehme Gefühlsfärbungen auslöste und wie ihre Reaktion darauf – Schuld- und Schamgefühle – Wellen von unangenehmen Gefühlsfärbungen triggerte.

»Ich erinnerte mich an etwas, das die Lehrerin gesagt hatte: Die Gefühlsfärbung achtsam wahrzunehmen, hat eine Art Schutzengel-Funktion. Es geht darum, ›klar zu sehen‹ – auch, wohin etwas führen könnte. Das half mir, früh genug einen Schritt zurückzutreten, um das große Ganze zu sehen. Ich erkannte mit der Zeit, dass es ein Unterschied ist, ob man Gedanken und Impulse anerkennt oder ob man sie nährt und darin schwelgt. Denken ist eine Sache, aber nach diesen Gedanken zu handeln, eine andere – und oft liegt beides eine Million Meilen auseinander.«

Für ein solches »klares Sehen« ist es wesentlich, unmittelbar den Unterschied zwischen Fantasie und Realität zu erkennen, um dann sinnvoll handeln zu können. Gedanken, Bilder und Impulse wie die von Tess mögen den Anschein erwecken, dass sie unsere tiefsten Werte untergraben; aber das ist nicht der Fall. Es sind einfach nur Gedanken, Bilder und Impulse. Nichts weiter. Sie sind nicht real. Sie sind keine Anweisungen, die befolgt werden müssten. Und sie sind auch nicht *Sie selbst*; denn Sie sind nicht Ihre Gedanken. Wenn Sie zur Kenntnis nehmen, dass Gedanken da sind, ohne sie zu bewerten, können diese sich zu gegebener Zeit von selbst auflösen. Falls Sie sich in dieser Hinsicht besonders unsicher fühlen und Ihr Verhalten Ihnen in der Vergangenheit Probleme bereitet hat, gibt Ihnen eine solche Herangehensweise die Zeit, auf Distanz zum Risiko zu gehen. Für diejenigen, die mit Süchten und riskantem Verhalten zu kämpfen haben, ist das unter Umständen besonders hilfreich. Denn dadurch können sie Momente, in denen die Gefahr am größten ist – zum Beispiel wenn sie müde, hungrig, einsam oder wütend sind –, leichter vorhersehen. Eine solche Situation fördert das Gefühl, etwas stünde uns zu, und das schränkt wiederum unsere Fähigkeit ein, kluge Entscheidungen zu treffen. Wir alle haben Schwächen und Abhängigkeiten, große oder kleine, und das Wissen um unsere persönlichen Schwachstellen ist von unschätzbarem Wert. Wenn Sie zum Beispiel Probleme mit Glücksspiel haben, könnte dieser Ansatz für Sie bedeuten, nicht an einer Wettannahmestelle vorbeizugehen oder bestimmte Websites zu blockieren. Haben Sie Schwierigkeiten mit Alkohol, könnte das für Sie mit sich bringen, dass Sie nicht an einer bestimmten Bar vorbeigehen. Ein solches »achtsames Meiden« kann eine gute Strategie sein.[46]

Die entgegengesetzte Strategie – und eine, die garantiert zu großem Leid führt – ist »achtloses Vermeiden«. Es ist eine Falle, in die man leicht tappt. Zu Beginn des Kapitels haben wir gesehen, dass Jonathan nicht in der Lage war, positive Erfahrungen anzunehmen.

Die Wurzeln dafür lagen in seiner Erziehung; sie brachte ihn unbewusst dazu, sich möglichst nicht undankbar zu zeigen, indem sie seine Fähigkeit, Abneigung zu äußern, generell unterdrückte. Doch das hatte auch seine Fähigkeit untergraben, Positives im Leben zu schätzen. Sie werden sich erinnern: Die Fähigkeit, die schönen Dinge im Leben zu schätzen, ist die Kehrseite der Fähigkeit, einen guten Umgang mit den negativen Dingen zu lernen. Wer das eine vermeidet, vermeidet beides.

Aber es gibt noch einen anderen Grund, warum wir Schönes nicht mitbekommen: Wir sind einfach zu beschäftigt. Unser Geist befasst sich ständig mit der Zukunft. Wir sind immer auf dem Weg irgendwo anders hin, schon im nächsten Moment; und oft ist unser Verstand schon am Ziel, bevor wir überhaupt aufgebrochen sind. Selten nehmen wir den gegenwärtigen Moment wahr, der sich hier und jetzt entfaltet. Das bedeutet, dass die »kleinen« Dinge schon deswegen an uns vorübergehen, weil wir nicht bewusst geistig präsent sind, um sie wahrzunehmen und zu würdigen. Verschlimmert wird das noch durch subtile geistige Verzerrungen und Voreingenommenheiten.[47] Um diese zu untersuchen, bittet die Meditationslehrerin Martine Batchelor ihre Schüler manchmal, sich eine Skala vorzustellen, die von »unangenehm« (-10) bis »angenehm« (+10) reicht. Es hat sich erwiesen, dass die meisten von uns sehr empfindsam auf Negatives reagieren. Wir sind gut darin, Unangenehmes wahrzunehmen, das auf der Skala bei -1 liegt, aber im Durchschnitt braucht Angenehmes mindestens einen Wert von +5, um unsere Aufmerksamkeit zu erregen: Die »kleinen« angenehmen Momente gehen immer wieder an uns vorbei. Es kann einige Zeit dauern, die Balance eines ganzen Lebens zu verändern, aber mithilfe der folgenden Übungen kann Ihnen das glücklicherweise gelingen. Und Sie können gleich damit beginnen.

Übung »Zehn-Finger-Dankbarkeit«

Diese kurze tägliche Übung hilft, die »kleinen« angenehmen Momente in Ihrem Leben zu schätzen.

1. Nehmen Sie sich Zeit, um zur Ruhe zu kommen und sich zu verankern, im Sitzen oder im Liegen. Lassen Sie die Aufmerksamkeit an einem bestimmten Punkt auf Ihrem Atem ruhen, und erweitern Sie diese dann, sobald Sie dazu bereit sind, auf den ganzen Körper.
2. Blicken Sie nun auf die vergangenen vierundzwanzig Stunden zurück oder auf den Zeitraum, seit Sie diese Übung zuletzt gemacht haben, und vergegenwärtigen Sie sich zehn Dinge, für die Sie dankbar sind. Zählen Sie sie an den Fingern ab, und machen Sie sich die ganz alltäglichen Dinge des Tages bewusst.
3. Versuchen Sie, so lange weiterzumachen, bis Sie bei zehn angelangt sind, auch wenn es nach vier oder fünf schon schwieriger wird. Bringen Sie an diesem Punkt absichtlich die kleinen, oft unbemerkten, gewöhnlichen Dinge des Tages ins Gewahrsein, wie zum Beispiel, dass Wasser aus einem Wasserhahn kommt, das Waschen, den ersten Bissen einer Mahlzeit, den ersten Schluck eines heißen Getränks, eine Person, die Ihnen im Vorübergehen zulächelt, eine Brise, die die Bäume bewegt, oder die Farbe einer Wand. Es können auch andere Dinge sein (große oder kleine), die alle darauf warten, dass Sie sie bemerken.
4. Kehren Sie dann, wenn Sie bereit sind, zum Atem zurück, und vollenden Sie die Zehn-Finger-Übung, vielleicht, indem Sie die lebensspendende Nahrung jedes Atemzugs wertschätzen – diesen Atemzug, den nächsten, einen nach dem anderen (Tracks 4.6 und 4.7).

Ist es *wirklich* in Ordnung, das nicht zu mögen?

Tägliche Achtsamkeitspraxis »Etwas wertschätzen«

Achten Sie täglich auf jeden kleinen Moment, in dem Sie etwas Angenehmes bemerken. Es braucht nichts Großes oder Wichtiges zu sein. Aber wenn Sie es bemerken, versuchen Sie, innerlich einen Moment lang innezuhalten. Spüren Sie genau in diesem Moment: Welche Körperempfindungen sind da? Stimmen Sie sich auf den Körper ein, wie er steht, sitzt oder sich bewegt; erlauben Sie ihm, so zu sein, wie er ist, und sagen Sie vielleicht innerlich: »Es ist in Ordnung, das zu mögen.« (Versuchen Sie es als Einstieg einige Tage mit Track 4.8.)

Renata fiel es anfangs schwer, so aufmerksam darauf zu achten, was sie mochte, doch mit der Zeit wurde es einfacher.

»Zehn Dinge?«, sagte sie. »Anfangs hörte sich das nach furchtbar viel an! Das läuft darauf hinaus, dass sich alle paar Stunden etwa ein oder zwei Dinge ereignen; auch bei der Arbeit. Gar nicht so einfach. Ich nahm mir vor, damit nach einem schönen Essen am Freitagabend und einige Stunden nach meiner Rückkehr von der Arbeit zu beginnen. Ich hatte angenommen, es würde ein Albtraum, aber als ich beschloss, mich auf die kleinen, aber offensichtlichen Dinge zu konzentrieren, wurde es viel einfacher. Mein Abendessen hatte zwei angenehme Elemente – und mit einem Glas Wein hinterher wurden es drei. Ich kam bald auf sieben positive Dinge und hatte dann ein bisschen zu kämpfen, aber am Ende kam ich tatsächlich auf zehn.«

Renata merkte, dass sie dadurch die Ereignisse des Tages mit all ihren guten und schlechten Seiten klarer sah. Sie stellte auch fest, dass es sich positiv auf den nächsten Tag auswirkte. Mitte der Woche fielen ihr allmählich die kleinen, angenehmen Dinge des Tages früh genug auf, um sie in dem Moment wertzuschätzen, wenn sie tatsächlich passierten. Wie sie merkte, war es dabei hilfreich, die Finger zu benutzen, um den Überblick zu behalten. Sie ertappte sich dabei, dass sie die Finger leicht aneinanderlegte, als Zeichen für sich selbst: »Dies ist ein Moment, den ich mag und für den ich dankbar bin« – ein bewusst wahrgenommener Moment. Die Praxis der Bewegung und die der Dankbarkeit gehörten für sie zusammen, erkannte sie. Wie sie sagte, war ihr vorher »nicht bewusst, wie meine Füße funktionieren«. Sie war wirklich dankbar dafür, dass zu gehen und sich zu dehnen so einfach war.

Ebenso wie Renata tat sich auch Jonathan anfangs schwer: »Man sollte meinen, aus einer Familie zu kommen, die fordert, man solle für alles dankbar sein, würde es für mich leicht machen, aber nein!« Mitte der Woche war allerdings auch ihm klar geworden, dass die zehn Dinge nicht unbedingt große, offensichtliche Ereignisse zu sein brauchten. Dann spürte er etwas fast Unmerkliches. Seine emotionale Bandbreite erweiterte sich. Ebenso wie Renata spürte er die angenehmen – und unangenehmen – Dinge immer häufiger schon dann, wenn sie passierten.

»Es war, als ob jemand am Ende eines Konzerts das Licht anschaltet. Man sieht plötzlich all die lachenden Gesichter, hört, wie der tosende Applaus verklingt und es still wird, spürt das aufgeregte Kribbeln auf der Haut – und natürlich fällt einem auch auf, dass Abfall auf dem Boden verstreut ist und die Wände an manchen Stellen einen neuen Anstrich brauchen. Aber! Es ist alles echt, real. Und es ist alles schön und aufregend, aber auch dunkel und ein bisschen schmuddelig. Ich glaube, man könnte es ›lebendig sein‹ nennen. So fühlte sich das alles für mich an. Nachdem ich jahrelang das Unangenehme und Angenehme verdrängt hatte, konnte ich mich plötzlich wieder lebendig fühlen.«

Im weiteren Verlauf der Woche stellte sich Jonathans Geist ganz natürlich auf die kleinen Dinge ein: Eines Tages merkte er nach zehn Minuten Gehen, dass er das Gefühl seiner Füße auf dem kühlen Boden genoss, und sagte sich innerlich: »Ah, angenehm.« Dann: »Es ist in Ordnung, das zu mögen.« Dann spürte er die frische Luft, die sein Gesicht streifte. »Angenehm« und: »Es ist in Ordnung, das zu genießen.« Nach und nach stellte er fest, dass sich diese neue Haltung des Zulassens fest etablierte und ihn immer weniger Mühe kostete. Nach seinem Empfinden war es auch in Ordnung, langsamer zu werden, nicht zuletzt, um in seinen Körper und seine Füße hineinzuspüren und in diesem Moment da zu sein. Er bemerkte allmählich die +1 und die +2 auf der Skala: »Dieses Sandwich schmeckt gut; meine Schuhe fühlen sich bequem an; ich habe heute nicht diese Kopfschmerzen; das Wasser war kühl zu trinken.« Er fand so viele Kleinigkeiten, für die er dankbar sein konnte: leichte, entspannte Momente am Morgen, kühle Temperaturen, Gespräche mit seiner Partnerin, ein köstliches Sonntagsessen, ein Mittagsschlaf, der erste Schluck Nachmittagstee, einen Roman lesen, fernsehen, der Sonnenuntergang über den Hügeln, der erste Blick auf den abendlichen Sternenhimmel, der Sieg seiner Lieblingsfußballmannschaft im Fernsehen … Und wenn er einmal nicht zehn Finger erreichte, konzentrierte er sich einfach auf die nächsten Atemzüge – diesen Atemzug und den nächsten und den nächsten – mit einem wachsenden Gefühl der Dankbarkeit und sogar der Ehrfurcht, als er aufs Neue erkannte, wie nährend und lebensspendend jeder Atemzug wirklich ist.

KAPITEL 9

WOCHE FÜNF: Gefühlsfärbung am Rande des Bewusstseins

Im stimmungsvollen Beginn seines Buches *Der goldene Kompass*[48] beschreibt der Autor Philip Pullman eine Szene, in der ein junges Mädchen langsam durch den leeren, düsteren Saal eines alten Colleges geht, in dem die Tische für Gäste gedeckt sind.

> Am Saalende angekommen, blickte Lyra zur offenen Küchentür zurück, und als sie dort niemanden sah, stieg sie zu dem Tisch auf dem Podium hinauf. Er war mit Gold statt mit Silber gedeckt und statt der Eichenbänke standen dort samtgepolsterte Mahagonistühle.
>
> Am Platz des Rektors blieb Lyra stehen und schnippte vorsichtig mit dem Fingernagel an das größte Glas. Der helle Klang war im ganzen Saal zu hören.

Pullman ist von der modernen Physik fasziniert und nutzt einige ihrer Prinzipien, um literarische Ideen zu erforschen. In einem

Essay fragt er, was das Elementarteilchen einer Geschichte ist; das kleinste Element, in das sie zerlegt werden kann.[49] Man könnte meinen, dass Geschichten aus Wörtern bestehen, sagt er – aber die meisten von uns haben als Kinder mit Bilderbüchern angefangen. Dennoch liegt die Vermutung nahe, dass Sprache irgendwann unverzichtbar ist. Bis man feststellt, dass man Geschichten auch mit Ballett, Pantomime oder Musik erzählen kann.

Pullman schreibt: »Ich glaube, dass Geschichten aus Ereignissen bestehen und dass die Elementarteilchen einer Geschichte die kleinsten Ereignisse sind, die wir finden können.«[50] Er verwendet das Beispiel, Milch in eine Tasse zu gießen – oder jemandem Gift ins Glas zu tun. In *Der goldene Kompass* sind es Lyras Handlungen; die Dinge, die sie tut, wie zum Beispiel »am Saalende ankommen«, »blickte … zurück«, »stieg … hinauf«, »schnippte … an das größte Glas«. Warum zählen solche Ereignisse als Elementarteilchen? Weil jedes Ereignis, jede kleine Handlung, ein geistiges Bild hervorruft, zusammen mit den dazugehörigen Geräuschen, Gerüchen, Geschmacksaromen, Gedanken, Gefühlen, Emotionen und sogar Empfindungen. Sie kapseln einen Moment in der Zeit ein, ein einzelnes Bild, im Serienbild-Modus aufgenommen. Und wenn auf jedes Teilchen ein weiteres und noch ein weiteres folgt, entsteht ein Bewusstseinsstrom, der uns in eine Welt entführt, in der der Geschichtenerzähler König ist.

Es gibt einen Grund, warum solche »Geschichtenpartikel« so wirkmächtig sind (und warum Pullman ein so guter Geschichtenerzähler ist): Sie greifen auf eine fundamentale Ebene des Geistes zurück. Wenn Pullman davon spricht, dass Handlungen die »Elementarteilchen einer Geschichte« sind, gilt dasselbe auch für den Geist. Handlungen sind die Elementarteilchen des Bewusstseins – jede Handlung ein einzelnes Bild in einer Reihe von mentalen Modellen; jene Serienbilder, die so leicht kaskadenartig außer Kontrolle geraten können. Wir verstehen die Welt durch Handeln, und die Objekte, mit denen wir interagieren, werden Teil unseres »erweiterten Geistes«.

Sehen wir uns diese neue, aufregende Idee einmal näher an. Vielleicht haben Sie den Eindruck, dass der Inhalt der folgenden Seiten an manchen Stellen der Intuition zuwiderläuft, aber dennoch wird er Ihnen radikal neue Einsichten bieten, die dazu in der Lage sind, Ihre Praxis auf eine ganz andere Ebene zu heben. Sie basieren auf den jüngsten Erkenntnissen der Neurowissenschaft, die bis vor Kurzem weitgehend unbekannt waren; und paradoxerweise weisen viele dieser Ideen eine verblüffende Ähnlichkeit mit der frühen buddhistischen und altgriechischen Philosophie auf.

Die Geschichte beginnt damit, dass wir auf eine bestimmte Art und Weise denken und der Welt einen Sinn geben. Der Psychologe Steve Tipper und sein Team haben viele Jahre lang Bewusstsein und Aufmerksamkeit erforscht und dabei verblüffende Parallelen zu den Konzepten Philip Pullmans entdeckt. Es hat sich herausgestellt, dass wir die Welt nicht verstehen, indem wir logisch über sie nachdenken, sondern indem wir physisch mit ihr interagieren und uns so ein Bild von ihr machen. Selbst auf der grundlegendsten Ebene erkennen und verstehen wir Objekte nur dadurch, dass Geist und Körper herauszufinden versuchen, was wir damit tun können.[51] Das bloße Betrachten eines Gegenstands, wie zum Beispiel einer Tasse, aktiviert die Gehirnregionen, die zum Ergreifen des Gegenstands erforderlich sind, auch wenn diese Absicht gar nicht besteht und anschließend keine Handlung stattfindet.[52] Das bloße Erkennen einer Tasse – das Verstehen, was sie ist und wofür sie verwendet werden kann – erfolgt, indem Geist und Körper eine Simulation ihrer Verwendungsmöglichkeiten durchlaufen.[53] Was den Geist betrifft, so enthält ein Objekt eine Menge Informationen über sich. Auf merkwürdige Art und Weise verlagert das Gehirn also einen Teil seines Gedächtnisses auf das Objekt, sodass es Teil eines größeren (oder erweiterten) Geistes wird. Und das Verständnis, wie es verwendet werden kann, wird in das Objekt integriert oder ist implizit darin enthalten, sodass man einfach *weiß*, wie man es benutzt, ohne darüber nachdenken zu müssen.

Dasselbe gilt für alles, was Ihnen begegnet. Wenn Sie das Wort »Hammer« sehen, wird der Bereich des Gehirns aktiviert, der für den Gebrauch eines Hammers erforderlich ist, und auch hier wieder *wissen* Sie, wie man ihn benutzt und wofür er verwendet werden kann.[54] Wenn Sie Auto fahren können und das Wort »Auto« hören, simulieren Sie das Fahren in Geist und Körper, ohne überhaupt bewusst darüber nachzudenken. Es geschieht alles unbewusst und automatisch. Und diese »Elementarteilchen des Handelns« werden Einzelbild für Einzelbild aneinandergereiht, um Bewusstseinsströme zu erzeugen, die Sie in ein Land entführen, in dem Ihre Simulation alles beherrscht.

Konkret bedeutet das, dass jedes Mal, wenn Sie etwas sehen oder wahrnehmen, auch eine automatische Handlungsbereitschaft knapp unterhalb der Bewusstseinsschwelle vorhanden ist. Vorgestellte Handlungen und Reaktionen sind nicht nur eine nachgelagerte Folge der Wahrnehmung, sondern tragen entscheidend zum Verständnis der Welt bei. Die Gehirnprozesse, die für das *Wahrnehmen* von Handlungen und ihre *Ausführung* verantwortlich sind, ähneln sich. Studien belegen das: Wenn Sie das Gewicht eines Gegenstands einschätzen sollen, der von einer anderen Person gehoben wird, werden das motorische und das somatosensorische System Ihres eigenen Gehirns aktiviert (dasselbe System, das aktiviert worden wäre, wenn Sie den Gegenstand selbst hochgehoben hätten).[55] Ihr Körper bereitet sich also automatisch darauf vor zu handeln. Um diese Konzepte zu untersuchen, führten Steve Tipper und Kollegen ein Experiment durch, bei dem den Teilnehmenden ein kurzes Video gezeigt wurde, in dem eine Hand eine Kaffeetasse hochhebt. Dabei wurde ihre Gehirnaktivität aufgezeichnet, um zu sehen, ob ein wichtiger Teil des Gehirns (von dem bekannt ist, dass er sich beim Ausführen einer Handlung verändert) auch dann beeinflusst wird, wenn er einfach nur beobachtet, wie jemand anderes eine

Handlung ausführt.[56] Das Experiment zeigte, dass die charakteristische Veränderung im Gehirn so stattfand, als hätten die Probanden die Tasse selbst in die Hand genommen.[57] Eine Handlung zu beobachten, hatte den Körper der Teilnehmenden also darauf vorbereitet, in derselben Weise zu reagieren, und es zeigte sich, dass die für das Wahrnehmen entscheidenden Gehirn- und Körpersysteme dieselben sind wie diejenigen, die für das Handeln wichtig sind.

Das bedeutet konkret, dass der Zustand des Körpers für die Interpretation und das Verständnis der Welt von entscheidender Bedeutung ist.[58] Das gilt auch für Empathie, Mitgefühl und das allgemeine Verständnis für andere Menschen; denn es gibt im Gehirn spezielle Spiegelneuronen, die die Handlungen anderer simulieren. Wenn Sie also sehen, wie sich jemand den Zeh an einem Stuhlbein stößt, zucken Sie zusammen und spüren in gewissem Maße selbst den Schmerz. Wenn Sie sehen, wie jemand lacht, weint oder wütend wird, spüren Sie die Emotion, indem Sie sie in Ihrem Geist und Körper durchspielen. Sie spüren die Handlungen anderer so, als würden Sie sie selbst ausführen.[59] Das ist auch ein entscheidender Faktor bei vielen Süchten. Deshalb können Alkoholkranke schon beim bloßen Anblick einer Flasche Wein rückfallgefährdet sein; oder Kokainsüchtige beim Anblick von weißem Pulver. Es erklärt auch, warum Wellen einer positiven oder negativen Stimmungslage durch die Gesellschaft schwappen können und warum Propaganda (und Social-Media-Netzwerke) so mächtig sind.

Damit kommen wir zum Kern des Problems: Der Geist führt einen Großteil dieser Aktivitäten unterhalb der Bewusstseinsschwelle aus, ohne jeglichen bewussten Input oder bewusste Kontrolle. Das liegt daran, dass man vieles wahrnehmen kann, ohne sich dessen bewusst zu sein.[60] In Anbetracht dessen, was wir über unbewusste Wahrnehmung wissen, ist das nicht sehr überraschend. Ein gutes Beispiel dafür sind Tests zum »subliminalen Priming« (dt. unbewusste Bahnung). In mehreren Experimenten wurden Proband*innen gebeten, auf bestimmte Wörter (zum Beispiel: Freude,

Tod …) mit einem Knopfdruck zu reagieren, um anzugeben, ob die Wörter angenehm oder unangenehm waren. Doch es gab einen Haken. Die Experimente waren so angelegt, dass der Computer den Proband*innen einen Moment vor dem Wort, über das sie entscheiden sollten, ein »primendes Wort« zeigte. Es kam und verschwand so schnell, dass niemand es sehen konnte.[61] Die Ergebnisse zeigten jedoch, dass die Proband*innen es dennoch sahen, es war ihnen nur nicht bewusst. Und überraschenderweise beeinflusste es ihre Gesamtwahrnehmung stark. Wenn das Prime-Wort negativ war (z. B. traurig), verlangsamte es ihre Reaktionen auf positive Wörter (z. B. glücklich) und beschleunigte ihre Reaktionen auf negative Wörter (z. B. Tod). Und umgekehrt war es genauso: Ein positives Prime-Wort (Freude) beschleunigte die Reaktion auf positive Wörter (glücklich) und verlangsamte die Reaktion auf negative Wörter (Tod).[62] Es kam also hauptsächlich auf die Erwartung an, und zwar auch (oder gerade) dann, wenn den Proband*innen gar nicht bewusst war, dass sie überhaupt Erwartungen hatten. Ihr Unterbewusstsein nahm auf, dass etwas positiv oder negativ war, und reagierte darauf; und diese Reaktion beeinflusste dann ihre gesamte Einstellung zu den folgenden Momenten – und wahrscheinlich auch darüber hinaus.

Doch wir belassen es nicht dabei, vorherzusagen, wie wir reagieren sollen, und warten dann passiv ab, wie sich die Ereignisse entwickeln. Der Körper bereitet sich auch auf Handlungen vor und organisiert die notwendigen Ressourcen, um sie auszuführen. Die bereits erwähnte Neurowissenschaftlerin Lisa Feldman Barrett beschreibt es so, dass der Körper »budgetiert«, was er braucht: Er nimmt Ressourcen von seinem »Bankkonto« und führt ein »Inventar« wichtiger Ein- und Ausgänge. Wir fühlen diese Budgetierung des Körpers über die Interozeption, das Gespür des Körpers für seine innere Umgebung und das, was sie widerspiegelt: die Wirkung sich ändernder Durchblutung; dass Muskeln sich darauf vorbereiten, in Aktion zu treten; die Freisetzung von

Hormonen und das schwankende Level an Energie und Ressourcen.[63] Diese Budgetierung des Körpers von Moment zu Moment beginnt oft mit unserem Bauchgefühl (ja, es kann tatsächlich etwas am besten wissen). Sie spüren vielleicht Anspannung, wenn sich die Muskeln zusammenziehen, Arme oder Beine sich für Bewegungen bereit machen, Bauch oder Schultern sich anspannen. Manchmal ist dieses Sich-bereit-Machen schwach ausgeprägt und kaum spürbar. Manchmal ist es weniger subtil, und Sie nehmen vielleicht bewusst wahr, dass Ihre Gliedmaßen eine andere Haltung einnehmen, Ihre Körpertemperatur steigt oder fällt, sich die Wachsamkeit des Körpers verändert, dass Sie vielleicht ein Gefühl von Schmetterlingen im Bauch haben, ein Engegefühl oder sogar Übelkeit spüren. Es ist, als würde sich eine Armee mobilisieren und auf ihren Einsatz vorbereiten. Ihr ganzes Befinden ändert sich sekundenschnell.

Überlegen Sie, was das für Grübeleien oder Sorgen bedeutet. Grübeln bedeutet, dass Sie über vergangenen Handlungen brüten, darüber, was Sie vielleicht hätten tun können oder hätten tun sollen. Sorgen betreffen zukünftige Handlungen; das, was Sie glauben tun zu müssen, um zu verhindern, dass Ihre Befürchtungen wahr werden. Nachts, wenn Sie sich hin und her wälzen, durchleben Sie – machen also wirklich die Erfahrung von – Simulationen (oder Serienfotos), die vergangene Handlungen oder noch ausstehende Handlungen immer wieder aufs Neue wiederkäuen. Ihr Körper bereitet sich auch hier vor, macht seine Ressourcen einsatzfähig und ordnet seine Kräfte für Handlungen, die Sie wahrscheinlich gar nicht ausführen werden – und ganz bestimmt nicht in diesem Moment. Kein Wunder, dass Sie sich hin und her wälzen. Dasselbe gilt für andere unangenehme Gemütszustände. Angst und Stress sind ebenfalls ein Ausdruck dessen, dass sich der Körper auf Handlungen vorbereitet – unaufhörlich und fruchtlos. Depressionen und Erschöpfung spiegeln wider, dass ein Körper sein Budget aufgebraucht hat, und noch einiges mehr.

Gefühlsfärbungen spielen dabei eine wesentliche Rolle. Sie beeinflussen diese Prozesse und werden von ihnen beeinflusst. Es ist ein Kreislauf, allzu oft ein Teufelskreis. Intensität und Richtung der Gefühlsfärbung geben der imaginären Handlung ihre Richtung und Dringlichkeit vor. Diese imaginären Handlungen sorgen wiederum dafür, dass Ihre mentalen Modelle noch überzeugender wirken. Sie fühlen sich echt an. Real. Als gäbe es kein Entrinnen. Und Ihr Körper bestätigt das offenbar: Sieh an – er macht sich bereit … In der Tat ist ein Großteil dessen, was Sie erschöpft, der Tatsache geschuldet, dass Ihr Körper sich auf Handlungen vorbereitet, die Sie nicht durchzuführen brauchen und wahrscheinlich auch nie durchführen werden. Es ist, als würde er ständig Truppen zum Kampf aufrufen und diese dann auffordern, sich wieder zurückzuziehen.

Doch das muss nicht so sein. Das Ziel der fünften Woche besteht darin, Sie näher an die Ursache Ihrer Schwierigkeiten heranzubringen, und noch näher an die Lösung. Dazu werden Sie sich als Erstes auf das natürliche Aufwogen und Abebben Ihrer Gefühlsfärbungen einstimmen und dann beobachten, wie sich Geist und Körper aufs Handeln vorbereiten. In einem zweiten Schritt erkunden Sie, was passiert, wenn Sie das Bedürfnis zu handeln loslassen, indem Sie sich sanft sagen: »Ich brauche jetzt nichts zu tun.« Im Kontext der Achtsamkeit gehören diese sechs Wörter zu den wirksamsten.

Übungen für Woche fünf

- **Meditation »Gefühlsfärbung Moment für Moment« –** üben Sie an mindestens sechs der nächsten sieben Tage entweder zweimal täglich zehn Minuten (Track 5.1) oder einmal täglich zwanzig Minuten (Track 5.2). Sobald Sie mit den Anweisungen vertraut sind, verwenden Sie ruhig die Version mit minimalen Anleitungen (Mi) (Track 5.4) oder einfach den Track mit Glockenklang (Track 5.6). Üben

Sie in dieser Woche an mindestens einem Tag eine halbe Stunde (Track 5.3).

- **Tägliche Achtsamkeitspraxis »Die Gefühlsfärbung im täglichen Leben wahrnehmen«** – üben Sie an mindestens sechs der nächsten sieben Tage. Beginnen Sie, wenn Sie möchten, erst einmal mit drei oder vier Aktivitäten, bevor Sie die Zahl der Aktivitäten stetig erhöhen. Verwenden Sie in den ersten Tagen die Audioaufnahme (Track 5.5), um sich mit der Praxis vertraut zu machen.

Alle Meditationen für diese Woche finden Sie unter www.penguin.de/neues-achtsamkeitstraining

Versuchen Sie bei der Meditation »Gefühlsfärbung Moment für Moment«, daran zu denken, dass Gefühlsfärbungen zwar ein konstanter Teil Ihrer Erfahrung sind, aber extrem schnell aufkommen und wieder verschwinden können. Darum ist es nicht das Ziel, jede einzelne davon zu erfassen, sondern nur diejenigen, die Ihnen sofort auffallen. In der Meditation dieser Woche werden Sie daher eingeladen, den Atem als Taktgeber zu benutzen, als sanfte, regelmäßige Erinnerung, um sich auf die Gefühlsfärbung einzustimmen. Allerdings nicht auf die Gefühlsfärbung des Atems *an sich*; ebenso wenig sollen Sie sich *nur* auf die Gefühlsfärbung an einem bestimmten Punkt des Atemzyklus einstimmen. Die Tönung kann überall im Körper – oder auch im Geist – aufkommen; kann in jedem Moment erscheinen und im nächsten wieder weg sein. Ihre Aufgabe besteht einfach nur darin zu sehen, ob Sie sie wahrnehmen können, wann oder wo auch immer sie aufkommt; besonders aber sollten Sie sich auf die Gefühlsfärbung in dem (normalerweise ruhigen) Moment am Ende der Ausatmung konzentrieren.

Vielleicht möchten Sie aufschreiben, was Sie jeden Tag lernen. Wenn Sie ein Tagebuch führen, könnte es hilfreich sein zu notieren, wie die Meditation gelaufen ist: alle Schwierigkeiten und Freuden, die Sie erlebt, oder die Entdeckungen, die Sie gemacht haben.

Die Übung »Die Gefühlsfärbung im täglichen Leben wahrnehmen« fordert Sie auf, der Tönung Ihrer verschiedenen Aktivitäten im Lauf des Tages gewahr zu werden (siehe Kasten Seite 202f.). Vielleicht wählen Sie zunächst nur eine Handvoll Tätigkeiten aus, zum Beispiel, wenn Sie in die Küche gehen und sich ein Getränk zubereiten, eine Mahlzeit zu sich nehmen oder sich die Zähne putzen. Im Lauf der Woche können Sie die Anzahl der Dinge erhöhen, auf die Sie so achten. Versuchen Sie auch, Reaktionen auf das, was geschieht, wahrzunehmen. Diese könnten sich darin äußern, dass Sie einen angenehmen Moment festhalten oder dämpfen wollen, dass Sie einen unangenehmen loswerden oder sich aus einem neutralen Moment ausklinken wollen oder dass ein Gefühl der Unruhe aufkommt, weil Sie sich langweilen. Im letzteren Fall reagieren Sie vielleicht, indem Sie nach Stimulation suchen; zum Beispiel, indem Sie den Fernseher oder das Radio einschalten oder etwas zu essen oder zu trinken suchen. Manchmal wird Ihnen die Gefühlsfärbung eines Moments nur durch ihre »Fußspuren im Sand« bewusst, das heißt durch ihre Wirkung, nachdem sie verschwunden ist. So kann es sein, dass Sie eine neutrale Gefühlsfärbung erst bemerken, nachdem Sie das Radio eingeschaltet oder Ihr Handy gecheckt haben. Wenn Ihnen das passiert, versuchen Sie, sich deswegen nicht zu kritisieren, auch wenn es wiederholt vorkommt. Sogar, dass Sie in Gedanken versunken sind und das im Nachhinein feststellen, ist ganz normal. Wenn es dazu kommt, nehmen Sie nach bestem Vermögen die Tönung des Moments wahr, mit der Sie aus Ihrem Gedanken- und Handlungsstrom »erwacht« sind. Halten Sie dann inne, registrieren Sie die Gefühlsfärbung und lassen Sie sie zu. Entscheiden Sie dann bewusst, was Sie als Nächstes tun wollen, anstatt sich einfach von der Gewohnheit leiten zu lassen. Sie sollten diese Übung auch in den »Räumen« zwischen Ihren Alltagsaktivitäten durchführen, etwa wenn Sie irgendwo hingehen oder auf jemanden (oder etwas) warten.

Meditation »Gefühlsfärbung Moment für Moment«

In dieser Meditation werden wir das Gewahrsein der Gefühlsfärbung entwickeln, indem wir lernen, aufmerksam auf das subtile Gefühl »angenehm« oder »unangenehm« zu achten, das mit jedem Moment einhergeht.

Vorbereitung

1. Setzen Sie sich so hin, dass Ihre Haltung wache Aufmerksamkeit verkörpert, und richten Sie die Aufmerksamkeit auf das, was beim Sitzen Ihr Anker sein soll: der Kontakt mit dem Boden, der Kontakt mit dem, worauf Sie sitzen, der Kontakt der Hände auf dem Schoß oder mit den Oberschenkeln, Ihr Atem …
2. Erweitern Sie nach einer Weile – dann, wenn Sie dazu bereit sind – den Fokus Ihrer Aufmerksamkeit bewusst auf den ganzen Körper.

Die Gefühlsfärbung Moment für Moment

3. Schauen Sie, während Sie hier sitzen, ob Sie sich auf die Gefühlsfärbung jedes Augenblicks einstimmen können – ob diese angenehm, unangenehm oder neutral ist –, indem Sie sie bei jedem Atemzug wahrnehmen.

Spüren Sie gegen Ende der Ausatmung, wenn fast kein Atem mehr übrig ist, in der kleinen Pause vor der nächsten Einatmung, wie dieser Moment für Sie ist: Fühlt er sich angenehm, unangenehm oder neutral an?

4. Nehmen Sie weiterhin am Ende jeder Ausatmung das subtile Gefühl in Körper und Geist wahr, ob der jeweilige Moment angenehm, unangenehm oder neutral ist. Wenn Sie die Gefühlsfärbung spüren und als angenehm empfinden, sagen Sie sich: »Es ist in Ordnung, das zu mögen.« Ist sie unangenehm, sagen Sie: »Es ist in Ordnung, das nicht zu mögen.«
5. Und wenn Sie merken, dass Ihr Geist sich in Zukunftsplanungen oder Sorgen ergeht oder die Vergangenheit noch einmal wiederkäut, dann sagen Sie sich innerlich: »Ich brauche jetzt nichts zu tun.« Oder: »Handeln ist jetzt nicht nötig« (oder welche Formulierung auch immer Ihnen richtig erscheint).
6. Wenn Sie Schwierigkeiten haben, die Gefühlsfärbung bei jedem Atemzug zu spüren, hören Sie für eine Weile damit auf, und lassen Sie die Aufmerksamkeit zu Ihrem Anker (Füße, Sitz, Hände, Atem) zurückkehren. Beginnen Sie erneut damit, die Gefühlsfärbung beim Ausatmen wahrzunehmen, wenn Sie sich bereit dazu fühlen.

Beenden

7. Konzentrieren Sie sich in den letzten Momenten der Sitzung wieder auf den Atem oder den gewählten Anker, und rufen Sie sich in Erinnerung: Die Fähigkeit zu entwickeln, jeden Moment als angenehm oder unangenehm wahrzunehmen, führt nach und nach zu einem tieferen Gefühl dafür, wie die Dinge im Moment für Sie sind; zu einer tieferen Bereitschaft, sie so sein zu lassen, wie sie sind, und sich nicht in imaginäre Aktionen

und Reaktionen hineinziehen zu lassen. Und schon im nächsten Moment Ihres Tages finden Sie vielleicht sogar neue Wege, um freundlicher und klüger auf alles, was geschieht, zu reagieren.

Megan fand die Übungen dieser Woche »befreiend« und hilfreich, um von ihrer Selbstkritik loszukommen. Es war, wie sie sagte, »eine Art Offenbarung«.

»Ich konnte fast ›sehen‹, wie ich mich mit meinem Perfektionismus und dem Wunsch, anderen zu gefallen, gequält hatte. Bald wurde mir sehr klar, dass meine *unangenehmen* Gefühle – Frustration und Verärgerung – meine schrecklichen Gedanken über mich ankurbelten; Gedanken darüber, wie nutzlos ich bin, dass ich immer versage, einfachste Dinge dauernd schwierig finde und andere immer enttäusche. Nur dass ich es diesmal schaffte, die aufkommenden Gefühlsfärbungen wahrzunehmen und tatsächlich zu fühlen. Und dann konnte ich beobachten, wie sie einfach still wurden. Zum ersten Mal seit einer Ewigkeit konnte ich aufhören, mich selbst zu zerfleischen und mich über meine ›Unzulänglichkeiten‹ zu ärgern. Das Geheimnis lag für mich darin, das Ausatmen als Aufforderung zu nutzen, auf meine Gefühlsfärbungen zu achten. Eine solche Regelmäßigkeit ist für mich unerlässlich, weil ich so leicht ablenkbar bin. Und wenn ich dann merke, dass ich mich schon wieder habe ablenken lassen, bin ich frustriert und wütend deswegen. Also habe ich den Atem wie ein leises Metronom benutzt, eine kleine Erinnerung daran, aufmerksam zu sein. Das wirkt jetzt so einfach. Und das ist es auch – wenn man sich tatsächlich daran hält und es nicht vergisst. Aber bei mir hat es funktioniert. Ich habe mich hingesetzt und bin meinem Atem gefolgt, Atemzug für Atemzug, und habe mich dann auf die Tönung eingelassen. Ich habe sie einfach beobachtet und als angenehm, unangenehm oder neutral benannt. Mitte der Woche merkte ich, dass sich mein Körper im selben Moment, in dem ich eine Gefühlsfärbung wahrnahm, deutlich anspannte. Ich schaute genauer hin und entdeckte, dass jede Tönung eine Art ›Handschrift‹ hatte. ›Unangenehm‹ zeigte sich als Anspannung im Bauch, direkt hinter dem Bauchnabel, und breitete sich dann zu den Seiten hin aus. Es fühlte sich an wie ein kleiner Fausthieb, und mein ganzer Bauch wurde so fest wie eine Trommel. Es war wirklich so heftig, dass ich gar nicht verstehe, wie ich es vorher übersehen konnte. Die neutralen waren etwas lasch. Kaum spürbar. Ich nahm sie erst später wahr, wenn mein Verstand irgendeinem zufälligen Gedanken hinterhergejagt war. Wenn ich einer angenehmen Gefühlsfärbung begegnete, fühlte ich mich ein bisschen ›leicht‹, fast so, als würde ich darauf schweben, so blöd sich das auch anhören mag; wie Schmetterlinge, die in mir herumflatterten. Ich spürte einen Strom von Emotionen in mir: Aufregung und Sehnsucht bis hin zu Bitterkeit, dass das Leben nicht so ist, wie es sein sollte. Dann ein wenig Ärger und Wut … ›Warum müssen die Menschen so egoistisch sein?‹ Aber dann kam mir ein anderer Gedanke. Ich hatte zu hohe Erwartungen. Meine Wut rührte von enttäuschten Hoffnungen her. Irgendwann mal hatte ich angefangen zu glauben, dass sich alle Menschen vernünftig und ›rational‹ verhalten sollten. Ich hielt wirklich an dieser Vorstellung fest. Aber natürlich verhalten sich die Menschen oft nicht so. So gut wie nie!«

Wie Megan beschrieben hat, können Gefühlsfärbungen eine bestimmte körperliche Handschrift haben. Das gilt aber nicht bei allen Menschen; also machen Sie sich keine Sorgen, wenn Sie keine derartigen Empfindungen haben. Doch manche spüren bei unangenehmen Gefühlsfärbungen, wie sich in Brust, Nacken, in den Schultern oder im Hals etwas zusammenzieht, und bei angenehmen Gefühlsfärbungen, wie etwas weit wird. Oder Sie spüren, dass sich Ihre Hände anspannen oder locker werden. Mitunter schwappen Empfindungen wie kleine Wellen durch den Körper hin und her. Gefühlsfärbungen können sich als alles nur Erdenkliche manifestieren, vor allem, wenn Sie sie viele Jahre gar nicht wahrgenommen haben. Bereiten Sie sich auf Unvermutetes vor – und darauf, überrascht zu werden.

Megan sagte: »Jedes Mal beim Ausatmen scannte ich meinen Körper nach Empfindungen. Wenn ich eine bemerkte, konnte ich in sie hineinspüren – angenehm, unangenehm oder neutral –, sie sanft anerkennen, sie benennen und innerlich flüstern: ›Ich brauche jetzt nichts zu tun.‹ Und ich entspannte mich einfach. Ließ sie *einfach da sein*. Und dann wartete ich auf die nächsten Ausatmung.«

Megan stellte fest, dass diese Worte – »Ich brauche jetzt nichts zu tun« – eine zutiefst positive Wirkung hatten, die noch lange nach Ende der formellen Meditation anhielt. »All das zu sehen und mir die Freiheit zuzugestehen, nicht aktiv zu werden, mir in Erinnerung zu rufen, dass ich überhaupt nichts zu tun brauchte, bewirkte, dass sich die Gefühle verflüchtigten. Gut, schlecht, neutral – ich konnte sie einfach unangetastet da sein lassen. Dann versickerten sie einfach. Es half mir auch, all die verschiedenen Teile des ›Bündels‹ zu sehen, die durch die Gefühlsfärbungen getriggert wurden; die reine Emotion mitsamt den Gedanken, Gefühlen und Empfindungen. Dann geschah etwas Seltsames: Es fühlte sich an, als ob das, was ich ursprünglich beobachtet hatte, gar nicht existierte. Ein Gefühl, als hätte ich das ganze Bündel vorher irgendwie zu etwas gemacht, das es nicht war, und hätte diesen ›Fehler‹ nun korrigiert. Das Schlimmste war, dass ich auch die angenehmen Dinge in etwas Trauriges verwandelt hatte, weil ich immer darauf aus gewesen war, dass sie anhielten. Ich hatte mich nach ein bisschen Glück im Leben gesehnt. Also hatte ich mich an solche Momente geklammert und mir dann sehr schnell Sorgen gemacht, dass sie vergehen und nie mehr wiederkommen würden. Doch all das brauchte gar nicht zu geschehen. Ich gab mir nun die Freiheit, nicht zu handeln – nicht zu reagieren –, und sorgte so dafür, dass all die anderen unangenehmen Dinge nicht auf diese angenehmen Momente folgten. Zumindest eine Weile, denn mein Geist erlangte nicht das Nirvana. Aber tief in mir spürte ich, dass ich etwas glücklicher und ausgeglichener wurde.«

Allmählich wurde Megan ihrem Geist gegenüber nachsichtiger. Sie machte am eigenen Leib die Erfahrung, dass Gefühlsfärbungen ganz natürlich sind, ebenso wie die Art und Weise, wie sie aufkommen und wieder vergehen. Das erinnerte sie daran, dass sie nicht auf jede vorübergehende Gefühlsfärbung zu reagieren brauchte. Sie konnte einfach beobachten und abwarten, in dem Wissen, dass im nächsten Moment eine andere da wäre. Indem sie sagte: »Ich brauche jetzt nichts zu tun«, löste sie sanft die Verbindung zwischen den Gefühlsfärbungen und ihrer zwanghaften Neigung, aktiv zu werden. Sie konnte sich Zeit nehmen, um darauf einzugehen. Und nicht selten stellte sie fest, dass es für sie tatsächlich am klügsten war, gar nichts zu tun.

Die schönen Momente des Lebens genießen

Die schönsten Momente mit anderen zu teilen, ist so natürlich, dass wir es oft ohne jegliches Nachdenken tun.

Phil hat uns diese Geschichte erzählt: »Heute bin ich mit meiner Partnerin am See spazieren gegangen und habe gesehen, wie sich ein Baum wunderschön darin spiegelte. Ich habe zweimal hingesehen, weil ich es leicht hätte übersehen können. In der Spiegelung schimmerte der blaue Himmel durch die von der Brise bewegten Blätter. Ich machte meine Partnerin darauf aufmerksam. Sie hörte mich nicht. Ich rief, dass sie hinschauen und sich das ansehen sollte. Aber selbst dann hatte ich den Eindruck, dass sie es nicht so sah wie ich. Um ehrlich zu sein, war ich ein bisschen enttäuscht.«

Jemanden aufzufordern, auf etwas zu achten, eine schöne Aussicht zu sehen, ein Foto zu machen oder zuzuhören, wie die Wellen krachend auf das Ufer schlagen, ist oft der gut gemeinte Versuch, eine Erfahrung zu teilen und zu vertiefen. Das ist an sich kein Problem, aber wenn es immer wieder vorkommt, merken Sie vielleicht, dass es eine subtile Barriere zwischen Ihnen und der Erfahrung, die Sie teilen wollen, errichtet. Es hindert Sie daran, den Moment nur um seiner selbst willen zu genießen.

Solche Momente zu erleben, ohne in betriebsames Handeln zu verfallen oder auf die Anerkennung einer anderen Person aus zu sein, kann sehr aufbauend sein. Es mag zwar auf den ersten Blick egoistisch wirken, ist es aber nicht. Denn wenn diese kleinen, kostbaren Momente des Lebens Sie nähren, profitieren auch die Menschen um Sie herum davon, weil Sie aufmerksamer und präsenter werden.

Nicht jeder erlebt Ströme angenehmer und unangenehmer Gefühlsfärbungen. Für manche ist es ganz normal, stattdessen viele neutrale zu haben. So war es bei Toyah. Sie hatte das Gefühl, »in Gleichgültigkeit gehüllt« zu sein. »Irgendwie taub«, sagte sie. »Nicht auf eine schlechte Weise; nur eine Art leichter Depression, aber ohne die negative Begleitmusik. Es kam offenbar mit der Mutterschaft hoch. Ich war einfach zu erschöpft, um etwas angenehm oder unangenehm zu finden. Deshalb habe ich mich oft gefragt, wozu die Praxis überhaupt gut sein sollte. Es tat sich nichts. Es war alles so neutral. So grau.«

Toyah blieb hartnäckig und blickte unter die Decke ihrer Gleichgültigkeit. Selbst Langeweile konnte interessant werden, sagte sie sich. Sie erinnerte sich daran, wie sie dies ihrem Sohn beigebracht hatte, als er noch klein war. Wenn er sagte: »Mir ist langweilig«, erwiderte sie: »Komm, dann wollen wir uns mal so richtig zusammen langweilen und sehen, was passiert.«

»Nach einer Weile fing er an, Dinge aus Materialien zu basteln, die gerade da waren. Das war etwas Interessantes und Kreatives. Ich beschloss, dasselbe mit dieser Übung zu versuchen: auf die Langeweile der neutralen Gefühlsfärbungen zu achten. Mir wurde klar, dass ich mich zu krampfhaft bemüht hatte. Also erkannte ich die Situation an und sagte: ›Ich brauche jetzt nichts zu tun.‹ Das war für mich ein Weg, um abwarten zu können, was in Geist und Körper vorging. Nach einer Weile fiel mir auf, dass die neutralen Gefühlsfärbungen auf merkwürdige Art und Weise Entspannung und Ausgeglichenheit gleichkamen. Sie bedeuteten einfach, dass ich nicht aufgeregt war. Nicht unglücklich oder deprimiert – einfach nicht aufgeregt. Die Situation war also nicht so hart, wie ich erwartet hatte. Und das hatte, wie ich herausfand, einen ganz eigenen Reiz. Ich entdeckte, dass ich nicht die ganze Zeit ›aufgedreht‹ oder ›auf dem Sprung‹ zu sein brauchte; dass es einen Zustand gibt, der weder aufgeregt noch deprimiert ist, sondern irgendwo dazwischenliegt. Und manchmal kann das ein beruhigender Zustand sein.«

Ich kann nur glücklich sein, wenn …

Unablässig nach bestimmten vorgegebenen Zielen zu streben, ist eine der Hauptursachen dafür, dass wir unglücklich sind und leiden. Vielen ist gar nicht klar, wie sehr sie es von einem bestimmten Ergebnis abhängig machen, ob sie glücklich sind.

Nehmen Sie irgendetwas, auf das Sie sich in den nächsten zwölf Monaten freuen (in den Urlaub fahren, ein neues Haus oder Auto kaufen, ein wichtiges Projekt abschließen). Wie sehr glauben Sie, dass Sie nur glücklich sein können, wenn Sie dieses Ziel erreichen? Oder anders gefragt: Glauben Sie, dass Sie auch dann glücklich sein können, wenn Sie es nicht erreichen? Diejenigen, die sehr stark davon abhängig sind, dass die meisten oder alle ihre Pläne glücken, sind tendenziell stärker darauf fokussiert, wie etwas zu sein hat. Sie handeln weniger bewusst, reagieren eher automatisch und urteilen mehr, kurzum: Sie sind weniger achtsam.

Diejenigen, die sagen, sie könnten auch dann glücklich sein, wenn die Dinge nicht genau so laufen, wie sie es sich erhofft haben, neigen zu bewussterem Handeln und sind weniger reaktiv und urteilend. Sie sind achtsamer.[64]

Diese Zusammenhänge wirken sich auch auf das tägliche Leben aus. Erkennen Sie bei sich die Neigung, Ihr Glück von bestimmten Ereignissen abhängig zu machen? Davon, dass es im Laden Ihr Lieblingssandwich gibt; dass Sie pünktlich zu Ihrem Termin kommen, Ihr Kollege Sie anlächelt, Sie an dem langsamen Lkw auf der Autobahn vorbeikommen?

Wenn Sie das Gefühl haben, dass Ihr Glücklichsein von solchen Dingen abhängt, dann legen Sie am Ende zu viel Wert darauf, sie zu erreichen – selbst die relativ kleinen, belanglosen Dinge. Auf diese Weise lassen Sie zu, dass Nebensächliches Ihr Körperbudget aufbraucht, und bewirken, dass nur wenig Energie übrig bleibt, um die Welt wahrzunehmen und jeden Augenblick zu genießen. So kommt es, dass Sie Ihr Essen nicht schmecken, die Wolken am Himmel nicht sehen oder das Rascheln der Blätter an einem schönen Herbsttag nicht hören. Die Liste der verpassten Alltagsfreuden ist endlos. Sie bemerken auch nicht Ihre zunehmende Müdigkeit, ebenso wenig wie Ihre Reizbarkeit und Ungeduld; alles Dinge, die selbst die stärksten Beziehungen nach und nach untergraben können.

Manchen fällt es schwer, die Ausatmung als Hinweisreiz zu nutzen, um sich auf die Gefühlsfärbung einzustimmen. Vielleicht merken Sie, dass Sie zu angestrengt suchen und Jagd auf das Angenehme oder Unangenehme machen. Vielleicht bemühen Sie sich zu sehr, es »richtig« zu machen. Dann kann natürlich der Gedanke aufkommen, dass Sie es die ganze Woche nicht hinbekommen werden. Wenn das passiert, denken Sie daran: Sie können jederzeit, wenn

Sie das Bedürfnis haben, sich zu stabilisieren, zu Ihrem gewählten Anker zurückkehren, zu dem, den Sie in der ersten Woche benutzt haben (siehe Seite 61). Sie sind nicht auf die Ausatmung (oder überhaupt auf den Atem) angewiesen.

Leila hatte ebenfalls Schwierigkeiten, Gefühlsfärbungen wahrzunehmen. Das überraschte sie, denn in den vorangegangenen Wochen hatte sie es nicht so erlebt. Sie war zunehmend enttäuscht von sich selbst und davon, dass sich wiederkehrende Gedanken ständig in ihrem Kopf im Kreis drehten: »Ich halte das keinen Moment länger durch, schon gar keine ganze Woche. Da werde ich verrückt.« Dann beruhigte sie sich und lächelte angesichts der Situation – wie sehr der Gedanke »Ich werde verrückt« nach ihrer Aufmerksamkeit schrie und wie »katastrophenhaft« er war. Sie nahm die durch diese Gedanken verursachte Spannung in Kiefer und Schultern wahr und beschloss, einen anderen Weg einzuschlagen. Zu Beginn nahm sie einige Minuten ihre Füße als Anker (den sie in der ersten Woche gewählt hatte), bevor sie wieder zur Ausatmung zurückkehrte. Das funktionierte besonders gut, wenn sie geistig abschweifte. In diesem Fall registrierte sie die Gefühlsfärbung des Augenblicks und beobachtete dann während der nächsten fünf Atemzüge, ob und wie diese sich veränderte. Dann wurde sie neugierig auf die kleine Pause zwischen dem Ende der Ausatmung und dem Beginn der Einatmung. Sie konnte diesen relativ stillen Moment schätzen, in dem sehr subtile angenehme oder unangenehme Echos von Gedanken oder Gefühlen da waren. Solche Momente ermöglichten ihr, mit diesen in einem weiten, ruhigeren Raum auszuharren.

In einer solchen Stille kann sich das »Ich«, das sich wünscht, dass alles auf eine bestimmte Weise sein soll, entspannen und beiseitetreten. Allmählich nehmen Sie Gedanken und Empfindungen wahr, die Sie nicht mögen und die normalerweise im Verborgenen liegen, die Sie aber trotzdem, ohne es zu merken, wegschieben wollen. Wenn das geschieht, spüren Sie in sich hinein. Fühlen Sie, wie sich das Budget des Körpers aufs Handeln vorbereitet? Die soeben beschriebene Abneigung kann sich wie ein Druck im Körper anfühlen, wie etwas Wegzuschiebendes oder vielleicht wie eine leichte Anspannung, ein Zusammenzucken oder eine allgemeine Abwehrhaltung. Oder aber Sie bemerken einen Gedanken oder eine Vorstellung, die eine Anziehung ausübt: »Ich will, dass die Leute mich mögen«, »Ich will erfolgreich sein« oder »Ich will jemandem begegnen, der mich liebt«. Wenn Sie in solchen Momenten die Aufmerksamkeit auf Ihren Körper richten, versuchen Sie zu spüren, ob er seine »Truppen mobilisiert« und sich aufmacht, um etwas zu erlangen, was Sie wollen oder brauchen. Fühlt es sich an wie Anspannung im Bauch? Oder wie eine Faust, die sich in Ihre Eingeweide krallt? Oder wie verspannte Schultern, eine zugeschnürte Kehle? Vielleicht wird Ihr Gehör etwas schärfer und Ihre Haut empfindlicher. Oder Sie merken, dass der Körper Ihnen deutlicher als Ihr bewusster Verstand mitteilt, welche Gedanken die Angst oder das Verlangen nach etwas in Ihnen wecken – und vieles andere mehr.

Die Gefühlsfärbung im täglichen Leben wahrnehmen

Achten Sie in dieser Woche bei Ihren normalen Tagesaktivitäten auf Momente, in denen Sie die Gefühlsfärbung dessen, was geschieht, wahrnehmen.

1. Vielleicht finden Sie es in den »Zwischenräumen« des Alltags hilfreich, zum Beispiel, wenn Sie irgendwohin gehen oder auf jemanden oder etwas warten, sei es im Stehen oder im Sitzen. Achten Sie dabei darauf, wie sich die Füße im Kontakt mit dem Boden anfühlen. Spüren Sie im Gehen oder Stehen die Luft an Gesicht, Armen und Beinen.
2. Was auch immer Ihnen auffällt, geben Sie Ihren Gefühlsfärbungen Raum, egal, ob sie sich angenehm oder

unangenehm anfühlen. Spüren Sie jegliche gebündelten Gefühle, Empfindungen, Gedanken und Handlungspläne. Wie verändern sie sich von einem Moment zum nächsten? Seien Sie freundlich zu sich selbst, während Sie sich im gegenwärtigen Moment verankern und die Aktivitäten Ihres Tages fortsetzen.

3. Bemerken Sie eine *Reaktion* auf das, was gerade passiert? Wollen Sie einen angenehmen Moment festhalten oder vertiefen, möchten Sie ihn dämpfen? Wenn etwas unangenehm ist, grübeln Sie dann darüber nach, oder versuchen Sie, es loszuwerden? Wenn ein Moment eher neutral ist, ertappen Sie sich dann dabei, dass Sie sich ausklinken, weil Sie das Gefühl haben, dass »nichts los« ist?
4. Solche Gefühlsfärbungen sind ganz natürlich. Nehmen Sie sie daher freundlich zur Kenntnis, und sagen Sie beim Ausatmen innerlich: »Es ist in Ordnung, das nicht zu mögen« oder »Es ist in Ordnung, das zu mögen«. Finden Sie heraus, was geschieht, wenn Sie beim Ausatmen hinzufügen: »Ich brauche jetzt nichts zu tun«, bevor Sie zum nächsten Moment Ihres Tages übergehen.
5. Mit etwas Übung sehen Sie diesen Prozess vielleicht klarer und genießen es, den Raum zwischen der momentanen Gefühlsfärbung und Ihrer Reaktion darauf zu erweitern. Sie merken vielleicht, dass der Reaktionsimpuls schwächer wird, wenn Sie einfach sagen: »Es ist in Ordnung, das zu mögen« oder »Es ist in Ordnung, das nicht zu mögen«, gefolgt von »Im Moment brauche ich nichts zu tun«.

Die Praxis der Gefühlsfärbungen ins tägliche Leben zu integrieren, kann außerordentlich wichtig sein. Schließlich sind das die

Momente, in denen es wirklich nötig ist, Gefühlsfärbungen wahrzunehmen.

Mo erzählt, wie er die Praxis zum ersten Mal gewissermaßen »in freier Wildbahn« und nicht in Stille beim Meditieren anwandte. Er sollte im Rahmen seiner Arbeit einen wichtigen Vortrag halten. Es war eine ganztägige Versammlung. Kurz vor dem Mittagessen hätte er sprechen sollen, aber die Vorredner kamen immer mehr in Verzug, und ihm wurde klar, dass er seinen Vortrag entweder kürzen oder in die gefürchtete Zeit nach dem Mittagessen verlegen musste, wenn alle im Halbschlaf sind.

Im Lauf des Vormittags merkte er, dass er sich ganz natürlich auf seine Gefühlsfärbungen einstellte. »Ich war besorgt«, sagte er. »Deshalb ging ich davon aus, dass alle Gefühlsfärbungen unangenehm wären. Aber es gab auch einige angenehme Momente. Ich war gern mit meinen Kollegen zusammen, und diese Versammlungen sind oft sehr aufbauend. Ich fühlte mich also wertgeschätzt, war aber auch neugierig auf das, was ich bei dem Treffen erfahren würde.«

Wenn sich ein unangenehmer Moment einstellte, sagte Mo sich erst: »Es ist in Ordnung, dass es so ist.« Und dann: »Ich brauche jetzt nichts zu tun.« Er merkte, dass er insgesamt immer weniger besorgt war und den anderen Rednern mehr Aufmerksamkeit entgegenbrachte. Das kam ihm zugute, denn es wurde beschlossen, seinen Vortrag noch vor dem Mittagessen einzuschieben, obwohl sie schon spät dran waren.

»Man sah förmlich, wie alle vor Enttäuschung in sich zusammensackten, als ihnen klar wurde, dass sie zu spät zum Mittagessen kommen würden – und wahrscheinlich auch früher zurückkehren müssten. Ich ergriff die Initiative und bat alle, aufzustehen und sich kurz zu strecken, bevor ich anfing. Das munterte alle auf und gab mir Raum zum Nachdenken. Ich erkannte, dass ich vieles von dem, was ich hatte sagen wollen, weglassen konnte, weil andere es bereits gesagt hatten. Das bedeutete, ich konnte mich wirklich auf die wichtigsten Punkte konzentrieren. Während des Vortrags wurde ich an einigen Stellen ziemlich nervös, weil ich improvisierte und fürchtete, den Überblick zu verlieren. Das löste ich, indem ich einen Moment innehielt, was meinen Ausführungen eine dramatische Wirkung verlieh. Zum Glück hatten die Zuhörer keine Ahnung, was ich in Wirklichkeit tat: Ich nutzte diese Momente, um die Aufmerksamkeit auf meine Füße zu lenken (die Füße werden nicht nervös, sagt meine Meditationslehrerin) und mich darauf zu konzentrieren, wie sie sich beim Kontakt mit dem Boden anfühlten. Dadurch fühlte ich mich stark, fest und geerdet. Dann stimmte ich mich kurz auf die Gefühlsfärbungen im Körper ein und sagte mir innerlich: ›Es ist in Ordnung. Ich brauche jetzt nichts zu tun.‹«

In diesem Fall wirkte sich die Praxis zum Vorteil aller aus. Am Ende gingen sie pünktlich zum Mittagessen und dankten Mo für sein Entgegenkommen, den Vortrag zu verkürzen. Mehr noch: Alle hörten aufmerksam zu, weil der Vortrag die Dinge kurz und prägnant auf den Punkt brachte. Rückblickend sagte Mo, die Praxis habe ihm geholfen, präsent zu bleiben, und er habe seinen starken Drang zu reagieren, besser durchschauen können. »Sie hat mir geholfen, sinnvoll zu handeln«, meinte er.

KAPITEL 10

WOCHE SECHS: Fliegen bei schlechtem Wetter

Der junge Mann stopfte sechs Tafeln Schokolade in seine weich gefütterte Lederjacke. Er kletterte in das Cockpit des Pitcairn-Doppeldeckers, zog die Schutzbrille herunter und gab das Signal zum Anlassen des Motors. Wenige Minuten später holperte er über die grasbewachsene Landebahn in New Jersey, bevor sein kleines Flugzeug langsam aufstieg in Richtung der sonnenbeschienenen Wolken und weiter nach Kalifornien.

Man schrieb das Jahr 1930, und der Pilot war der sechzehnjährige Robert Buck. Es war der erste von vierzehn Flugrekorden für den jungen Mann. Mit Anfang zwanzig begann Bob Buck, größere Flugzeuge zu fliegen – DC-2- und DC-3-Maschinen. Er kämpfte gegen Eis, Nebel, Turbulenzen und Gewitter und eignete sich dabei die Fähigkeiten an, die ihn zum führenden Experten für Flüge bei solchem Wetter machen sollten. Schon die Kapitelüberschriften seiner 1970 erschienenen »Pilotenbibel«, *Weather Flying*[65] (etwa: »Mit dem Wetter fliegen«, Anm. d. Ü.), vermitteln ein Gefühl von Erforschung und Abenteuer: »Das Wetter und die Gesamtlage im Blick behalten«, »Fliegen bei Turbulenzen« und »Du bist der Captain«. Einige Überschriften enthalten sanfte Warnungen: »Es ist weiter weg, als du denkst« und »Wetter verbraucht Treibstoff«.

Andere klingen beruhigend: »Das Wetter ist meistens gut«, »Wie fühlst du dich?« und »Ruhe bewahren«. Jetzt, da das Buch in der fünften Auflage vorliegt, greift sein Sohn (ebenfalls Pilot) die Geschichte auf:

> Wenn du oft genug mit dem Kerl in der Luft unterwegs warst, der *Weather Flying* geschrieben hat, dann lerntest du bald, dass dieser Zusammenhang zwischen Wetter und Fliegen ein großes Thema war. Seine Begeisterung für das faszinierende Rätsel des Wetters war ansteckend, und man lernte schnell, dass darauf zu achten nicht nur das Fliegen verbesserte, sondern dass es Pilot und Flugzeug schützte, sodass sie einen weiteren Tag fliegen konnten.[66]

Robert liebte schwieriges Wetter und betrachtete es nie als einen Gegner, den es zu besiegen galt. Er flog immer *mit* dem Wetter, niemals dagegen, und nutzte dessen Kräfte zu seinem Vorteil. Mithilfe aufsteigender Luftströmungen gewann er Höhe und sparte Treibstoff; er lavierte durch Wettersysteme hindurch, um seinen Flug zu beschleunigen, und meisterte Turbulenzen und Stürme, indem er sie annahm und mit ihnen – oder um sie herum – arbeitete, statt sich ihnen direkt entgegenzustellen. Jede Schwierigkeit, jeden Sturm, ebenso wie jede ruhige Phase, sah er als Gelegenheit, zu lernen und wichtige Fähigkeiten zu perfektionieren.

Jahrzehnte später setzte Roberts Tochter Ferris diese Prinzipien in ihren Meditationskursen praktisch um. Bei einem unserer ersten Besuche am University of Massachusetts Medical Center nahm einer von uns (Mark Williams) an einem Kurs von Ferris teil; das ist viele Jahre her.[67] Die Teilnehmenden des Kurses hatten bereits mehr als die Hälfte eines achtwöchigen Kurses zur Achtsamkeitsbasierten Stressreduktion (MBSR) hinter sich, und einige Teilnehmende sprachen sehr offen über ihre drückenden Stimmungen, negativen Gedanken und die Schwierigkeiten im Leben. Diejenigen von uns, die in der Therapietradition verwurzelt waren, wussten, was zu tun war, als wir ihre Geschichten hörten: Wir würden mit diesen Geschichten arbeiten, um einen Weg zu finden, mithilfe von Verhaltensaufgaben nach und nach gegen negatives Denken anzugehen. Doch Ferris tat diesen Schritt überhaupt nicht. Sie verfolgte einen radikal anderen Ansatz; einen, der die Teilnehmenden dazu ermutigte, schwierige Gedanken und Gefühle einfach da sein zu lassen, ihnen mit freundlichem Gewahrsein und einer »einladenderen« Einstellung zu begegnen, anstatt sich auf die Notwendigkeit zu konzentrieren, eine Lösung zu finden. Wir sahen auch, dass die Herangehensweise von Ferris und ihren Kollegen nicht dem gängigen Stereotyp von Meditation entsprach – dass sie nämlich eine Möglichkeit ist, den Geist zu klären oder vor unerwünschten Gedanken oder Gefühlen zu fliehen oder diese auszuschließen. Stattdessen ermutigte sie die Teilnehmenden, zu erkennen und durch eigene direkte Erfahrung zu lernen, dass es oft noch mehr Spannungen und inneren Aufruhr erzeugt, gegen unerwünschte Gedanken, Gefühle und schmerzhafte Körperempfindungen anzukämpfen.

In Ferris' Kursen – und denen ihrer Kollegen – erfuhren wir, dass Menschen durch Achtsamkeit eine ganz andere Beziehung zu ihren Gedanken, Gefühlen, Impulsen und Körperempfindungen entwickelten. Sie lehrte, dass Gedanken einfach nur mentale Ereignisse sind – nicht »ich« oder eine konkrete Realität. Diese Erkenntnis bringt uns wieder mit unserer innewohnenden Weisheit und Freundlichkeit in Verbindung. Sie hilft uns, zu erkennen, dass unsere turbulenten Stimmungen völlig verständlich sind; eine Wetterlage, die es zu durchfliegen gilt. Ferris' Ansatz wurde zu einem zentralen Merkmal der Behandlung, die wir entwickelten und die später als Achtsamkeitsbasierte Kognitive Therapie (MBCT – *Mindfulness-based Cognitive Therapy*) bekannt wurde. Als die Nachfrage nach MBCT weltweit exponentiell anstieg und Studien zeigten, dass es eine der wirksamsten Behandlungen ist, die je zur Vorbeugung von Depressionen entwickelt worden ist, mussten wir neue Lehrende ausbilden, und so begann Ferris, an der Seite von Zindel Segal und Mark Williams zu unterrichten, und beeinflusste die MBCT-Entwicklung für alle Zeiten. Ferris starb 2019, doch dieses Buch ist eine bleibende Erinnerung an sie, unsere Lehrerin, Kollegin und Freundin. Wenn Sie die Übungen in diesem Programm machen, spüren Sie auch ihren Einfluss auf diesen Kurs zu den Gefühlsfärbungen. Dadurch sind Sie nur wenige Schritte vom *Weather Flying* ihres Vaters entfernt.

Das bringt uns zum Thema dieser Woche. Es ist an der Zeit, zu lernen, wie wir unser eigenes Mit-dem-Wetter-Fliegen durchführen und damit anfangen, dass wir geschickt mit turbulenten Emotionen umgehen. Auch wenn das zunächst etwas beängstigend erscheinen mag: Sie verfügen bereits über alle Fähigkeiten, die Sie dazu brauchen. In der ersten Woche haben Sie geübt, Ihren Geist zu beruhigen und verschiedene Anker für Ihre Aufmerksamkeit zu verwenden. In der zweiten Woche haben Sie geübt, die Aufmerksamkeit aufrechtzuerhalten, indem Sie bewusst innegehalten haben, wenn Ihr Geist abgelenkt war. In der dritten Woche haben Sie gelernt, die Gefühlsfärbung all dessen zu beobachten, was in Ihrem Geist und Körper auftaucht. In der vierten Woche haben Sie geübt, die Gefühlsfärbung so sein zu lassen, wie Sie sie vorgefunden haben, und die Tendenz zur Überreaktion bewusst aufzulösen, indem Sie sich sanft gesagt haben »Es ist in Ordnung, das zu mögen« oder »Es ist in Ordnung, das nicht zu mögen«.

In der vergangenen Woche haben Sie diesen Prozess noch etwas weitergeführt, indem Sie sich auf die natürliche Veränderlichkeit Ihrer Gefühlsfärbungen konzentriert und dann gelernt haben, wie Sie Ihre unsinnigen Forderungen auflösen können, indem Sie innerlich sanft sagen: »Im Moment brauche ich nichts zu tun.«

In dieser Woche werden Sie nun all diese Fähigkeiten zusammenführen. Sie werden lernen, die Zeiten willkommen zu heißen, in denen Emotionen Sie zu überwältigen drohen, und sie als Gelegenheit zu sehen, Ihr Mit-dem-Wetter-Fliegen zu üben.

Bevor Sie mit den Übungen dieser Woche beginnen, ist es hilfreich, zu wissen, wie Sie mit etwas umgehen können, das all Ihre Bemühungen unterminieren, Ihren Aufruhr verstärken und bewirken kann, dass ein emotionaler Sturm noch länger anhält. Sie werden es als Unfreundlichkeit gegen sich selbst kennen. Wenn Sie in trauriger Stimmung auf Ihren Geist hören, ist da oft ein selbstkritischer Unterton. Es können unangenehme Gedanken auftauchen wie »Ich sollte mich nicht so fühlen«, »Ich sollte stärker sein«, »Ich dachte, das hätte ich überwunden«, »Reiß dich zusammen«.

Solche und ähnliche Gedanken sind ein Versuch, Sie aus Ihrer Stimmung herauszuholen, aber nur wenigen fällt auf, wie unfreundlich sie in Wirklichkeit sind. Stellen Sie sich vor, Sie würden so etwas zu einer guten Freundin sagen, die verzweifelt, leicht verwundbar, deprimiert oder traurig ist. So etwas würde Ihnen nicht eine Sekunde in den Sinn kommen. Ihnen wäre klar, wie verletzend diese Worte sein können und dass sie völlig kontraproduktiv sind. Eine solche Grausamkeit würde nur dafür sorgen, dass es der Freundin noch schlechter geht; es würde ihr Selbstvertrauen untergraben und sie noch mehr schwächen. Warum also sagen Sie sich diese Dinge trotzdem immer wieder selbst? Wahrscheinlich, weil Sie glauben, dass es Ihnen hilft. Niemand greift sich selbst auf diese Weise an in der Annahme, dass er sich damit schadet. Im Gegenteil, wir wollen unsere unangenehmen Gefühle loswerden und gehen davon aus, unfreundlich zu sein, sei eine Form »liebevoller Strenge«, die eben »einfach funktioniert«, weil solche Stürme auf kurze Sicht tatsächlich manchmal nachlassen können. Doch letztlich tun sie das gar nicht, sondern wir haben uns selbst bewusstlos geschlagen, wie ein Boxer, der dem Gegner einen Hieb aufs Kinn verpasst. Wir mögen vielleicht denken, wir hätten solche Gefühle erfolgreich bekämpft; doch in Wirklichkeit haben wir uns nur abgelenkt und geschwächt und damit die Bühne für den nächsten Zyklus negativer Gedanken bereitet.

Aber es gibt eine Alternative. Sie können Ihre innere Stärke entwickeln, indem Sie Ihrem bekümmerten Geist und Ihrem Herzen Freundlichkeit entgegenbringen. Und genau das werden Sie diese Woche tun. Zunächst üben Sie die Meditation »Freundlichkeit«. Dann greifen Sie auf Ihre erweiterten Ressourcen zurück, indem Sie mit Ihren schwierigen Emotionen arbeiten und dabei die Meditation »Schwierigkeiten erkunden« wie auch die tägliche Achtsamkeitspraxis anwenden.

Übungen für Woche sechs

- **Meditation »Freundlichkeit« –** sie sollte an Tag eins, drei und fünf dieser Woche durchgeführt werden (Track 6.1). Sobald Sie mit den Anleitungen vertraut sind, verwenden Sie die Version mit minimalen Anleitungen (Mi) (Track 6.2).
- **Meditation »Schwierigkeiten erkunden« –** sie sollte an Tag zwei, vier und sechs dieser Woche entweder zweimal täglich zehn Minuten (Track 6.3) oder einmal täglich zwanzig Minuten (Track 6.4) durchgeführt werden. Sobald Sie mit der Meditation vertraut sind, können Sie die Version mit minimalen Anleitungen (Mi) (Track 6.5) oder mit Glockenton (Track 6.7) verwenden.
- **Üben Sie die Meditation »Freundlichkeit« oder die Meditation »Schwierigkeiten erkunden«** (Track 6.2 oder 6.5) oder eine andere Meditation aus der Vorwoche an mindestens einem Tag dieser Woche eine halbe Stunde lang.
- **Tägliche Achtsamkeitspraxis »Sich der Schwierigkeit zuwenden« –** sie sollte an mindestens sechs Tagen in dieser Woche durchgeführt werden; oder immer dann, wenn

Sie unangenehme Gefühlsfärbungen wahrnehmen (siehe Kasten Seite 231f. wegen einer detaillierten Anleitung). Vielleicht möchten Sie sich Track 6.6 anhören, als Unterstützung für die ersten Tage dieser Praxis.

Alle Meditationen für diese Woche finden Sie unter
www.penguin.de/neues-achtsamkeitstraining

Meditation »Freundlichkeit«

In dieser Meditation sind Sie eingeladen, sich die Zeit zu nehmen, um sich Gutes zu wünschen – sich Freundlichkeit zukommen zu lassen inmitten all dessen, was in Ihrem Leben geschieht.

Vorbereitung

1. Beginnen Sie damit, dass Sie sich einige Minuten verankern, indem Sie auf die Atemempfindungen in Nase, Brust oder Bauch achten.
2. Verweilen Sie dann noch einige Minuten im Gewahrsein des ganzen Körpers, während Sie hier sitzen.

Sich an freundliche Taten anderer erinnern

3. Wenn Sie bereit sind, versuchen Sie, sich an eine Person aus der Gegenwart oder aus Ihrer Vergangenheit zu erinnern, für die Sie Liebe oder Freundschaft emp-

finden. Das kann ein guter Freund sein, ein Elternteil oder Großelternteil, ein Kind oder Enkelkind; jemand, der Ihnen nahesteht und zu dem Ihre Beziehung nicht zu kompliziert ist; eine Person, die leicht zu lieben ist. Wenn Ihnen auf Anhieb niemand einfällt, dann erinnern Sie sich vielleicht an eine einzelne freundliche Tat, eine Zeit, in der Ihnen jemand Liebe oder Fürsorge entgegengebracht und in diesem Moment etwas Gutes für Sie bewirkt hat. Vielleicht fällt Ihnen auch ein Haustier ein, ein freundliches Wesen, das Ihr Herz erwärmt, wenn Sie daran denken.

4. Sehen Sie diese Menschen oder Tiere klar vor Ihrem geistigen Auge, und lassen Sie sie für diese Momente in Ihrem Herzen verweilen ...
   ... erlauben Sie, dass das Gefühl der Freundlichkeit und Freundschaft zwischen Ihnen Sie einhüllt und Sie mit seiner Wärme umgibt.

Sich selbst Freundlichkeit entgegenbringen

5. Wenn Sie bereit sind, versuchen Sie, dieselbe Freundlichkeit und Freundschaft sich selbst entgegenzubringen, indem Sie innerlich sagen:

   Möge ich sicher und wohlauf sein;
   Möge ich in Frieden leben;
   Möge ich mit Leichtigkeit und Freundlichkeit leben.

6. Auf diese Weise bringen Sie sich dasselbe Gefühl der Freundlichkeit und Freundschaft entgegen, das sich eine liebe Freundin oder ein Familienmitglied für Sie wünschen würde. Wenn Ihnen das schwerfällt, probieren Sie aus, wie es ist, wenn Sie Ihren eigenen Namen anstelle von »ich« verwenden. Das kann sich

ganz anders anfühlen. Vielleicht möchten Sie auch ausprobieren, eine Hand (oder beide Hände) auf die Herzgegend zu legen, während Sie diese Sätze sagen.

Freundlichkeit mitten in einer schwierigen Situation

7. Manchmal ist es schwierig, sich selbst Gutes zu wünschen, vielleicht wegen einer derzeit schwierigen Lebenssituation. Achten Sie darauf, wie es ist, solche Schwierigkeiten anzuerkennen, und unterstützen Sie dies mit folgenden Worten:[68]

   Möge ich in dieser Situation sicher und wohlauf sein;
   Möge ich in dieser Situation in Frieden leben;
   Möge ich in dieser Situation mit Leichtigkeit und Freundlichkeit leben.

8. Auch wenn es Ihnen schwerfällt, sich selbst auf diese Weise Gutes zu wünschen, kann regelmäßiges Praktizieren nach und nach Geist und Herz für eine neue Möglichkeit öffnen: dass die Grobheiten, die Sie über sich selbst sagen oder denken, nicht das letzte Wort sind. Vielleicht werden Sie mehr geliebt, als Sie es je glauben oder wissen werden.

Beenden

9. Und nun lassen Sie diese Absichten los, und kommen Sie zurück zum Körper als Ganzes, der hier sitzt und im Gewahrsein selbst ruht. Lassen Sie ihn so sein, wie er ist, und erlauben Sie sich, so zu sein, wie Sie sind, heil und ganz.

Eins der freundlichsten Dinge, die wir für andere tun können, ist, zuerst freundlich zu uns selbst zu sein. Viele sträuben sich gegen diesen Gedanken, weil tief in der Kultur der westlichen Zivilisation – und zunehmend auch anderswo – etwas im Verborgenen liegt, das dies sehr schwierig macht. Sich selbst Mitgefühl und Verständnis entgegenzubringen, wird oft als schwach, zu nachsichtig gegenüber sich selbst oder sogar egoistisch angesehen. Härte sich selbst gegenüber, unerbittlich an die eigenen Grenzen zu gehen und keine Rücksicht auf sich zu nehmen. So etwas gilt als Weg, um Großes zu erreichen.

Leila hatte viele Jahre unter diesem Problem zu leiden. »Keine Zeit zum Ausruhen auf einem sterbenden Planeten; das war mein Motto«, sagte sie. »Ich arbeite für eine große, laute, rigorose Umweltgruppe. Wir befinden uns in ständigem Konflikt mit großen Unternehmen und vielen Regierungen auf der ganzen Welt. Ich bin jeden Tag zur Arbeit gegangen und habe gekämpft, gekämpft, gekämpft. Ich wusste: Das, was wir taten, war moralisch richtig, und das gab mir immer unglaublich viel Energie und die Entschlossenheit, mich immer weiter anzutreiben. Das funktionierte viele Jahre, bis es eines Tages nicht mehr ging. Eines Morgens fühlte ich mich fix und fertig, innerlich zerbrochen. Ich kam kaum aus dem Bett. Der Stress zwang mich, in der heißen Phase einer großen Kampagne einen Monat nicht zu arbeiten, und ich hasste mich dafür. Das folgende Jahr verbrachte ich mit Versuchen, wieder voll in den Kampagnenmodus zu kommen, stieß aber immer wieder an meine Grenzen. Jedes Mal, wenn ich etwas vorankam, ging mir sofort wieder die Puste aus. Es war furchtbar.«

Leila entdeckte schließlich, dass ein kleiner Teil von ihr in ihrem Inneren weinte: »Es war tragisch, das zu spüren. Etwas Zartes, Schönes lag im Sterben. Ich war dafür verantwortlich. Es fühlte sich an, als wäre ich eine Art gewalttätiger Partner. Ich hatte dem kleinen Kind in mir die Seele aus dem Leib geprügelt. Ich hatte es mit »Gaslighting« (gezielter Manipulation) und Mobbing gequält.

Ich glaube, ich habe es in bester Absicht getan, um das Beste aus mir herauszuholen, damit ich meinen Beitrag zum Umweltschutz leisten konnte, aber es bedeutete immer noch, dass ich in einer missbräuchlichen Beziehung zu mir selbst stand. Mir wurde klar, dass ich mich ändern musste, bevor ich mich selbst zerstörte – oder irgendwann von den Menschen und Organisationen, die ich eigentlich besiegen wollte, nicht mehr zu unterscheiden war. Ich dachte, es würde bestimmt schwierig, mich zu ändern, aber welche Alternative blieb mir schon? Recht bald erkannte ich, dass das immer noch leichter wäre, als weiter ein Leben voller Wut und Stress zu führen, in dem gelangweilte Gleichgültigkeit an die Stelle echter Vertrautheit getreten war. Es war zwar nicht leicht, meine Lebenseinstellung zu ändern, aber es war auch nicht annähernd so schwierig, wie ich es mir vorgestellt hatte. Ich war so hart zu mir selbst gewesen, dass es sich sehr schnell auszahlte, wenn ich mir auch nur das kleinste bisschen an Freundlichkeit und Mitgefühl entgegenbrachte. Fast von einem Tag auf den anderen entspannte ich mich, trieb einfach auf etwas dahin, das sich wie ein Meer aus Freundlichkeit anfühlte. Es war merkwürdig. Alle Negativität verschwand aus meinem Kopf, und ich spürte eine Art heilende Stille. Es war, als wäre die negative, kritische Stimme in den Urlaub gefahren. Ich spürte eine wunderbare Ruhe, durch die ich mich auf einer elementaren Ebene wieder mit mir selbst verbinden konnte.«

Doch es verlief nicht alles reibungslos. Mit der Rückkehr von Leilas Kraft und Resilienz kehrten auch ihre alten Gewohnheiten und Einstellungen zurück. Doch statt sie zu bekämpfen, hieß sie sie willkommen. Sie sah sie als das, was sie waren: der Versuch von Teilen ihrer selbst, dem Ganzen zu helfen und es zu schützen, auf die einzige Art, die sie kannten. »Jedes Mal, wenn sie zurückkehrten, dankte ich ihnen für ihre Bemühungen, und dann lösten sie sich offenbar auf und ließen mich eine Weile in Ruhe. Allmählich sah ich sie so, als würden sie widerwillig ihren Platz in der hintersten Reihe meines Lebens einnehmen. Und so verrückt es auch klingen mag: Ich versicherte ihnen, dass ich sie um Hilfe bitten würde, wenn ich sie bräuchte.«

Leila stieß auch auf einige andere Schwierigkeiten. Sie fand die Worte der Freundlichkeitsmeditation etwas seltsam. Einige von ihnen irritierten sie, denn sie war es nicht gewohnt, sich selbst Liebe und Freundlichkeit entgegenzubringen.

Wenn Sie also wie Leila finden, dass die angeleitete Übung etwas merkwürdig klingt (oder nicht die Sprache ist, die Sie normalerweise verwenden würden), passen Sie die Wörter ruhig so an, dass sie sich mehr nach Ihnen anfühlen. Vielleicht können Sie diese Praxis wie die Fitnessstudio-Übung sehen (siehe Seite 96f.). Wenn Sie die Wörter anpassen, bleiben Ihnen vielleicht manche Sätze den Tag über leichter im Gedächtnis. Nach Leilas Empfinden sprachen die Begriffe »Leichtigkeit und Freundlichkeit« sie am meisten an.

»Da war ein deutliches Gefühl der Wärme und des ›Loslassens‹ in meinem Herz- und Brustbereich, und nach der Übung war ich ruhig, fühlte mich aufgemuntert, geborgen. Später erkannte ich: Wenn ich liebevoller mit mir selbst umgehe, bin ich eher in der Lage, den aufgestauten Ärger loszulassen, den ich normalerweise auf meinen Schultern mit mir herumtrage. Und wissen Sie was? Ich hatte auch das Gefühl, anderen gegenüber aufrichtiger, freundlicher und liebevoller zu sein.«

Leila hatte etwas entdeckt, von dem auch viele andere berichten: Freundlichkeit hilft, aufgestaute Ängste und Stress loszulassen, die Sie belasten – genau die Ängste und der Stress, die Sie auch anderen gegenüber aggressiv machen. Freundlichkeit zu praktizieren, ist also nicht nur gut für Sie selbst, sondern kommt auch allen anderen in Ihrem Umfeld zugute. Auch Studien belegen diesen Effekt zunehmend. So sind beispielsweise Menschen, die ein Achtsamkeitsprogramm absolviert haben, schneller bereit, ihren Wartezimmer-Sitzplatz anderen, die auf Krücken gehen, zu überlassen.[69] Positive Eigenschaften wie Freundlichkeit und Liebenswürdigkeit gehören erwiesenermaßen zu den grundlegenden Persönlichkeitsmerkmalen, die im Umgang mit anderen wichtig sind.[70] Wenn wir also diese Eigenschaften verkörpern und sie dem Menschen entgegenbringen, den zu lieben uns oft am schwersten fällt – nämlich uns selbst –, werden wir merken, dass wir häufiger auch anderen gegenüber spontan altruistisch sind. Es kann ein ständiger Tanz der Freundschaft, Freundlichkeit und Großzügigkeit werden.

Doch nicht allen gelingt es, sich mit der Freundlichkeitsmeditation so schnell von ihren Problemen zu befreien. Für manche sind die geistigen Wetterverhältnisse zu turbulent und brauchen Zeit, um sich zu beruhigen.

»Zuerst dachte ich«, so Lou, »dass diese Freundlichkeitsmeditation nicht funktionierte. Es war wahrscheinlich zu viel los in meinem Leben, und es gab zu viele Ablenkungen, als dass ich einen Nutzen hätte erkennen können. Außerdem war ich früher so sehr verletzt worden, dass ich das Gefühl hatte, es würde sich ohnehin kaum etwas ändern, was auch immer ich tat. Aber nach ein paar Tagen veränderte sich doch etwas. Es war nur ein flüchtiger Eindruck – das Gefühl, dass ich Wahlmöglichkeiten habe. Und es ist seltsam, aber ich kann es nur so ausdrücken: Ich habe dem kleinen Kind in mir die Erlaubnis erteilt, unglücklich und verängstigt zu sein. Ich habe ihm versichert, dass es in Ordnung ist, das nicht zu mögen. Und das hat mir offenbar mehr Raum gegeben; mehr Möglichkeiten. Anschließend kehrte ich wieder dazu zurück, die Gefühlsfärbung bei jedem Ausatmen zu verfolgen. Allmählich konnte ich diesen Moment der Stille am Ende der Ausatmung und vor der nächsten Einatmung wirklich würdigen. Ich erkannte: ›In diesem Moment brauche ich nichts zu tun.‹ Puh! Nach all den Wochen des Übens ist die Ausatmung inzwischen der Ausgangspunkt für eine neue Chance in jedem Augenblick geworden. Ich habe erkannt, dass ich mir selbst normalerweise praktisch gar keine Freundlichkeit entgegenbringe. Im Gegenteil. Ich war schon immer sehr kritisch, und die meiste Kritik hebe ich mir für mich selbst auf.«

Leider ist auch unablässiges kritisches Beurteilen eine verbreitete grundlegende Haltung. Kritisch gegenüber uns selbst, kritisch gegenüber anderen. Und ohne dass wir es merken, führt diese Kritik zu einem Gefühl der Verkrampfung, das wiederum die Kreativität einschränkt und so das Gefühl hervorruft festzustecken. Diese Gefühle triggern dann weitere gewohnheitsmäßige Reaktionen, die Ihre Möglichkeiten noch mehr einschränken, was zu noch stärkerer Verkrampfung und einer noch ausgeprägteren Frustration führt. Es ist ein Teufelskreis, der Sie immer weiter nach unten zieht.

»Ich wusste das alles«, sagte Lou, »aber irgendwie konnte ich es nicht verinnerlichen. Ich lehnte mich immer wieder gegen die Vorstellung auf, Kritik zu üben sei falsch. Wie um Himmels willen konnte nur jemand glauben, die moderne Welt hätte ohne Kritik überhaupt aufgebaut werden können? Kritik an mangelhaften Ideen, Ansätzen, Entwürfen und Dingen im Allgemeinen … Wenn man keine Kritik übt, wie kann dann etwas verbessert werden?«

Lous Bedenken sind zwar verständlich, aber sie beruhen auf einem Missverständnis in Bezug auf Achtsamkeit und darauf, wie Fortschritte gemacht werden. Erstens ist es nicht »falsch«, Kritik zu üben. Es ist einfach nur nutzlos und kontraproduktiv, unablässig zu kritisieren – insbesondere sich selbst. Es ist oft viel besser, beiseitezutreten und eine umfassendere Perspektive einzunehmen. Auf diese Weise wird Kritik in gutes Urteilsvermögen umgewandelt und nimmt den ihr gebührenden Platz im Leben ein – als Wegweiser für Veränderung und nicht als etwas, mit dem Sie sich selbst zerfleischen. Wenn Sie zurücktreten und beobachten, ist die Wahrscheinlichkeit viel größer, Lösungen statt Probleme zu sehen. Wenn man sich zu sehr auf ein Problem konzentriert, kann es passieren, dass es irgendwann das gesamte Blickfeld ausfüllt und die Lösung verdeckt.

Wie Leila beschloss auch Karl, die Freundlichkeitsmeditation etwas zu modifizieren, um sie für sich passender zu machen. Er empfand es als zu schwierig, sich auf eine freundliche *Person* zu konzentrieren. Die Komplexität menschlicher Charaktere und seine

Beziehung zu anderen überforderten ihn. Er fand es hilfreicher, sich eine bestimmte freundliche *Tat* vorzustellen als jemanden, den er gut kannte. Darum konzentrierte er sich auf einen Moment, als er acht Jahre alt war. Er erinnerte sich an eine Lehrerin an seiner neuen Schule, der auffiel, dass Karl verloren und allein auf dem Schulhof stand, und die ihn zu seiner Klasse zurückbrachte. Es mochte nur ein kleiner Akt der Freundlichkeit gewesen sein, half jedoch in diesem Moment der Not sehr, und Karl vergaß es nie.

Manchmal können auch kleinere Veränderungen in der Meditation zu überraschenden Ergebnissen führen. Avril fand das auf andere Art und Weise heraus. Am Anfang fiel es ihr sehr schwer, sich selbst Gutes zu wünschen. Es war fast so, als wollte sie nicht im Mittelpunkt ihrer Gedanken stehen. Doch dann schlug ihr die Meditationslehrerin vor, dabei ihren eigenen Namen zu verwenden. Obwohl sie es seltsam fand zu sagen »Möge Avril in dieser Situation sicher und wohlauf sein«, fand sie, dass es ihr die Meditation leichter machte. Wie sie sagte, wurde »Avril« dadurch von »ich« getrennt, und das machte es für sie einfacher, dieser Person alles Gute zu wünschen. Und durch die Worte »in dieser Situation …« konnte sie leichter erkennen, dass es auch in den schwierigsten Momenten möglich ist, Freundlichkeit zu finden.

Freundlichkeit, Glück

Im Lauf dieser Woche werden Sie vielleicht feststellen, dass sich Glück oft ganz von selbst einstellt. Sie brauchen gar nichts zu tun. Vielleicht haben Sie Monate – oder Jahre – damit zugebracht, nach Glück zu streben, es endlos und oft vergeblich zu suchen. Ein solches Streben bewirkt in der Regel, dass die Erfahrung etwas oberflächlich wird: eine Art von Glück, die sich schnell verflüchtigt; man könnte es eher Vergnügen als wahres Glück nennen. Dies triggert die Angst, dass es bald zerrinnen wird, und die Sehnsucht, es möge bestehen bleiben. Zurück bleibt das Verlangen nach einem tieferen, authentischeren, länger anhaltenden Glück.

Durch Freundlichkeit wird etwas anderes kultiviert. Man könnte es Freude nennen. Diese Freude entsteht oft aus kleinen Dingen: aus der Freundlichkeit sich selbst und anderen gegenüber; aus einem gut gelebten Leben.

Avril erkannte das – dass ihr endloses Streben nach Glück es vertrieben hatte: »Anstatt zu versuchen, glücklich zu sein, beschloss ich einfach, freundlich zu mir selbst und auch zu anderen zu sein. Das änderte sehr viel. Es half mir, zur Ruhe zu kommen. Es war eine tiefgreifende Erkenntnis, so als würde eine Glühbirne angeschaltet. Ich fuhr mit dem Bus in die Stadt und erkannte, dass ich mich dabei verausgabte, ständig glücklich sein zu wollen. Ich gab ein Vermögen für Kleidung, Make-up, Partynächte und schicke Urlaube aus und dafür, mit ›den richtigen Leuten‹ an ›den richtigen Orten‹ gesehen zu werden. Ich habe mich immer bemüht, Social-Media-Influencer nachzuahmen, aber das hat mir nicht wirklich viel gebracht. Nicht tief innen drin. Eigentlich war es ein ziemlicher Kampf mitzuhalten! Verstehen Sie mich nicht falsch, eine Zeit lang habe ich es geliebt – kurze Zeit –, aber in Wirklichkeit war es nur eine Ablenkung. Seitdem habe ich erkannt, dass es so viel einfacher ist, ein bisschen freundlich zu mir selbst und anderen zu sein. Das, was mich antrieb, so erkannte ich, war der Wunsch, die schwer fassbare Wunderwaffe zu finden, die mich glücklich machte. Und dann sah ich plötzlich, dass ich das alles nicht zu tun brauchte. Ich brauchte mich nicht zu bemühen. Ich konnte eine Zeit lang einfach ich selbst sein und abwarten, was passiert.«

Avrils Einsicht ist wichtig. Glücklich zu sein wird mitunter als dringendes Ziel empfunden, und dieses Ziel anzustreben, kann Unmengen Energie verschlingen. Stress pur! Wenn Sie unablässig dem Glück nachjagen, kann es leicht dazu kommen, dass Sie sich letztendlich noch mehr Leid zufügen. Ihr Geist will Ihnen helfen, indem er sich bereit macht, Aktionen plant und »Was-wäre-wenn«-Szenarien entwirft, um Sie dem Glück näher zu bringen. Doch was auch immer er versucht, es hilft nicht. Wenn Sie erkennen, wie viel Leid Sie sich selbst dadurch bereiten – wenn Ihnen klar wird, dass das alles fast schon zur Sucht geworden ist –, dann ist nun der perfekte Moment gekommen, um die Gewohnheit loszulassen. Plötzlich sehen Sie, dass es einen anderen Weg gibt: indem Sie stattdessen versuchen, nett *zu sich selbst* zu sein. Genau jetzt. Sie brauchen sich keine Luxusartikel zu kaufen, noch nicht einmal kleine Naschereien; und Sie brauchen sich auch nicht zu bemühen, auf eine bestimmte Art und Weise zu sein. Bringen Sie sich – an geeigneten Stellen der Meditationen und im Lauf des Tages – einfach wohlwollende Freundlichkeit und Aufmerksamkeit entgegen. Sie können aufhören, sich zu bestrafen. Und Sie können anfangen, sich in Ihrer Haut zu entspannen, indem Sie sich mit allen Fehlern und Schwächen akzeptieren.

Wenn Sie Ihre geistigen Wetterverhältnisse kennenlernen, werden Sie vielleicht merken, dass Sie an bestimmten Tageszeiten empfindlicher sind als an anderen. Bei Felicity waren es die Momente nach dem Aufwachen. Sie beschloss zu experimentieren. Normalerweise trieb sie sich mit selbstkritischen Gedanken an, wie zum Beispiel »Los, komm endlich in die Gänge«, »Sei nicht so faul« und »Was werden die anderen von mir denken?«. Diese Woche wollte sie stattdessen versuchen, sich Freundlichkeit und Verständnis entgegenzubringen. In den vergangenen Wochen hatte sie bewusst auf ihre geistige Wetterlage geachtet, bevor sie sich in den Tag stürzte. So hatte sie etwas sehr Wichtiges erfahren. Bis dahin hatte sie geglaubt und sich immer eingeredet, dass sie jeden Morgen eine Panikattacke hätte. Bei genauerem Hinsehen merkte sie jedoch schnell, dass sie nicht *jeden Morgen* eine Panikattacke hatte, sondern nur etwa an der Hälfte der Tage. Bald erkannte sie auch die »Wetternuancen«. Sie vermerkte innerlich: »Hier ist etwas Angenehmes im Körper, hier ist etwas Unangenehmes im Gedankenstrom, hier etwas Angenehmes in der Umgebung.« Nach und nach fielen ihr Kleinigkeiten auf, wie zum Beispiel, dass an einem kühlen

Sommermorgen Luft sanft durch ein Fenster hereinströmte. Oder Vogelgezwitscher. Die frühen Morgenstunden waren also nicht annähernd so schlimm, wie sie es sich immer eingeredet hatte.

Dann erwachte sie eines Morgens mit Schmerzen und Verspannungen in Rücken und Schultern. Sie nahm an, dass sie wieder einmal einen Albtraum gehabt hatte. Normalerweise sank ihr der Mut, wenn sie merkte, dass für sie gerade ein weiterer müder, lustloser Tag begann. Solche schlechten Gefühle schlugen sich dann in einer Vorhersage nieder: »Das wird ein schlechter Tag …« Sie wusste, was als Nächstes passieren würde. Aber diesmal benannte sie es als »unangenehm«. Dann: »Es ist in Ordnung, das nicht zu mögen.«

»Und es hat sich aufgelöst. Einfach so«, sagte sie. »Die Praxis hat mir geholfen, mich nach und nach mit meiner Erfahrung anzufreunden. Sie vielleicht sogar zu würdigen. Und dann startete ich mit mehr Freundlichkeit mir selbst gegenüber in den Tag. Normalerweise war ich morgens sehr unfreundlich zu mir. Ich kommandierte mich herum und drängte mich; verlangte von mir, mich anzutreiben, etwas zu tun. Es stellte sich heraus, dass eine sanfte, warmherzige, freundliche Einstellung mir selbst gegenüber dazu beitrug, diese Forderungen abzumildern. Das gab mir die Zeit, diese Momente – sowohl die angenehmen als auch die unangenehmen – von selbst vorübergehen zu lassen.«

Schwierige Emotionen erkunden

Sobald Sie sich selbst etwas warmherzig, freundlich und mitfühlend behandeln, haben Sie den nötigen Treibstoff an Bord, um schlechtes Wetter – schwierigere, beunruhigende Emotionen – zu bewältigen. Das ist das Hauptziel der Meditation »Schwierigkeiten erkunden« dieser Woche (siehe Seite 226ff.). Doch zunächst ist es wichtig, sich an einige Schlüsselelemente zu erinnern, die wir in Woche eins besprochen haben.

Erstens: Denken Sie immer, wenn Sie an eine Schwierigkeit herangehen, daran, dass Sie die Wahl haben, wie Sie vorgehen wollen. Sie sollten nur dann an einer Schwierigkeit arbeiten, wenn Sie das Gefühl haben, dass Sie im Moment dazu imstande sind und die nötige Energie haben. Falls Sie zu müde sind oder sich generell überfordert fühlen, dann warten Sie, bis Sie besser in der Lage sind, damit umzugehen. Es hat keinen Sinn, die Zähne zusammenzubeißen und sich in extremer geistiger oder körperlicher Bedrängnis zur Meditation zu zwingen.

Zweitens können Sie wählen, wie nah Sie an eine Schwierigkeit herangehen wollen, wenn Sie sich damit befassen. Es ist sinnvoll, im Voraus zu entscheiden, wie Sie auf sicheres Terrain zurückkehren können, wenn Sie in Bedrängnis geraten. Ein solcher sicherer Boden können die Empfindungen in Händen oder Füßen sein, der Kontakt mit dem Sitz oder dem Boden oder auch die Gefühle, die der Atem beim Ein- und Ausströmen hervorruft. Wenn Sie sich auf diese Weise erden oder verankern, können Sie sich von jeglichen nicht hilfreichen Gedankenmustern lösen, die Ihre belastenden Emotionen schüren. Auf diese Weise lernen Sie, die volle Bandbreite der Erfahrung zu erkunden, angefangen bei der relativen Sicherheit der körperlichen Empfindungen am einen Ende des Spektrums bis hin zu den emotionalen Stürmen am anderen Ende, die durch aufwühlende Gedanken, Erinnerungen, Bilder und Impulse entstehen. Diese Praxis lädt Sie ein, sich in Ihrem eigenen Tempo auf diesem Spektrum hin- und herzubewegen.

Spontane Schwierigkeiten

Manchmal machen sich spontan schwierige Gefühle bemerkbar, und mit diesen können Sie dann üben; sie werden zu Ihrem Lehrer. Falls keine schwierigen Gefühle aufkommen, lädt die Meditation Sie dazu ein, sich bewusst eine Schwierigkeit zu vergegenwärtigen. Bevor Sie beginnen, wollen Sie sich vielleicht etwas aus den letzten Tagen in Erinnerung rufen, das Sie als Beispiel verwenden können. Am besten beginnen Sie mit kleinen Schwierigkeiten im Alltag: vielleicht mit einem Missverständnis oder einer Meinungsverschiedenheit, einer Situation, die Sie verärgert hat, Bedauern wegen etwas Geschehenem oder einer Sorge wegen etwas, das geschehen könnte. Sie fangen deswegen mit etwas Kleinem an, weil es bei dieser Übung nicht darum geht, die größten Probleme alle auf einmal zu lösen. Ziel ist vielmehr, dass Sie lernen, »mit dem Wetter zu fliegen«, sich Schwierigkeiten allmählich in einer Weise zuzuwenden, die Ihnen hilft, geschickt darauf einzugehen, statt in eine Reaktionskaskade zu geraten und sich darin zu verlieren. Denn wie Robert Buck herausgestellt hat, ist das Wetter nicht immer nett zu Piloten.

Wenn eine schwierige Situation oder Emotion im Geist aufkommt, haben Sie mehrere Möglichkeiten. Sie können sie einfach zur Kenntnis nehmen – fast schon distanziert – und anschließend wieder zu Ihrem Anker zurückkehren (Näheres entnehmen Sie dem nachfolgenden Kasten). Oder Sie können üben, sie zu spüren und in einem größeren Kontext damit zu verweilen. Alternativ können Sie wahrnehmen, wo im Körper die Emotion aufgetaucht ist. Das kann fast überall sein, und sie kann sich als nahezu alles manifestieren; obwohl sie mit der größten Wahrscheinlichkeit als angespannter Bereich, Muskelzucken, Unbehagen oder sogar Schmerz in Erscheinung tritt. Lenken Sie die Aufmerksamkeit direkt dorthin, in diesen Teil des Körpers, und spüren Sie ihn wirklich. Sie könnten versuchen, in diesen Bereich hineinzuatmen – zu spüren, wie er durch den Atem massiert wird –; nicht, um hier etwas loszuwerden, sondern um Raum zu schaffen. All diese Möglichkeiten bieten alternative Ansätze zu der ganz natürlichen Gewohnheit, schwierigen Gefühlen auszuweichen oder sich die Schuld dafür zu geben. Stattdessen lernen Sie, die Dinge zuzulassen, so wie sie sind, und zwar einen Moment länger, als Sie es normalerweise täten. Dadurch lösen sich Ihre Schwierigkeiten nach und nach auf, wodurch Sie letztendlich die nötige Zeit und den Raum finden, um klügere Entscheidungen zu treffen.

Im Lauf der Praxis in dieser Woche werden Sie auch lernen, sich selbst mit allen Fehlern und Schwächen zu akzeptieren. Sie werden erkennen, dass Ihre Gefühle Teil der Natur sind; dass Sie einen Körper und einen Geist haben, die ihr Bestes tun, um Sie auf die einzige Weise zu schützen, die sie kennen.

Anfangs wird Ihnen diese Praxis vielleicht nicht leichtfallen. Vergessen Sie also während des gesamten Prozesses nicht, dass Ihr gewählter Anker stets verfügbar ist. Wenn eine Schwierigkeit zu überwältigend wird, fragen Sie sich sanft: »Was ist sonst noch da, hier und jetzt, in diesem Moment?« Und wenn Sie möchten, können Sie versuchen, Ihre Augen einige Augenblicke zu öffnen.

Jetzt ist es an der Zeit, mit dem Wetter zu fliegen.

Meditation »Schwierigkeiten erkunden«

Vorbereitung

1. Machen Sie es sich auf einem Hocker, Kissen oder einem Stuhl bequem, sodass Ihre Haltung ein Gefühl der Würde, der Gegenwärtigkeit verkörpert. Lassen Sie die Augen geschlossen, oder senken Sie den Blick.
2. Erden Sie sich, indem Sie Ihre Anker für diese Übung wählen. Dehnen Sie dann, sobald Sie bereit sind, den Fokus Ihres Gewahrseins bewusst auf den ganzen Körper aus.

Wenn schwierige Emotionen aufkommen

3. Wenn Sie in der Sitzung merken, dass Ihre Aufmerksamkeit immer wieder zu leidvollen Emotionen hingezogen wird, können Sie eine andere Herangehensweise ausprobieren als die, die Sie bisher bei Ablenkungen praktiziert haben. Anstatt den Geist von einem Ge-

danken oder Gefühl *zurück*zuholen, erlauben Sie diesen Inhalten, einen Moment lang im Geist zu *bleiben*, und erkennen Sie sie entweder an, bevor Sie zu Ihrem Anker zurückkehren, oder halten Sie sie im Gewahrsein, während Sie sie spüren und auch fühlen, dass sie von Raum umgeben sind. Oder Sie gehen noch weiter und nehmen wahr, wo im Körper sich die Emotion zeigt, lenken dann die Aufmerksamkeit direkt zu diesem Teil des Körpers, atmen in ihn hinein und umgeben ihn mit Freundlichkeit.

Sich eine Schwierigkeit vergegenwärtigen

4. Wenn nichts aufkommt und Sie diese neue Methode, sich Schwierigkeiten zuzuwenden, erkunden wollen, dann rufen Sie sich *bewusst* ein kleines Lebensproblem – aktuell oder aus der Vergangenheit – in Erinnerung, das unangenehme Gefühle in Ihnen hervorruft, etwas, mit dem Sie eine Weile unproblematisch verweilen können: eine Person, einen Ort, etwas, das geschehen ist. Es braucht nichts Großes zu sein, nur etwas, das Sie als ein bisschen unangenehm empfinden, etwas Ungelöstes vielleicht.

Mit der Schwierigkeit arbeiten

5. Und egal, ob das Problem von selbst aufgekommen ist oder ob Sie es sich in Erinnerung gerufen haben: Lassen Sie es, sobald es da ist, auf der geistigen Werkbank bleiben; verlagern Sie die Aufmerksamkeit in den Körper, und nehmen Sie alle körperlichen Empfindungen wahr, die es mit sich bringt. Diese Empfindungen können ganz offensichtlich oder weniger offensichtlich sein. Versuchen Sie, zu erkennen, welche Empfindungen aufkommen, wenn eine schwierige Emotion da ist.

6. Wo sind diese Körperempfindungen? Haben sie eine Form? Wo spüren Sie sie am intensivsten? Ändern sie sich von Moment zu Moment? (Wenn Sie keine körperlichen Empfindungen wahrnehmen können, die mit der Schwierigkeiten einhergehen, dann wählen Sie *irgendwelche* Empfindungen im Körper aus, und üben Sie damit.)
7. Stellen Sie sich zum Beispiel vor, Sie könnten beim Einatmen in den betreffenden Bereich »hineinatmen« und beim Ausatmen aus ihm »ausatmen«; nicht um die Empfindungen zu verändern, sondern um sie zu erkunden und ihnen Raum zu geben; um sie klar zu spüren, ihre Gefühlsfärbung zu registrieren, sie sanft im Gewahrsein zu halten, während Sie beobachten, wie sich die Intensität von Moment zu Moment fließend verändert.
8. Nehmen Sie wahr, wie Sie auf das reagieren, was in Ihnen aufkommt: Halten Sie diese Reaktionen (die jeweils eigene Gedanken und Empfindungen mit sich bringen können) ebenfalls in einem weiträumigen, mitfühlenden Gewahrsein, und prüfen Sie die Gefühlsfärbung der mit der Reaktion einhergehenden Empfindungen (angenehm, unangenehm, neutral).
9. Nehmen Sie die Gefühlsfärbung wahr, welche auch immer es ist, Atemzug für Atemzug, und vergessen Sie nicht, dass Sie solche Gefühle im Körper nicht *mögen* müssen. Es ist ganz natürlich, zu wissen, dass sie unangenehm sind. Es kann hilfreich sein, Sätze zu wiederholen wie: »Es ist in Ordnung, das nicht zu mögen.« Versuchen Sie dann, für alle Empfindungen, die Sie vorfinden, offen zu sein, so wie sie sind.
10. Es kann auch hilfreich sein, sich beim Ausatmen innerlich zu sagen: »Im Moment brauche ich nichts zu tun«, während Sie die Empfindungen, wo auch immer sie

sich im Körper befinden, in einem sanften, weiträumigen Gewahrsein halten.

11. Verweilen Sie mit dem Gewahrsein dieser Körperempfindungen so lange, wie Sie wollen; atmen Sie dabei weiter mit ihnen, und lassen Sie sie dabei so sein, wie sie sind. Beobachten Sie, wie sie sich entfalten, und umgeben Sie die Empfindungen wie auch sich selbst mit Güte und Mitgefühl.
12. Wenn Sie merken, dass die Empfindungen sich abschwächen, entscheiden Sie sich: Wollen Sie zurückkommen und bei Ihren Ankerpunkten – den Füßen, dem Sitz, den Händen oder dem Atem – bleiben? Oder wollen Sie sich in einem weiteren Durchgang dieselbe oder eine neue schwierige Situation vergegenwärtigen und Ihre Aufmerksamkeit – sobald Ihnen die Situation bewusst geworden ist – bis an den Rand des Bündels aus Empfindungen bringen, das sie im Körper erzeugt, oder sogar in das Empfindungsbündel hinein?

Wenn Sie sich überfordert fühlen

13. Immer, wenn Sie sich überfordert fühlen oder sich dabei ertappen, dass Sie nur über Dinge grübeln, fragen Sie: »Was ist jetzt meine beste Unterstützung?«, »Was ist sonst noch da?«, und kommen Sie zurück zum Atem oder zu den Füßen, zum Sitz oder zu den Händen, bis Sie sich bereit fühlen, entweder zur Praxis zurückzukehren oder mit den folgenden Augenblicken Ihres Tages fortzufahren. In dem Wissen, dass Sie Optionen haben. Freundlich sein. Kein Richtig oder Falsch.

Beenden

14. Wenn Sie bereit sind, konzentrieren Sie sich wieder auf Ihren Anker: den Atem oder die Füße, den Sitz oder Ihre Hände. Gratulieren Sie sich dazu, dass Sie sich die Zeit genommen haben, bis an die Grenzen dessen, was für Sie schwierig ist, zu gehen und es zu erkunden. Sie finden Wege, bewusst darauf einzugehen, anstatt automatisch zu reagieren, und nehmen sich Zeit, Offenheit, Freundlichkeit und Mitgefühl zu kultivieren, selbst inmitten der Schwierigkeiten, die in Ihrem Leben auftreten.

Das Unerwartete erwarten

Viele empfinden auch die Praxis »Schwierigkeiten erkunden« unter Umständen als etwas seltsam. Es kann eine große Überraschung sein, eine emotionale Schwierigkeit physisch in den Körper eingebettet zu finden. Und nur wenige erwarten, dass sie so deutlich und stark ist. Ebenso wenig erwarten sie eine solche Vielfalt an unterschiedlichen Empfindungen.

Ana machte folgende Erfahrung: »Als ich mir eine schwierige Situation ins Gedächtnis rief, spürte ich, wie mein rechter Arm schwer wurde; er fühlte sich an, als sei er aus Beton. Dann wurde mir klar, dass ich tendenziell versuche, Irreparables wieder in Ordnung zu bringen, und irgendwie hatten sich bei dieser Gelegenheit meine Sorgen um die Ehe meiner Tochter in meinem Arm ›eingenistet‹. Ich weiß, es klingt verrückt, aber genau das ist passiert. Dadurch erkannte ich: Wenn die Probleme anderer so starke körperliche Reaktionen in mir auslösten, dann war es an der Zeit, dass ich den Mut aufbrachte, loszulassen und darauf zu vertrauen, dass die Betreffenden imstande sind, sie zu bewältigen. Als ich die Meditation beim nächsten Mal durchführte, hatte ich eine andere Reaktion. Ich spürte eine Schwere im Bauchbereich, aber als ich sie sanft im

Gewahrsein hielt, wurde sie leicht wie Papier. Es fühlte sich an, als würde ich von einer Menge Sorgen befreit. Ich erhielt ähnliche Reaktionen, als ich diese Vorstellungen auf die Praxis der täglichen Achtsamkeit übertrug. Jedes Mal, wenn ich bemerkte, dass eine Sorge – oder überhaupt irgendein beunruhigendes Gefühl – aufkam, konzentrierte ich mich auf die körperlichen Empfindungen; darauf, wo sie im Körper auftraten und wie sie sich ständig veränderten. Ich wechselte ab zwischen dem Erkunden der körperlichen Empfindungen und der Verankerung, um dann wieder zu den Empfindungen zurückzukehren. Ich empfand es wirklich als hilfreich, mich zu verankern, bevor ich mich der Schwierigkeit zuwandte, um mich kurz darauf erneut zu verankern. Letzteres hat mir auch geholfen, auf mich zu vertrauen, dass ich das Leben tatsächlich meistern kann. Warmherziger zu mir selbst zu sein, mir eine Pause von der Kritik zu gönnen und mir freundlich zu sagen: ›Es ist in Ordnung, das nicht zu mögen‹, half mir ebenfalls mit dem Vertrauen. Ich habe allmählich gelernt, darauf zu vertrauen, dass ich es schaffen kann.«

Tägliche Achtsamkeitspraxis »Sich der Schwierigkeit zuwenden«

In dieser Übung sind Sie aufgefordert, auf die Momente zu achten, in denen Sie unangenehme Gefühlsfärbungen wahrnehmen. Wenn das geschieht, richten Sie die Aufmerksamkeit sanft auf den Körper, und nehmen Sie wahr, wo er reagiert und wie.

1. Seien Sie einige Augenblicke aufmerksam; nehmen Sie wahr, was sich verändert und was gleich bleibt.
2. Achten Sie auf die Gefühlsfärbungen; sie können unterschiedlicher sein, als Sie erwarten.
3. Achten Sie darauf, ob Reaktionen auf das, was geschieht, vorhanden sind – vielleicht ist da ein Wunsch,

das Unangenehme loszuwerden. Das wiederum kann andere Empfindungen im Körper hervorrufen. Versuchen Sie, auch diese zu erkunden, und sehen Sie, wie sich die dazugehörigen Gefühlsfärbungen von einem Moment zum anderen verändern. Manchmal erkennen Sie die Gefühlsfärbung eines Moments erst an ihren späteren Auswirkungen.

4. Wie auch immer sich eine Schwierigkeit darstellt, denken Sie daran, sich innerlich sanft zu sagen: »Es ist in Ordnung, das nicht zu mögen.« Und beim nächsten Ausatmen: »Ich brauche jetzt nichts zu tun.« Auf diese Weise bringen Sie Freundlichkeit in Herz und Geist und freunden sich dadurch ganz leise, Stück für Stück, wieder mit den verletzlichen Aspekten Ihres Selbst an, die Ihre Liebe und Ihr Mitgefühl am meisten brauchen.
5. Lassen Sie (soweit Sie dazu bereit und in der Lage sind) beim Durchführen dieser Übung zu, dass Ihre Aufmerksamkeit so gleichmäßig und offen wie möglich bleibt, sodass Sie klar sehen können, was vor sich geht, auch dann, wenn emotionaler Aufruhr aufkommt, eine Weile bleibt und wieder verschwindet.
6. Versuchen Sie, sich mit so viel Freundlichkeit, wie Sie aufbieten können, daran zu erinnern, dass es einige Zeit dauern kann, eine solche konstante Aufmerksamkeit zu erlernen, dass es sich am Ende aber auszahlen wird. Beginnen Sie daher gegebenenfalls mit einigen leichteren Situationen.

Manchmal nimmt eine Schwierigkeit im Körper eine Form an. Wie Toby sagte, war es für ihn ein unförmiger, schwerer, gezackter brauner Stein. »Ich konnte ihn wirklich fühlen – voll ausgeformt. Er war im Brustbereich. Ich merkte, dass mein Herz schnell schlug, dass ich flach und panisch atmete. Dann dachte ich: ›Wird mir das zu viel?‹ Ich erkannte, dass es tatsächlich so war. Also trat ich einen Schritt beiseite, ›legte den Stein auf die Werkbank des Geistes‹ und sagte mir: ›Es ist in Ordnung, so zu fühlen.‹ Es war eine echte Gefühlsmischung – Angst, Traurigkeit, Wut und Enttäuschung. Dem gab ich Raum. Noch mehr Angst und Enttäuschung kamen auf. Dann merkte ich, dass sich die Empfindungen im Körper mit jedem Moment veränderten. In meiner Brust war ein Flattern, ich atmete wieder schneller und flacher. Ich sagte: ›Es ist in Ordnung, das nicht zu mögen‹, und die Schwierigkeit verlagerte sich. Sie wurde zu einem Schmerz im unteren rechten Schienbein, der Aufmerksamkeit verlangte. Im nächsten Moment war ein kleiner Krampf in der linken Schulter. Es fühlte sich alles wie eine einzige unangenehme Gefühlsfärbung an. Ich beobachtete weiter, um zu sehen, ob sie sich veränderte. Geduldig beobachtete ich, ob sonst noch etwas da war und ob der Sturm des Unangenehmen vorübergehen würde. Das geschah tatsächlich. Ich merkte, dass sich meine Füße lebendig anfühlten, prickelnd, nicht unangenehm. Mir wurde klar, dass ich die Wahl hatte: mich vom turbulenten Unangenehmen mitreißen zu lassen oder aufmerksam zu sein. Dann ließ ich beim Ausatmen mit ›Ich brauche jetzt nichts zu tun‹ los, und das brachte etwas Erleichterung. Die Aufmerksamkeit auf die Füße, den Boden und die Lebendigkeit meines Körpers zu lenken, hat wirklich geholfen.«

So setzte Toby die Praxis ein, um sich bewusst am Spektrum seiner Schwierigkeiten entlang zu bewegen: »Danach fühlte es sich wie eine Erleichterung an, nah herangegangen zu sein, wenn auch nur für einen Moment.«

Die Gefahr, Grübeleien zu nähren

Sim stellte fest, dass das Erkunden seiner Schwierigkeiten ein frustrierender Prozess war, dessen Nutzen anfangs kaum erkennbar war. Seine ängstlichen Befürchtungen, »benutzt« und »ausgenutzt« zu werden, tauchten häufig beim Meditieren auf und kehrten dann zur Schlafenszeit zurück. Es fiel ihm schwer, an solche Gefühle heranzugehen. Außerdem war es ihm in den vorangegangenen Meditationswochen merklich besser gegangen, sodass ihn die sechste Woche enttäuschte und frustrierte, und das machte alles nur noch schlimmer. Obwohl er bereit war, sich zur Praxis »Schwierigkeiten erkunden« zu zwingen, war er dazu nicht in der Lage. Sein inneres Grübeln war einfach zu stark.

Falls es Ihnen ebenso geht, denken Sie daran: Sie können an einem anderen Tag zur Praxis zurückkehren. Sie brauchen nicht gleich ins kalte Wasser zu springen. Selbst wenn Sie nur einen Zeh ins Wasser tauchen, kann Ihnen das schon eine andere Sichtweise auf Ihren Körper und Ihren Geist eröffnen: nämlich, dass beide ein Teil der Natur sind, den Sie neugierig und freundlich beobachten können. Es kann lange dauern, aber es besteht keine Eile. Vielleicht stellt sich heraus, dass Sie mehr über sich selbst erfahren, als Ihnen klar ist, und auch darüber, wie Sie erfolgreich einen Rückfall in Ihre üblichen negativen Denk- und Verhaltensgewohnheiten vermeiden können.

Das war auch Sims Erfahrung. Er war niedergeschlagen, weil er keine offensichtlichen Fortschritte gemacht hatte, und das verschlimmerte sich Mitte der Woche noch, als er zu spät von einem Arbeitstreffen zurückkam. Müde ging er in die Küche, um sich etwas zu trinken zu holen. In der Spüle stapelte sich das Geschirr, keiner seiner Mitbewohner hatte die Spülmaschine ausgeräumt. Alle waren in ihren Zimmern verschwunden. Er spürte das vertraute Gefühl, benutzt und ausgenutzt zu werden. »Niemand schert sich darum, niemand rührt einen Finger, um zu helfen, niemand unterstützt mich«, brummte er vor sich hin. »Alles bleibt an mir hängen. Ich bin ganz allein. Am besten gewöhne ich mich gleich daran.«

Seine Stimmung hatte sich in vertrauter Weise zum Schlechteren gewendet. Doch diesmal erkannte er gerade noch rechtzeitig, dass dieser Gedankenstrom unweigerlich eine Kaskade an Negativität auslösen würde, sofern er sich nicht dazu entschloss, aus bewusster Entscheidung heraus zu handeln. Also ließ er nicht zu, dass seine Gedanken mit ihm durchgingen, sondern nahm sie sanft zur Kenntnis. Er sagte sich: »Es ist in Ordnung, das nicht zu mögen. Müde und mürrisch zu sein, ist unangenehm. Es ist in Ordnung, es nicht zu mögen. Ich brauche jetzt nichts zu tun.«

In Situationen wie der von Sim ist es oft sehr schwierig zu erkennen, wie man darauf eingehen soll; denn wenn es um das Handeln anderer Menschen geht, sind einfach so viele Möglichkeiten, Variablen, Agendas, Einstellungen und Vorgehensweisen zu berücksichtigen. Je besser Sie darin sind, Probleme zu lösen, desto mehr Möglichkeiten stehen Ihnen offen, und dadurch wird jegliche Entscheidung weitaus nuancierter und komplexer. Wenn Sie also im Eifer des Gefechts die beste Vorgehensweise finden wollen, kann es passieren, dass Sie die Situation eher verschlimmern als verbessern. Und natürlich plant Ihr Unterbewusstsein solche Eventualitäten ein und bereitet sich darauf vor, entsprechend zu handeln, was Ihre Bedrängnis noch verschlimmert und mit Sicherheit viel Energie Ihres Körperbudgets verbrennt. Möglicherweise lehnen Sie sich dann gegen die Anweisung »Ich brauche nichts zu tun« auf. Vielleicht verkrampfen Sie sich auch zunehmend, beinahe so, als würden Sie gleichzeitig in zwei verschiedene Richtungen gezogen: handeln und nicht handeln. Das ist eine quälende Situation. Sie können sich durch die Unentschlossenheit regelrecht zerrissen fühlen; oder dazu gedrängt, die falsche Entscheidung zu treffen.

Doch es gibt einen Ausweg. Sie können sich sanft den Wortlaut des Satzes »Ich brauche *jetzt* nichts zu tun« in Erinnerung rufen.

Der Satz lädt Sie ein zu prüfen, ob Sie *jetzt* irgendetwas tun müssen. Meistens brauchen Sie überhaupt nichts zu tun – und schon gar nicht *jetzt* in diesem Moment. Sich dies vor Augen zu führen, kann enorme Erleichterung bringen und die Situation transformieren. Dann geht es nicht mehr darum, ob Sie darauf eingehen sollen oder nicht, sondern um das Timing. Bei einem solchen Vorgehen werden Sie oft merken, dass sich Ihr Körper entspannt, sobald Sie erkennen, dass Sie tatsächlich handeln können – aber handeln *brauchen* Sie erst dann, wenn der richtige Zeitpunkt gekommen ist. Und letzten Endes treffen Sie vielleicht die Entscheidung, dass es das Beste ist, gar nichts zu tun.

Genau das tat Sim. Er ließ zu, dass er das unangenehme Gefühl, gekränkt zu sein, spürte. Und der Umstand, dass er sich dabei nicht selbst kritisierte, eröffnete einen kleinen Raum, in dem die mürrischen, enttäuschten Einsamkeitsgefühle leicht und mitfühlend gehalten werden konnten. Anstatt also zu meinen, er habe ein Anrecht darauf, verärgert zu sein, und dann so darauf zu reagieren, dass er diese Gefühle wütend wegschob oder sich selbst (und andere) kritisierte, ließ er sie einfach zu. Er erkannte ihre unangenehme Gefühlsfärbung an und ließ sie da sein.

»Und das hat alles verändert«, sagte er.

In der nächsten halben Stunde tauchten die grüblerischen Gedanken immer wieder auf, aber er rief sich jedes Mal wieder in Erinnerung, dass es in Ordnung war, sie nicht zu mögen, und er jetzt nichts zu tun brauchte. Und je öfter er so verfuhr, desto weniger unglücklich war er. Anstatt den Abend damit zu verbringen, die Auseinandersetzung mit seinen Mitbewohnern zu planen, ließ er das Geschirr stehen und ging ins Bett. Als er am nächsten Morgen aufstand, war das Geschirr aufgeräumt worden. Es stellte sich heraus, dass seine Mitbewohner ebenfalls sehr müde gewesen waren, denn einer von ihnen hatte eine traurige Nachricht erhalten, und sie hatten beschlossen, das Geschirr bis zum Morgen stehen zu lassen.

Sim lernte allmählich, dass Meditation so etwas wie erfolgreiches Mit-dem-Wetter-Fliegen ist. Robert Buck betonte, dass Entscheidungen immer auf der Basis des jeweiligen Fluges getroffen und jedes Mal neu überdacht werden sollten: »Mit der Vorstellung, dass man erst krabbelt, bevor man laufen kann, können wir uns auch beibringen, mit dem Wetter zu fliegen. Es ist ein fortschreitender Prozess. … Lange Zeit müssen wir bescheiden bleiben und wissen, wann wir einen Flug abbrechen und wann wir nicht losfliegen sollten.«

Für Robert Buck war eine sichere Landung nach einem Sturm nicht zuletzt eine, die er hinter sich lassen konnte. Achtsamkeit hilft uns, diese Einstellung auf die Turbulenzen in unserem Leben zu übertragen. Die Stürme unserer Gefühle zu durchfliegen, erfordert genauso Geschicklichkeit, Geduld und nicht urteilende Freundlichkeit. Peu à peu ermöglicht die regelmäßige Praxis der Achtsamkeit es Ihnen, mit dem Wetter zu fliegen und sicher zu landen.

KAPITEL 11

WOCHE SIEBEN: Holen Sie sich Ihr Leben zurück

Es war die Lieblingszeit des Tages von Tabby, der Familienkatze: früher Abend. Die Besitzer hatten ihr Futter in die Ecke der Küche gestellt, wo sie normalerweise fraß. Sie lief hinüber und mampfte genüsslich. Doch dann fiel eine große Cornflakes-Schachtel aus dem obersten Regal und landete mit lautem Krachen neben ihr. Erschrocken rannte sie aus der Küche und versteckte sich unter dem Wohnzimmersofa. Und dort saß sie über eine Stunde lang, zitternd vor Angst, während die Familie versuchte, sie herauszulocken. Noch wochenlang hatte Tabby Angst vor dieser Küchenecke, und niemand konnte sie dazu bringen, in diesem Teil des Raumes zu fressen oder zu trinken. Es war sogar schwierig, sie dazu zu bringen, in die Küche zu kommen.

Obwohl Tabbys Verhalten übermäßig neurotisch erscheinen mag, war es völlig rational. Aus guten evolutionären Gründen umgab ihren bevorzugten Fressplatz nun eine Aura der Gefahr. Kein Tier – auch kein Mensch – kehrt gerne an einen Ort zurück, der mit so unangenehmen Gefühlen wie Angst verbunden ist. Die Angst kann sich noch lange halten, nachdem die ursprüngliche Bedrohung verschwunden ist, und sich mit der Zeit sogar noch verstärken. Es braucht nicht zwangsläufig ein großer Schock sein, der eine solche tief verwurzelte Angst hervorruft. Selbst kleine Schocks können in das mentale Modell von der Welt integriert werden und die gesamte Lebenseinstellung dadurch beeinflussen, dass sie alles färben, was man denkt, fühlt, spürt und tut. Auf diese Weise entwickelt sich etwas, das als kurze Störung beginnt, mit der Zeit zu einem großen Problem. Bei Menschen kann das sogar zu echten psychischen Problemen führen.

In Tabbys Fall beeinflusste der anfängliche Schock die Vorhersagen ihres Geistes darüber, wo es sicher oder gefährlich war. Es ist unwahrscheinlich, dass irgendein Lebewesen, ob Katze oder Mensch, solche Vorhersagen prüft. Und sie einfach abzutun oder sich ihnen zu stellen, macht es nur noch schlimmer, denn ein solches Vorgehen bewirkt nichts weiter, als dass Selbstvertrauen und Resilienz noch weiter untergraben werden. Könnte Tabby ihre Besitzer verstehen, dann hätten sich ihre Ängste nur noch verstärkt, wenn diese barsch zu ihr gesagt hätten: »Jetzt stell dich nicht so an. Es war doch nur eine Cornflakes-Schachtel. Was hast du bloß? Du kannst doch nicht so durchs Leben gehen: dich vor deinem eigenen Schatten fürchten …«

Tabbys Besitzer waren jedoch so klug, sie nicht zu zwingen, in der von ihr so gefürchteten Küchenecke zu fressen. Sie konnten ihre Not nachempfinden und versuchten, ihr Vertrauen wiederherzustellen. Über mehrere Wochen hinweg stellten sie ihr Futter immer näher an den Ort heran, an dem sie sich erschreckt hatte, bis alles wieder normal war. Und ein solcher Ansatz kann auch bei uns funktionieren.

Immer näher an das heranzugehen, was einem Angst macht, entspricht in etwa dem, was Sie in Woche sechs geübt haben. Es kann auch bei anderen Formen von Vermeidung helfen, wie zum Beispiel bei belastenden Gefühlen im Allgemeinen und der Erinnerung an Ereignisse, die diese Gefühle ausgelöst haben.

Aber es gibt noch eine andere Vermeidungsform, die sehr häufig vorkommt, wenn man gestresst, deprimiert oder erschöpft ist: jene

Form des allgemeinen Rückzugs aus der Welt, die wirklich lähmend sein kann und es zunehmend erschwert, ein normales Leben zu führen. Zu einem solchen Rückzug aus dem Leben kommt es, wenn viele Dinge, die einem früher Spaß gemacht haben, nun keine Freude mehr bereiten und man sie aufgibt, während gleichzeitig viele Routineaufgaben, die ein normales Leben mit sich bringt, unerledigt bleiben. Sie fühlen sich, als hätte jemand Ihren Motivationsschalter umgelegt. Es ist beinahe so, als hätte Ihr Verstand die Energie abgeschätzt, die nötig wäre, um sich wieder auf das Leben einzulassen, und entschieden, dass der Preis für die Anstrengung einfach zu hoch ist. Dann wird es paradoxerweise immer schwieriger, die Dinge, die einem früher Freude bereitet haben, ins Auge zu fassen, obwohl das Leben ohne sie immer seichter, grauer und sinnloser wird. So erscheint es unmöglich, genau die Dinge zu tun, die Ihr Leben wieder in Schwung bringen und Sie aus der Depression herausführen würden.

Obwohl dieses Muster bei klinisch-depressiven Menschen am deutlichsten erkennbar ist, sind Schemen davon doch überall zu finden. Dass wir uns solcherart von der Freude »abschneiden«, passiert nämlich immer dann, wenn wir getrieben und überlastet sind. Es ist eine ganz natürliche Eigenheit des menschlichen Geistes und das Ergebnis eines fein abgestimmten Mechanismus, der ihm ermöglicht, sich auf komplexe Aufgaben zu fokussieren – eine erstaunliche Fähigkeit, die in unserer immer schnelllebigeren Welt äußerst wertvoll ist. Das funktioniert so, dass der Verstand sich auf ein Ziel konzentriert, indem er die Attraktivität der Alternativen einfach dämpft.

Ein gutes Beispiel ist, wenn Sie für eine Prüfung lernen oder auf eine wichtige Aufgabe oder einen Abgabetermin hinarbeiten und sich gezwungen sehen, alle Ablenkungen auszuschalten. In einem solchen vertieften Zustand lassen Sie vielleicht Mahlzeiten ausfallen, denn Ihre Konzentration unterdrückt den Hunger. Sie treffen sich nicht mehr mit Freunden, Verwandten und Bekannten und interessieren sich weniger für Hobbys und die unzähligen anderen kleinen Dinge, die Ihnen normalerweise Spaß machen. Das liegt nicht so sehr daran, dass Sie sich auf die anstehende Aufgabe konzentrieren, sondern der Grund ist vielmehr, dass Ihr Verstand die Alternativen verdrängt, indem er sie als weniger verlockend erscheinen lässt. Je attraktiver sie waren, desto mehr müssen sie gedämpft werden. Es ist wie eine selektive Dämpfung. Alles außer der Hauptaufgabe wird gedämpft, sodass diese wie ein Signalfeuer in der Wildnis leuchtet. Kurzfristig ist das eine sehr effektive Strategie. Das Problem tritt erst auf, wenn das Projekt abgeschlossen ist. Selbst wenn der Stress abgeklungen und die Energie zurückgekehrt ist, kann es schwierig sein, die Begeisterung wiederzufinden. Sie sind nicht nur erschöpft, sondern die Dinge, die Sie unterdrückt haben, machen auch keinen Spaß mehr. Die Unterdrückung hat ein bisschen zu gut gewirkt. Dann reicht schon der *Gedanke* an Dinge, an denen man früher Freude hatte, um sich noch schlechter zu fühlen; als wäre man in gewisser Weise »unwürdig«. Diese Dinge sind nun zu Signalen geworden, die anzeigen, dass das Leben keinen Sinn hat, keinen Spaß mehr macht und nur eine lange Plackerei nach der anderen ist.

Wenn das weitergeht, kann es zu klinischen Depressionen führen – und auch zu anderen psychischen Problemen. Diese können sich anschließend verfestigen, wenn der Verstand herauszufinden versucht, *warum* es dazu gekommen ist, dass wir so unglücklich, gestresst, ängstlich und erschöpft sind. Er übernimmt das überwältigende Projekt, »mich« in Ordnung zu bringen, und konzentriert alle Ressourcen auf das Beantworten von Fragen wie »Warum bin ich so ein Versager?«, »Warum macht mir nichts Spaß?«, »Warum habe ich keine *richtigen* Freunde?«, denn solche Fragen beschäftigen Sie immer mehr. Sie ziehen die Aufmerksamkeit auf sich. Dann setzt, ebenso wie bei anderen großen Projekten, die natürliche Tendenz des Geistes ein, alles andere zu hemmen und zu unterdrücken, während er sich voll und ganz darauf konzentriert, sich selbst in Ordnung zu bringen, und Ihre Fähigkeit zum Spaßhaben sich verflüchtigt. Depressionen und andere psychische Probleme sind also keine Fehler. Man hat nichts falsch gemacht, ist weder schwach noch ein Versager. Man ist einfach ein Mensch mit einem Geist, der sein Bestes tut, auf die einzige Weise, die er kennt.

Auch das ganz normale Bewältigen des Alltags kann solche Auswirkungen haben. Bei den täglichen Aktivitäten muss oft viel »jongliert« werden; man unterdrückt eine Sache und macht mit einer anderen weiter. Und so geht es scheinbar endlos weiter, in unerbittlichem Tempo, und nie hat man genug Zeit. Dinge aufzuschieben, ist weitverbreitet: Man wartet auf den »richtigen Zeitpunkt« oder die »richtige Gemütsverfassung«, um etwas zu tun, das man sich vorgenommen hat, nur um die schmerzliche Entdeckung zu machen, dass der »richtige Zeitpunkt« niemals kommt.[71] Die meisten von uns tun das praktisch die ganze Zeit ein bisschen. Und hier ist der Clou: Untersuchungen haben ergeben, dass jedes Mal, wenn wir etwas aufschieben, der Akt des Unterdrückens oder des Wegschiebens dafür sorgt, dass sich die aufgeschobene Aktivität auf der Gefühlsfärbungsskala weiter in Richtung des unangenehmen Endes verschiebt.[72] Die Aufgabe selbst ändert sich zwar nicht, aber sie erhält nach und nach einen unangenehmen Beigeschmack. Je länger Sie sie aufschieben, desto schlimmer wird der Beigeschmack, weil Sie sie so oft weggeschoben haben. Dass das geschieht, liegt nicht an Ihnen (und auch nicht an der armen Aufgabe, die genau dieselbe ist wie vorher; siehe nachfolgenden Kasten).

Mit Prokrastination umgehen

Wir alle kennen das Phänomen, dass wir auf den »richtigen Zeitpunkt« oder die »richtige Stimmung« warten, um etwas zu tun – dann aber nie dazu kommen. Eine solche »Aufschieberitis« kann äußerst lähmend sein.[73] Joseph Ferrari und Kollegen[74] haben herausgefunden, dass Prokrastination noch häufiger auftritt, wenn Sie

- überschätzen, wie viel Zeit Ihnen für die Erledigung einer Aufgabe bleibt, oder unterschätzen, wie lange Sie für die Erledigung brauchen;
- überschätzen, wie motiviert Sie in Zukunft sein werden;
- fälschlicherweise annehmen, dass Sie in der »richtigen Stimmung« oder Geistesverfassung sein müssen, um an einem Projekt zu arbeiten;
- glauben, dass Sie unter Druck besser arbeiten, und es daher am besten ist, alles bis zur letzten Minute aufzuschieben.

Bei diesen Überzeugungen gibt es zwei Hauptprobleme. Erstens sind manche Aufgaben nun mal nicht angenehm. Dinge wie den Müll wegbringen oder eine Steuererklärung machen sind einfach nur Erledigungen. Wenn Sie also darauf warten, dass sie Ihnen Spaß machen, werden Sie lange warten müssen. Zweitens: Wenn Sie eine Tätigkeit eine Zeit lang ignoriert haben, erhält sie einen sogenannten geistigen *Inhibition Tag**. Das bedeutet, dass vielleicht nie »der richtige Zeitpunkt« kommt, um die Aufgabe tatsächlich zu erledigen. Diese Hemmung verfestigt sich sogar umso mehr, je länger eine Aufgabe aufgeschoben wird. Das Vorhersagemodell des Verstands vermittelt Ihnen zunehmend das Gefühl, dass die Erledigung viel unangenehmer sein wird, als sie tatsächlich ist. Das kann zwar durch die objektive Realität bekräftigt werden (ein gutes Beispiel ist die Rückgabe von Büchern aus der Bibliothek mit zunehmender Strafge-

* Man könnte das etwa als Hemmungskennzeichnung übersetzen. (Anm. d. Übers.)

bühr, je mehr Zeit verstreicht), aber oft entsteht dieses Gefühl auch aus unseren eigenen psychischen Prozessen.

Erinnern Sie sich an Kapitel zwei, in dem wir den Ursprung der Gefühlsfärbungen beschrieben haben? Das Bedürfnis, zwischen angenehm und unangenehm zu unterscheiden, existiert schon, seit Einzeller gelernt haben, sich zu Nahrung und Sicherheit hin- und von Giftstoffen und Gefahren wegzubewegen. Angenehmes und Unangenehmes wird damit verknüpft, dass man sich darauf zu- oder davon wegbewegt. Aber es funktioniert auch umgekehrt. Dadurch, dass wir etwas wegschieben, wird es unangenehm. Routinemäßige, unangenehme oder per se langweilige Aufgaben können von diesem Prozess betroffen sein. Das liegt daran, dass wir sie zugunsten von angenehmeren Aktivitäten oder auch Aufgaben, die gerade eine höhere Priorität haben, aufschieben. Dieses Verhalten sorgt dafür, dass sie noch unangenehmer werden und uns noch mehr zuwider sind. Vielleicht sind sie an sich völlig unverändert geblieben, haben aber einen unangenehmen Beigeschmack angenommen. Und je länger wir sie vor uns herschieben, desto schlimmer wird dieser Geschmack – denn jedes Wegschieben steigert die Gefühle, dass sie uns unangenehm und zuwider sind.

Noch schlimmer kann es sein, wenn man sich sehr leicht ablenken lässt oder emotionale Probleme wie Depressionen hat. Diese bewirken nicht nur, dass Sie an Ihren Fähigkeiten zweifeln, und setzen die Messlatte für Erfolg sehr hoch, sondern sie geben Ihnen auch ein riesiges Projekt zu bearbeiten (Ihre Probleme in Ordnung zu bringen). Und wie wir gesehen haben, führt das dazu, dass der Geist alles andere hemmt.

Wie ebenfalls bereits erwähnt, ist Prokrastinieren weitverbreitet. Falls Sie es also gelegentlich tun, seien Sie unbesorgt. Sollte es Sie aber stören, können Sie mithilfe der

Übungen dieser Woche herausfinden, was Sie beflügelt und was Sie belastet, und Ihre Aktivitäten so ausbalancieren, wie Sie es im täglichen Leben haben möchten. Sie werden die Informationen und Einblicke erhalten, die Sie brauchen, um ein paar Aktivitäten auszuwählen, die einfach nur Spaß machen, und andere – so klein sie auch sein mögen –, die Ihnen helfen, sich um anstehende Erledigungen zu kümmern.

Mit der Zeit lernen Sie, die ersten Warnzeichen des Prokrastinierens zu erkennen; Sie erkunden sanft, wie es ist, sich der Aufgabe zuzuwenden, die Sie aufschieben wollten, und spüren dabei, was im Körper vorgeht. Vielleicht finden Sie heraus, dass sowohl die grundsätzlich angenehmen Aktivitäten als auch die bloßen Erledigungen auch *für Sie* da sind.

Wenn sich der Prozess des Aufschiebens fortsetzt, nehmen immer mehr Dinge einen unangenehmen Beigeschmack an. Irgendwann bleibt nur noch das furchtbare Gefühl, dass uns das Leben durch die Finger rinnt. Wenn es dazu kommt – wenn das Leben seinen Glanz verloren hat und wir uns verloren, allein oder orientierungslos fühlen –, ist es nicht unbedingt hilfreich, mit einem Schlag zu dem zurückzukehren, was in der Vergangenheit Spaß gemacht hat. Das wäre, als würde man von Katze Tabby erwarten, an dem Ort zu fressen, den sie furchterregend findet. Vielmehr brauchen Sie ein schrittweises Vorgehen zum Wiederentdecken der kleinen Freuden des Lebens, ähnlich dem, das Tabby geholfen hat. Und das ist das Ziel dieser Woche: Ihrem Leben allmählich wieder Schwung zu verleihen, indem Sie die Dinge wiederentdecken, die Ihre Stimmung heben, und sich dann an sie heranzutasten. Das wird Ihnen helfen, die ersten Schritte zurück zur Lieblingsecke Ihres Lebens zu tun, wo die metaphorische Untertasse mit Milch steht.

Übungen für Woche sieben

- **Meditation »Reflexion« –** Sie sollte an sechs von sieben Tagen durchgeführt werden (Track 7.1). Sobald Sie mit der Praxis vertraut sind, verwenden Sie die Version mit minimalen Anleitungen (Mi) (Track 7.2).
- Üben Sie an sechs von sieben Tagen **zusätzlich zur Meditation »Reflexion«** ***irgendeine*** **der vorangegangenen Meditationen aus diesem Kurs,** entweder einmal täglich zwanzig Minuten oder zweimal täglich zehn Minuten. Sie können jeden Tag dieselbe oder auch täglich eine andere Meditation praktizieren. Vielleicht entscheiden Sie sich am ersten Tag für eine Meditation der ersten Woche, am zweiten Tag für eine Meditation der zweiten Woche und so weiter. Bei diesem Vorgehen können Sie ruhig wieder die Version »minimale Anleitungen« (Mi) verwenden. Üben Sie in dieser Woche an mindestens einem Tag eine halbe Stunde.
- **Zwei Übungen zur täglichen Achtsamkeitspraxis: »Handlungsentscheidungen« und »Achtsames Sprechen und Zuhören«.** Die Übung »Handlungsentscheidungen« (Seite 250) ist für den Fall gedacht, dass Sie an einem geschäftigen Tag das Bedürfnis haben innezuhalten. »Tägliche Achtsamkeitspraxis: Sprechen und Zuhören« (Track 7.3) bereitet Sie auf Situationen vor, in denen Sie in Gesellschaft anderer sind und besser mit Ihnen in Kontakt sein möchten.

Alle Meditationen für diese Woche finden Sie unter www.penguin.de/neues-achtsamkeitstraining

Eine gedrückte Stimmung heben

Bevor Sie mit den Hauptmeditationen beginnen, hier eine kurze zweistufige Übung, die Sie auffordert, sich zu überlegen, was Ihre Stimmung hebt und was sie niederdrückt. Vielleicht möchten Sie die Übung jetzt ausprobieren, anstatt sie auf später zu verschieben?

Erster Schritt: Die kleinen Freuden des Lebens wiederentdecken

Erstellen Sie in der ersten Spalte der Tabelle unten oder in Ihrem Tagebuch eine Liste der Dinge, die Ihnen früher Freude bereitet haben, als das Leben noch besser war, weniger aufreibend, und als Sie noch nicht in Niedergeschlagenheit und Erschöpfung verfallen waren. Dabei kann es sich um Hobbys, einen Zeitvertreib oder Interessen aus einer weit zurückliegenden Zeit handeln; vielleicht aus Ihrer Kindheit, Ihrer Jugend oder Ihren jungen Erwachsenenjahren. Es kann etwas Großes oder Kleines sein, vom Herumspringen in Schlammpfützen über Festivalbesuche bis hin zum Essen in Ihrem Lieblingsrestaurant mit einem guten Wein oder regional selbst gebrautem Bier. Die Liste kann in beliebiger Reihenfolge abgearbeitet werden. Nehmen Sie sich jetzt einen Moment Zeit, um sich die Aktivitäten ins Gedächtnis zu rufen und aufzuschreiben. Sie brauchen die Liste niemandem zu zeigen, können also offen und ehrlich mit sich sein. Wenn die erste Spalte voll ist, schreiben Sie einfach auf einem anderen Blatt weiter. Bewerten Sie in der zweiten Spalte jede Tätigkeit der Liste auf einer Skala von eins bis zehn danach, wie viel Freude sie Ihnen früher gemacht hat. Bewerten Sie in der dritten Spalte auf einer Skala von null bis minus zehn, wie viel *Mühe* es Ihrer Meinung nach erfordern würde, die jeweilige Aktivität jetzt auszuüben (wobei minus zehn die größte Schwierigkeit darstellt).

Früher hat mir Freude gemacht:	**Freude 1 – 10**	**Mühe 1 – 10**
…………………………………	………………………	………………………
…………………………………	………………………	………………………
…………………………………	………………………	………………………
…………………………………	………………………	………………………
…………………………………	………………………	………………………
…………………………………	………………………	………………………
…………………………………	………………………	………………………
…………………………………	………………………	………………………
…………………………………	………………………	………………………

Viele stellen fest, dass die Tätigkeiten, die ihnen früher am meisten Freude gemacht haben, vom Gefühl her jetzt am schwierigsten wirken. Sie sind proportional dazu, wie positiv sie sich früher angefühlt haben, negativ geworden. Oft gibt es keinen ersichtlichen Grund, warum etwas auf der Liste so schwierig wirkt. Es ist einfach so. Und wenn es so ist, heißt das nicht, dass etwas mit Ihnen nicht stimmt. Es ist genau das, was zu erwarten ist. Ihr Verstand hat versucht, Ihre Situation zu meistern, allerdings so, dass es sich beunruhigend und leidvoll anfühlt: Er hat die Aktivitäten unterdrückt, die Sie am stärksten hätten ablenken können, weil sie Ihnen Freude gemacht haben. Diese Erkenntnisse sind unbezahlbar, denn Sie können sie nutzen, um den Weg zurück zu einem glücklicheren, erfüllteren Leben zu finden. Um zu beginnen, erstellen Sie am besten eine andere Liste, auf der die leichtesten Aktivitäten am Anfang stehen: diejenigen, die Sie jetzt tun oder zumindest in Erwägung ziehen können. Am Ende der Liste stehen die Dinge, die Sie entweder als zu schwierig empfinden oder die Ihnen nach Ihrem Empfinden im Moment einfach nicht viel Freude bereiten. Erstellen Sie diese Liste jetzt mithilfe der unten stehenden Tabelle, und schreiben Sie auch den ersten Schritt auf, den Sie tun werden.

Aktivitäten wieder aufnehmen, die mir Freude gemacht haben	
Am leichtesten	**Erster Schritt**

Sobald Sie die zweite Liste erstellt haben, können Sie versuchen, einige Aktivitäten wieder aufzunehmen. Beginnen Sie mit dem, was Ihnen am leichtesten fällt. Lassen Sie sich Zeit. Sie brauchen nicht alle auf einmal auszuführen – noch nicht mal eine, und auch nicht heute (es sei denn, Sie möchten es). Wir machen hier ganz bewusst keine Vorgaben. Ihre Entscheidungen sollten ganz persönlich und darauf zugeschnitten sein, wie Sie sich fühlen. Die folgende Übung »Handlungsentscheidungen« kann Ihnen dabei helfen: Halten Sie im Lauf des Tages immer wieder kurz inne, und stimmen Sie sich auf die »Wetterverhältnisse« Ihres Geistes und Körpers ein. Besonders nützlich ist diese Übung dann, wenn Sie von einer Aktivität zur nächsten überwechseln. Denn genau in solchen Momenten kann es leicht geschehen, dass Sie sich von Ihrer vorherrschenden Stimmung beeinflussen oder die Prokrastination die Oberhand gewinnen lassen. Die Praxis der Handlungsentscheidungen hilft Ihnen, etwas Stimmungsverbesserndes wahrzunehmen, das Sie bei Ihrer Hetze durch den Tag normalerweise übersehen würden. Auf diese Weise hilft Ihnen die Praxis, jene Punkte auf der Liste auszuwählen, die Sie tun sollten; zu erkennen, *wann* Sie sie tun sollten, und wie lange. Dadurch können Sie Ihr Leben allmählich wieder ins Gleichgewicht bringen.

Tägliche Achtsamkeitspraxis »Handlungsentscheidungen«

Achten Sie in den nächsten Stunden Ihres Tages darauf, wie oft sich eine natürliche Pause ergibt oder ob ein Moment kommt, in dem Sie eine Aktivität beenden und mit einer anderen beginnen. Versuchen Sie, diese Momente für eine achtsame Pause zu nutzen. Das kann *ein* Atemzug sein oder mehrere oder auch viele Atemzüge. Wie lang oder kurz auch immer, nutzen Sie die Gelegenheit, sich auf die in dem betreffenden Moment vorherrschenden »Wetterverhältnisse« in Körper und Geist einzustimmen. Fragen Sie sich: »Ist es das, was ich in diesem Moment tun wollte?«, und treffen Sie genau dann eine Entscheidung, noch bevor Sie die Aktivitäten Ihres Tages wieder aufnehmen.

Trotz ihrer Einfachheit ist diese Übung wichtiger, als Sie vielleicht erwarten. Die Psychologen Mukul Bhalla und Dennis Proffitt[75] baten Probanden einzuschätzen, wie steil ein Hügel war. Einige von ihnen sollten dabei einen schweren Rucksack tragen, andere nicht. Es stellte sich heraus, dass der Hügel als steiler empfunden wurde, wenn der Rucksack getragen wurde. Auch bei Läufern, die den Hügel vor und nach einem anstrengenden Lauf beurteilten, ergaben sich ähnliche Einschätzungen: Wenn sie müde waren, schätzten die Läufer den Hügel zu steil ein. Es überrascht kaum, dass bei demselben Experiment mit Freiwilligen unterschiedlichen Alters die älteren Teilnehmenden den Hügel für steiler hielten.

Dieser enge Zusammenhang zwischen physischem Zustand und Wahrnehmung ist sehr bedeutsam. Schlechte Stimmung führt zu körperlichen Zuständen, die unseren Blick auf die Welt beeinflussen. Hügel sehen steiler aus, als sie sind, Straßen wirken länger, und – wie Sie bestimmt wissen, wenn Sie schon einmal mit kleinen Kindern auf dem Autorücksitz unterwegs waren – die Zeit scheint sich ewig hinzuziehen. Aus diesen Gründen ist es wichtig, im Lauf des Tages immer wieder in sich hineinzuspüren.

Die Praxis der Handlungsentscheidungen kann zu einem persönlichen Realitätscheck von langfristig großer Bedeutung werden. Wenn Sie müde, erschöpft oder niedergeschlagen sind, fällt Ihre Vorhersage, wie schwierig oder erfreulich eine Aktivität sein wird, wahrscheinlich eher negativ aus. Doch das ändert sich von Tag zu Tag, darum lohnt es sich, diese Übung mehr als einmal auszuführen.

Zweiter Schritt: Das Leben ist ein Ballon

Malen Sie sich einen Heißluftballon aus, der auf eine lange Reise geht und sanft nach oben schwebt.[76] Stellen Sie sich vor, dass der Ballon den Auftrieb und die Energie repräsentiert, die Sie spüren, wenn Sie glücklich und gesund sind und Ihr Leben unter Kontrolle haben. Und der Korb unter dem Ballon steht in Ihrer Vorstellung für die Schwere, die Sie empfinden, wenn bei Ihnen »die Luft raus« ist; für die Phasen, in denen Sie das Bedürfnis haben, sich von der Welt zurückzuziehen. Die Bewegung des Ballons durch die Luft könnte darstellen, wie sich Ihre Erfahrungen von Moment zu Moment verändern; wie sich geringfügige Ereignisse so kumulieren können, dass sie mit der Zeit eine große Veränderung bewirken.

Denken Sie an die letzten paar Tage zurück, gehen Sie einen typischen Tag durch und merken Sie sich die ganz gewöhnlichen Dinge, die Sie tun. Dazu könnte gehören, dass Sie duschen, frühstücken, mit einer Freundin etwas trinken gehen, zur Arbeit fahren, mit Kollegen plaudern oder sich in der Mittagspause ein Sandwich holen. Seien Sie dabei so detailliert, wie Sie wollen. Wenn Sie den Großteil Ihres Tages scheinbar dasselbe tun, versuchen Sie, diese Tätigkeiten in kleinere Elemente aufzuteilen, zum Beispiel: eine Kalkulationstabelle aktualisieren, E-Mails checken, Lagerbestände verschieben, zu einer Besprechung fahren oder ein Kundengespräch führen. Rufen Sie sich jede einzelne Tätigkeit ins Bewusstsein, und achten Sie darauf, ob Sie ihre jeweiligen körperlichen und emotionalen Auswirkungen spüren. Sind sie angenehm, unangenehm, oder liegen sie irgendwo dazwischen? Wiederholen Sie diese Übung für einen typischen Abend und ein Wochenende. Sehen Sie sich anschließend das Bild des folgenden Luftballons an.

Das Ballon-Experiment: Was gibt Auftrieb? Was zieht nach unten?

Schreiben Sie in jedes Feld der Ballonhülle eine Erfahrung, die Ihnen ein Gefühl von Auftrieb oder Energie vermittelt hat, als Sie sich diese ins Bewusstsein gerufen haben. Fügen Sie ruhig weitere Kästchen hinzu, wenn es nicht genug sind, oder fertigen Sie eine eigene Zeichnung in Ihrem Tagebuch an, und arbeiten Sie damit. Denken Sie daran, dass es keine richtigen oder falschen Antworten gibt und dass jede Antwort für Sie persönlich gilt. Manche finden es zum Beispiel angenehm, zu kochen oder Zeit mit ihrer Familie zu verbringen, andere nicht. Was Ihnen Auftrieb gibt, ist das, was *Ihnen* Auftrieb gibt.

Wenn Sie fertig sind, überlegen Sie, was an diesen Aktivitäten den Auftrieb ausmacht. Wenn es nicht die Tätigkeit selbst ist, was ist es dann? Vielleicht der Kontakt mit bestimmten Menschen, Haustieren oder Orten? Vielleicht entsteht der Auftrieb daraus, dass Sie etwas für sich selbst tun, aus der Befriedigung Ihrer Grundbedürfnisse oder daraus, dass Sie bestimmte Aufgaben erfüllen; aus dem Gefühl heraus, erfolgreich zu sein, etwas geleistet zu haben, kreativ zu sein oder etwas auszudrücken; vielleicht aus einem Gefühl der Stärke, der Kontrolle oder Geschicklichkeit, nachdem Sie etwas getan haben, was Sie lieben; durch einfache Bewegung oder Sport? Denken Sie kurz über diese Vorstellungen nach, bevor Sie zum nächsten Schritt übergehen.

Wenn Sie sich bereit dazu fühlen, schreiben Sie um den Korb des Ballons herum das auf, was Sie belastet, Ihnen Energie raubt, Ihnen das Gefühl gibt, angespannt oder gestresst zu sein oder auf andere Weise unter Druck zu stehen. Schreiben Sie auch Dinge auf, die Ihnen das Gefühl geben, weniger lebendig und präsent zu sein, so als würden Sie nur *über*leben, anstatt wirklich zu leben. Überlegen Sie, warum die jeweiligen Aktivitäten nach Ihrem Empfinden solche Gefühle hervorrufen. Fragen Sie sich auch hier: Wenn es nicht die Aktivität ist, was ist es dann? Ist es die Verbindung zu Menschen, Orten, Situationen oder Szenarien? Möglicherweise spielen mehrere andere Faktoren mit hinein, wie zum Beispiel fehlende Kontrolle, Wahlmöglichkeiten oder Zeit. Sind diese Faktoren das Gegenteil von denen, die dem Ballon Auftrieb gegeben haben? Oder besteht überhaupt keine Verbindung zwischen ihnen? Wenn Sie sich auf diese Faktoren konzentrieren, wie fühlen Sie sich dann?

Ziel dieser Übung ist nicht, Sie zu schockieren, damit Sie große Entscheidungen treffen oder Ihr Leben radikal umgestalten, sondern Ihnen einen Anhaltspunkt zu geben in Bezug darauf, wie es um die Balance zwischen den Dingen steht, die Ihre Stimmung heben, und denen, die Ihre Stimmung nach unten ziehen. Diese Balance braucht nicht perfekt zu sein. Ein einziger aufmunternder Zeitvertreib wiegt mit Leichtigkeit eine lange Liste negativer Beschäftigungen auf. Es ist auch völlig normal, dass an manchen Tagen Ihre Stimmung immer mehr sinkt, während sie an anderen Tagen in den Himmel steigt. Worauf es ankommt, ist, dass Sie Ihr Leben im Großen und Ganzen in der Balance halten, damit Ihr Ballon generell eine konstante Höhe hält und keine Bruchlandung macht.

Es gibt drei Möglichkeiten, einen Absturz des Ballons zu verhindern: Sie können das Gewicht des Korbes verringern, den Ballon aufblasen oder – realistischer – es mit einer Kombination aus beidem versuchen.

Was könnten Sie in Anbetracht all dessen tun, um das Gewicht des Korbes zu verringern? Sind Sie überarbeitet oder anderweitig zu beschäftigt? Was könnte das Gewicht sonst noch verringern? Vielleicht eine geänderte Einstellung zu den Dingen, die Sie belasten? Oder diesen Dingen mehr Zeit oder Raum zu geben, damit Sie bei ihrer Erledigung weniger gestresst oder gehetzt sind? Oder eine Neueinschätzung der Bedeutung solcher Belastungen, die Ihnen ermöglicht zu erkennen, dass es sich bei einigen nicht lohnt, sie zu erledigen?

Denken Sie beim Neubewerten Ihrer Prioritäten auch daran, dass der Korb leichter zu handhaben ist, wenn der Ballon gut aufgeblasen ist. Haben Sie unbeabsichtigt auf Dinge verzichtet, die dem Ballon normalerweise Auftrieb geben würden? Vielleicht möchten Sie auch noch einmal über die Liste nachdenken, die Sie in Schritt eins erstellt haben. Achten Sie dabei auf Ihre allgemeine Stimmung. Wie wirkt sie sich auf Ihre Entscheidungen aus? Gibt es Aktivitäten, die Ihnen besonders schwerfallen, wenn Sie niedergeschlagen sind? Sie könnten sie eine Weile ruhen lassen. Gibt es andere, die Sie als leichter empfinden und die Sie auch jetzt, in dieser Woche, aufmuntern würden? Bedenken Sie zudem, dass bei Depressionen oder Niedergeschlagenheit die Motivation oft ein Stück weit hinter dem Entschluss zurückbleibt, etwas zu beginnen. Sie müssen also erst einmal anfangen, bevor Sie sicher wissen, ob es Ihnen Freude macht oder nicht.

Und denken Sie stets daran: Genau wie der Ballon laufen Sie ohne Auftrieb Gefahr, eine Bruchlandung hinzulegen. Das wird zwar Erschöpfung genannt, aber (auch hier wieder wie beim Ballon) es könnte sein, dass Sie nichts weiter brauchen als ein paar kurze Auftriebsschübe.

Auch bei dieser Übung machen wir bewusst keine Vorgaben. Sie sind jetzt imstande, allein zu fliegen und Ihre eigenen Entscheidungen zu treffen. Und die Meditation »Reflexion« (siehe folgender Kasten) soll Ihnen dabei helfen.

Denken Sie auch daran, dass Sie täglich eine Meditation aus einer der vorangegangenen Wochen des Kurses machen sollten; entweder jeden Tag dieselbe, oder Sie wählen ad hoc eine aus (siehe Kasten Seite 246). Sie verfügen über alle Fähigkeiten, die Sie dazu brauchen, auch wenn es sich vielleicht nicht immer so anfühlt.

Meditation »Reflexion«

Was uns nährt und was uns erschöpft ...

1. Hier geht es darum, die Geschehnisse der letzten vierundzwanzig Stunden zu reflektieren – was Sie am meisten und was am wenigsten mögen. Wenn Sie dies

regelmäßig üben, kann es Ihnen helfen, jedem Moment des Tages ausgeglichener, verständnisvoller und mitfühlender zu begegnen.

Verankerung

2. Suchen Sie sich einen Platz zum Sitzen oder Liegen, und lenken Sie Ihre Aufmerksamkeit auf die Empfindungen in den Füßen, den Kontakt mit dem Sitz, den Händen oder dem Atem. Wenn Sie sich auf den Atem konzentrieren, nehmen Sie die Ein- und Ausatmung und die Räume dazwischen wahr. Dehnen Sie dann, wenn es Ihnen richtig erscheint, Ihre Aufmerksamkeit auf den ganzen Körper aus, wie er hier sitzt oder liegt.

Rückblick auf die vergangenen vierundzwanzig Stunden

3. Wenn Sie bereit sind, vergegenwärtigen Sie sich die Ereignisse der letzten vierundzwanzig Stunden: große und kleine, wichtige oder belanglose; Menschen, die Sie getroffen haben; Orte, an denen Sie gewesen sind; Wege. Was ist geschehen? Wenn Sie an einem Ort geblieben sind, was haben Sie getan, was haben Sie bemerkt?

Was hat Ihnen am besten gefallen?

4. Fragen Sie sich: »Was hat mir heute am besten gefallen? Was hat mir Energie gegeben? Was fand ich am aufbauendsten?«

Mehr Nährendes in Ihr Leben bringen

5. Denken Sie dann über diese Fragen nach: »Was könnte ich anders machen, um mehr von dem, das mich nährt und aufbaut, in meine Zukunft einzu-

bauen?«, »Was könnte ich tun, um Dinge einzubauen, die die Belastung mindern; Dinge, die ich mag?« Wenn Ihnen nichts einfällt, ist das in Ordnung. Sie können ein andermal darüber nachdenken. Kehren Sie, wann immer Sie wollen, zu den Empfindungen des Atems oder einer anderen Stelle im Körper zurück, um sich zu verankern, während Sie hier sitzen oder liegen.

Was hat Ihnen am wenigsten gefallen?

6. Als Sie den Tag Revue passieren ließen, sind Sie vielleicht auf einige schwierigere Momente gestoßen. Fragen Sie sich: »Was mochte ich heute am wenigsten?«, »Was hat es mir schwerer gemacht?«, »Was hat mir Energie *geraubt*?« Vergegenwärtigen Sie sich diesen Moment noch einmal. Lassen Sie ihn einige Augenblicke da sein, und nehmen Sie alle Reaktionen darauf wahr: Gedanken, Gefühle oder Körperempfindungen. Denken Sie daran, dass Sie diese Gefühle nicht mögen müssen; es ist in Ordnung, sie nicht zu mögen, sie nicht haben zu wollen. Versuchen Sie, wenn möglich, ihnen gegenüber offen zu sein und sie so sein zu lassen, wie sie sind.

Geschickter Umgang mit solchen Momenten

7. Fragen Sie sich: »Wenn solche Momente noch mal kommen, wie könnte ich besser damit zurechtkommen, sofern ich das will?« Vergessen Sie nicht: Seien Sie freundlich zu sich selbst. Wenn Ihnen im Moment nichts einfällt, ist das in Ordnung. Schon wenn Sie offen dafür sind, anders mit solchen Dingen umzugehen, kann das die geistigen Muster verändern.

Ende

8. Kehren Sie irgendwann zum Atem im Körper zurück, während Sie hier sitzen oder liegen, und vergegenwärtigen Sie sich noch einmal eins der Dinge, die Ihnen am besten gefallen haben – vielleicht das Gefühl, genährt zu sein, Energie zu haben, lebendig zu sein.

Und wenn Sie bereit sind, schließen Sie die Übung ab.

Ein Bad, ein Spaziergang, etwas Zeit in Ruhe für sich haben, ein Besuch bei einer Freundin, Musik hören, tanzen – allein oder mit einem geliebten Menschen –, etwas mehr Zeit mit dem Einkauf gesunder Lebensmittel verbringen und dabei deren Düfte und Aromen genießen … In dieser Woche geht es um die kleinen Dinge, die den Geist nähren, den Ballon aufsteigen lassen und das Leben in der Balance halten. Das hilft Ihnen, die einfachen Freuden wahrzunehmen, die aus Ihrem Leben verschwunden sind – oft ohne dass Sie es gemerkt haben.

In Gemmas Fall war es ein entspannendes Bad am Ende des Tages, das ihr im Leben gefehlt hatte. »So eine Kleinigkeit, aber es fühlte sich immer wie ein kostbares Geschenk an«, sagte sie. »Ich hatte eine Liste erstellt mit den Dingen, die den Korb meines Ballons beschwert haben, und denen, die ihn aufgebläht haben, und mir ist klar geworden, dass mein Leben völlig aus dem Gleichgewicht geraten war. Kurzfristig konnte ich an den großen Belastungen nicht viel ändern, also begann ich mit den Kleinigkeiten, die, wie ich wusste, meine Stimmung verbessern konnten. Ich begann mit einem Bad. Wirklich, so einfach war es. Ich stieg mit verkrampften Muskeln in die Wanne, voller Sorgen und Vorwürfe – und mein innerer Kritiker warnte mich vor den Gefahren, die es mit sich brächte, meine Zeit auf diese Weise zu verschwenden. Immer wieder sagte er mir, ich solle doch lieber schnell duschen und das

Baden aufschieben, bis ich mehr Zeit hätte. Und beinahe hätte ich seinen Rat beherzigt. Doch dann erinnerte ich mich an das, was ich mir zu Beginn des Kurses selbst versprochen hatte: dass ich ihn – komme, was wolle – zu Ende führen und die Anweisungen genau befolgen würde. Ich hatte mir gesagt, dass der Kurs nur acht Wochen dauerte, ich also nicht viel verlieren würde, wenn ich es wenigstens versuchte. Das war genau die Erlaubnis, die ich brauchte, um den inneren Kritiker sanft zu verscheuchen und in die Badewanne zu hüpfen. Und es war so wunderbar magisch, all meine Sorgen eine halbe Stunde lang dahinschmelzen zu lassen. Nach einigen Tagen mit solchen Bädern begann ich, ein paar glitzernde Badekugeln in die Mischung zu geben. Danach schlief ich dann auch noch wie ein Murmeltier!«

Unter Umständen ist es entscheidend, dass wir uns zugestehen, gut zu uns zu sein; vor allem, wenn wir zu viel zu tun haben, zu hart arbeiten oder das Gefühl haben, dass die Welt schwer auf unseren Schultern lastet. So belanglos diese Woche auch wirken mag, in Wirklichkeit ist sie von zentraler Bedeutung für den Erfolg des gesamten Programms. Wir können Ihnen die technischen Aspekte der Achtsamkeit beibringen, doch die eigentliche Meditation ist die, wie Sie Ihr Leben führen. Dies erinnert Sie daran, dass das Leben letztlich kurz ist und das, was ein gut gelebtes Leben ausmacht, eine Abfolge kleiner Momente ist. Und sobald Sie das spüren, verleiht es Ihrem Leben eine gewisse Klarheit – dass es Tag für Tag gelebt und erfahren werden muss. Prokrastination kann eine unsichtbare Barriere sein, die das verhindert. Sie ist unsichtbar, denn sie erweckt oft den falschen Eindruck, wir würden unser Leben organisieren und es optimieren, indem wir Aufgaben nach Prioritäten ordnen, die wir endlos hin und her jonglieren und aufschieben können, während wir auf den perfekten Moment warten, um sie zu erledigen – ein Moment, der nie wirklich kommt.

Es ist wichtig, zu verhindern, dass Prokrastination Fuß fasst und Ihre Zeit vollständig in Beschlag nimmt. Wenn Sie sich also vornehmen, etwas zu tun – sei es etwas Vergnügliches oder eine Erledigung –, ist es sinnvoll, sich einen bestimmten Zeitpunkt dafür in Ihrem Terminkalender vorzumerken und es nicht bei dem allgemeinen Vorsatz zu belassen. Versuchen Sie, Ihre anderen Prioritäten und Termine mit einzukalkulieren, damit Sie nicht in letzter Minute noch einmal alles umorganisieren müssen. Vielleicht merken Sie dabei, dass Sie sich einfach zu viel vorgenommen haben. In diesem Fall sollten Sie Ihre Prioritäten überdenken, einiges zurückstellen und andere Aufgaben streichen. Ist ein Vorhaben zu umfangreich, um es auf einmal zu erledigen, unterteilen Sie es in kleinere Schritte. Räumen Sie zum Beispiel nur eine einzige Schublade aus, anstatt eine ganze Kommode zu entrümpeln; wenn Sie einen Essay verfassen, schreiben Sie nur einen Abschnitt und nicht den ganzen Text; beantworten Sie eine einzige E-Mail und nicht alle Nachrichten in Ihrem Posteingang. Wenn Sie deprimiert sind, achten Sie besonders darauf, dass Sie die Zeit für eine Aufgabe begrenzen. Vielleicht schaffen Sie höchstens zehn Minuten, aber schon allein, dass Sie überhaupt anfangen, bedeutet eine große Erleichterung für Sie.

Aber auch wenn Sie nicht deprimiert sind, sollten Sie sich einen Timer stellen, der Sie daran erinnert, jede halbe bis Dreiviertelstunde eine Pause zu machen. Falls Sie erschöpft sind, haben Sie sich vielleicht angewöhnt, lange aufzubleiben, und dadurch fehlen Ihnen eine oder zwei Stunden Schlaf. Sie sollten ihn im Lauf der Woche möglichst nachholen, indem Sie entweder ein- oder zweimal am Tag kurz schlafen (jeweils weniger als eine halbe Stunde) oder früher ins Bett gehen, und zwar nachdem Sie Ihr Mobiltelefon außer Reichweite gelegt haben. Es ist erstaunlich, wie zermürbend Schlafmangel wirken kann. Und oft werden uns die negativen Auswirkungen erst bewusst, wenn wir den Rückstand aufgeholt haben und auf die vergangenen Tage zurückblicken.

Tägliche Achtsamkeitspraxis »Achtsames Sprechen und Zuhören«

Wenn Sie Achtsamkeit in alle Lebensbereiche einbringen wollen, können Sie das sehr gut erreichen, indem Sie achtsames Sprechen und Zuhören entwickeln. Denn die meisten von uns verbringen sehr viel Zeit in Gesprächen.

Versuchen Sie in den nächsten Stunden oder bei der nächsten sich bietenden Gelegenheit, Ihre Aufmerksamkeit auf die Momente zu lenken, in denen Sie im Gespräch sind – bei der Arbeit, zu Hause oder wenn Sie in Ihrer Stadt oder Ihrem Dorf unterwegs sind.

Wenn Sie zuhören, prüfen Sie, ob Sie rückhaltlos zuhören können, ohne zuzustimmen, zu widersprechen oder zu planen, was Sie sagen werden, wenn Sie an der Reihe sind.

Wenn Sie selbst sprechen, fragen Sie sich: »Wie viel davon ist wirklich notwendig?«

Besonders schwierig ist das, wenn Sie mit jemandem über eine dritte, nicht anwesende Person sprechen. Natürlich ist es manchmal notwendig, über jemanden zu sprechen, wenn er nicht da ist, aber manchmal ist es hilfreich, sich vorzustellen, dass die betreffende Person hört, was Sie sagen. Würde sie am Tonfall und Ihren Worten liebevolle Fürsorge erkennen oder nur Bitterkeit und Zurückweisung hören? Ist das, was Sie sagen, wahr? Und selbst wenn es der Wahrheit entspricht, ist es notwendig? Und wenn es nach Ihrem Empfinden notwendig ist, ist es freundlich? Versuchen Sie, in all Ihren Gesprächen nur das zu sagen, was nötig ist – ohne zu übertreiben –, und dann innezuhalten und zuzuhören.

Mit alldem kultivieren Sie Achtsamkeit im Gewebe des täglichen Lebens und lernen dabei, wie Sie ein Leben voller Weisheit und Mitgefühl führen können – ein Leben voller Freundlichkeit gegenüber sich selbst und anderen.

Bei der Ballon-Übung gelangte Frankie zu der wichtigen Erkenntnis, dass sie ihren Tag »würzen« musste.

»Ich erkannte, wie sehr ich Aktivitäten vernachlässigt hatte, die ich als aufbauend empfinde, und dass eine liebenswürdige, freundliche, loslassende Haltung zufriedener macht. Als ich mir ansah, was mich erschöpfte, war meine erste Antwort ›äußere Faktoren‹ – so wie soziale Medien und die täglichen Nachrichten. Doch bei genauerem Hinsehen entdeckte ich: Das, was mir wirklich Lebenskraft entzog, waren Grübeleien über Dinge, die ich ohnehin nicht ändern konnte oder die mich ärgerten. Und die hatten über die Medien einen Weg in mein Leben gefunden.«

Frankie beschloss, sich eine Auszeit von sozialen Medien und Nachrichten zu nehmen: »Ich bin ein echter Nachrichten-Junkie. Früher habe ich bei Zeitungen gearbeitet, und ich liebe das verrückte Tempo. Ich liebe es wirklich; aber mir ist auch klar geworden, dass man dadurch einen ganz schön verbitterten Blick auf die Menschheit bekommen kann. Wenn es in den Nachrichten erscheint – das habe ich gelernt –, dann ist es sehr unwahrscheinlich, dass es einem selbst passiert, denn es steht normalerweise deswegen in den Nachrichten, weil es ungewöhnlich ist und nicht sehr oft passiert. Ich habe auch gelernt, dass die Antwort auf eine Schlagzeile, die mit einem Fragezeichen endet, in der Regel ›Nein‹ lautet. Denken Sie an Boulevardblatt-Schlagzeilen wie: ›Ist Ihr Papagei ein Hellseher?‹ Ich *weiß* das alles, aber trotzdem habe ich mich hineinziehen lassen. Meine Willenskraft reichte einfach nicht aus, um zu widerstehen. Also verordnete ich mir eine sehr strenge ›Mediendiät‹, bei der ich eine Woche alles vermied. Besonders streng war ich bei den sozialen Medien. Sie haben Algorithmen, die einen süchtig machen – wirklich psychisch süchtig –; deswegen fiel es mir in diesem Bereich besonders schwer.«

Frankie entdeckte dann, dass in ihrem Lebenszentrum dort, wo vorher die sozialen Medien gewesen waren, eine Leere herrschte. Also beschloss sie, die Praxis der Handlungsentscheidungen als

»Würze« in ihren Tag einzustreuen: kleine Pausen, in denen sie sich verankern, ihr Leben wertschätzen und den Menschen um sich herum Dankbarkeit entgegenbringen konnte. Anstatt an den sozialen Medien zu »naschen«, genoss sie das Festmahl ihres Lebens, so wie dieses sich gerade ereignete. Und wie beim Würzen braucht man nicht viel davon, um einen großen Unterschied zu bewirken.

Frankie beschloss dann, sich mit einer guten Freundin zu treffen, die sie schon lange nicht mehr gesehen hatte. »Ich merkte, wie sehr ich sie vermisst hatte«, sagte sie. »Wie schön es dann wurde! Zudem erkannte ich, dass es auch darauf ankommt, *wen* man trifft. Hier hat die Meditation »Achtsames Sprechen und Zuhören« tatsächlich geholfen. Es wäre einfach gewesen, in unsere alten Rede- und Zuhörgewohnheiten aus unserer gemeinsamen Vergangenheit zu verfallen, doch stattdessen wollte ich vor allem vertiefen, wie sich ihr Leben in den drei Jahren verändert hatte, seit ich sie das letzte Mal gesehen hatte. So lernte ich sie gewissermaßen noch einmal ganz neu kennen. Dieselbe gute Freundin, aber mit einer Menge interessanter neuer Erlebnisse, von denen sie mir erzählen konnte. Bald gerieten wir jedoch in Klatsch über eine gemeinsame Bekannte. Und ich hatte das Gefühl, dass es uns beiden nicht guttäte, weiter darauf einzugehen, also schwieg ich eine Weile. Dann lachten wir über einige andere Dinge aus unserer Vergangenheit und verbrachten eine schöne Zeit.«

Auch Emma bemerkte in dieser Woche eine tiefgreifende Veränderung in Herz und Geist. Ihr Leben war scheinbar aus dem Ruder gelaufen, und wie sie zugab, war es ihr schwergefallen, die Gefühlsfärbungsübungen für jede Woche durchzuhalten. Doch mit der Hilfe ihrer Meditationslehrerin hatte sie es geschafft und sich ohne zu urteilen in die Gefühlsfärbungen hinein- und wieder herausbewegt. Dann, gerade als es so aussah, als würde der Kampf ewig dauern, änderte sich etwas. Sie schrieb in ihr Tagebuch:

Um den dritten Tag herum hat sich etwas geändert. Nicht nur die Art, wie ich denke, nicht nur kognitiv. Es ist etwas tief in mir, eine Weite, ein tiefes Wissen, dass es mir gut gehen wird. Ein veränderter Blick auf meine Situation, auf die ganze Hektik und Chaotik. Eine Veränderung in der Art, wie ich mit dem Widerstand umgehe. Ich bin immer noch erschöpft. Aber es fühlt sich nicht so zäh an, nicht so eingeengt, sondern leichter und entspannter. Es fühlt sich an, als hätte irgendetwas genug Raum geschaffen, damit alles da drin sein kann. Einfach zu sagen: »Es ist in Ordnung, das nicht zu mögen«, hat den schlechten Dingen – und den guten – die Erlaubnis gegeben, da zu sein. Ich kämpfe nicht mehr ständig mit dem Schlechten in meinem Leben und klammere mich auch nicht mehr an das Gute in der Hoffnung, dass es bleibt. Es hat mich gelehrt, nicht mehr vor dem Leben davonzulaufen. Ich glaube, das ist es, was die Veränderung eigentlich ausmacht: mit den Dingen ausharren, ein Freigeben, ein Loslassen. Ich weiß, dass das vielleicht oberflächlich klingt, aber es ist so viel besser als das Gefühl, im Leben gefangen und darin verstrickt zu sein. Jetzt weiß ich, dass sich für mich alles fügen wird, was auch immer das Leben für mich bereithält.

KAPITEL 12

WOCHE ACHT: Das Abenteuer geht weiter

Wie bereits ausgeführt, ist Vedana ein grundlegendes Element der Achtsamkeit, das aber in Achtsamkeitskursen oft übergangen wird. Zum Teil, weil es ein bisschen zu rätselhaft wirkt, um leicht in die moderne Welt zu passen – vielleicht ist es zu subtil –, aber auch, weil in einem achtwöchigen Programm nur eine begrenzte Menge an Stoff sinnvoll vermittelt werden kann.

Die neuesten Entwicklungen in der Neurowissenschaft ändern das alles. Es hat sich herausgestellt, dass Gefühlsfärbungen für unser Verständnis der Welt und dafür, wie wir uns gelegentlich in Leiden verstricken, von zentraler Bedeutung sind. Gefühlsfärbungen bewegen sich also nicht mehr am Rande des Achtsamkeitsthemas, sondern wir können sie jetzt auf der Hauptbühne begrüßen. Und das ist durchaus im Sinn der frühesten Traditionen, aus denen die Achtsamkeit hervorgegangen ist. Es ist erstaunlich, dass Vorstellungen und Praktiken, die mindestens zweitausendfünfhundert Jahre alt sind, uns helfen können, den Frieden zu finden, den wir brauchen, damit es uns im einundzwanzigsten Jahrhundert gut geht. Vedana bringt Meditation in unsere postmoderne Welt – wo sie sich nicht nur einfügt, sondern wirklich hingehört.

Wie ebenfalls bereits erwähnt, besteht die wahre Meditation darin, wie man sein Leben lebt. Das gilt besonders für Vedana, denn es hilft uns, mit bewusster Intention zu leben, sodass unser Leben zu unserer Meditation wird und die Meditation zu unserem Leben. Bewusste Intention ermöglicht uns, die Schleier zu durchdringen, die uns von der Welt, wie sie wirklich ist, trennen. Eine Welt, die oft viel subtiler, veränderlicher und schöner ist, als wir es uns vorstellen. Bewusste Intention ermöglicht uns, unsere Stürme zu beruhigen, bevor sie uns überwältigen, und aus Einsicht zu handeln statt aus unwillkürlicher, reaktiver Emotion heraus. Sie haben jetzt die Fähigkeiten, die für all das erforderlich sind. Obwohl es noch viel zu lernen gibt, können wir Ihnen nicht mehr viel beibringen. Bald werden Sie Ihre eigene Lehrerin, Ihr eigener Lehrer sein und sich selbst anleiten müssen. Dafür ist dieses Kapitel gedacht. Hier wollen wir Ihnen helfen, all das zu festigen, was Sie bisher gelernt haben, und Sie auf Ihren Weg vorbereiten. Zunächst ist es jedoch hilfreich zu sehen, wie weit Sie gekommen sind. Dann können Sie entscheiden, wie (oder ob) Sie Vedana in den Rest Ihres Lebens einbauen wollen.

Damit Sie sich fließend durch die Welt bewegen können, muss Ihr Gehirn ständig Vorhersagen darüber treffen, was Sie sehen, hören, schmecken, riechen und berühren werden. Diese Vorhersagen werden zwar jeden Moment durch die eintreffenden Sinnesdaten aktualisiert, aber wenn keine Abweichungen von der Vorhersage gefunden werden, dann ist das, was Sie erleben, die *Vorhersage*, die in Ihrem Kopf getroffen wurde; nicht die Informationen außerhalb von ihm. Es basiert auf Sinnesinformationen, die in einem Kurzzeitspeicher – oder superschnellen Speicher – abgelegt sind. Auch Gefühlsfärbungen sind ein grundlegender Aspekt dieser Vorhersagen; sowohl Informationen als auch Gefühlsfärbungen sind im Cache untrennbar miteinander verwoben. Deswegen leben wir so oft im Kopf. Es ist die Standardeinstellung.

Kein Wunder also, dass Sie immer wieder in alte Gewohnheiten emotionalen Denkens zurückfallen. Denn bei den intensivsten solcher Gefühlsfärbungen (den unangenehmsten) besteht offenbar der dringendste Handlungsbedarf. Sie werden einfach aus dem Zwischenspeicher Ihres Geistes geholt. Ohne genaue Informationen, die Ihre Simulation aktualisieren, sind Sie gezwungen, in Ihren mentalen Modellen zu leben, und vergessen allmählich, wie Sie Ihr echtes Leben in Besitz nehmen und sich direkt auf die Erfahrung, lebendig zu sein, einlassen können.

Ein weiterer Aspekt: Die Richtung unseres Handelns und seine Dringlichkeit werden davon bestimmt, wo solche Gefühlsfärbungen auf dem Spektrum von angenehm bis unangenehm liegen. Wenn diese Tönung *nicht* deutlich gesehen wird, drückt sie unsere Knöpfe. Sich selbst überlassen, erzeugt sie automatisch einen Reaktionsimpuls. Dieser kann beinhalten, dass wir uns gegen das, was wir nicht mögen, sträuben; dass wir nach dem streben, was wir mögen, oder manchmal auch Positives dämpfen, um Enttäuschungen zu vermeiden. Solche Gefühlsfärbungen werden leicht übersehen, und doch sind sie genau die Kipppunkte, die uns und unseren Beziehungen so sehr schaden können.

Wie die Geschichte weitergeht, wissen Sie: Automatische Reaktionen können eine Kaskade von Gedanken, Gefühlen, Empfindungen, Bildern und Emotionen in Gang setzen. Es ist vergleichbar mit Serienbildern, die fließend von den realen Informationen, die schon schlimm genug sein können, zu den erfundenen übergehen, was noch schlimmer ist. Und die ganze Zeit über bereitet sich der Körper auf Handlungen vor, die auf den schlimmsten Imaginationen dieser Serienbilder basieren. Bild für Bild bereitet sich der Körper darauf vor, auf jedes Worst-Case-Szenario zu reagieren. Das fließt dann wieder in unsere Vorhersagen ein, denn wir verstehen die Welt durch Handeln. Jeder Gedanke, jedes Gefühl, jede Emotion und jede Empfindung – im Grunde alles, was wir erleben – wird durch die entsprechenden Handlungen, die in Geist und Körper ablaufen, widergespiegelt und verstanden. Kein Wunder, dass wir so häufig gestresst und erschöpft sind.

Obwohl wir nichts an den zugrunde liegenden Vedana ändern können, sind wir doch in der Lage, das, was abläuft, zu verlangsamen und Bild für Bild zu betrachten. Wir können diese Momente nutzen, um die Verbindung zwischen der Gefühlsfärbung und dem Reaktionsimpuls, der darauf folgen würde, aufzulösen. Und mit der Zeit kann ein langer, übler Kreislauf sanft in einen guten umgewandelt werden.

In der ersten Kurswoche haben Sie gelernt, eine *feste Verankerung* zu finden, sodass Ihr Geist nicht mehr von den unvermeidlichen Ablenkungen des Alltags in alle Richtungen gezogen wird. Sie haben gelernt, dass der Atem ein wunderbarer Ort sein kann, um Ihre Aufmerksamkeit zu verankern, dass es aber auch andere Punkte gibt, auf die Sie sich konzentrieren können: die Empfindungen des Kontakts Ihrer Füße mit dem Boden, Ihres Körpers und dem, worauf Sie sitzen oder liegen, und Ihren Händen mit dem Schoß oder den Oberschenkeln.

In der zweiten Woche haben Sie gelernt, dass Sie den Geist, wenn er während der Meditation abschweift, nicht sofort zu zwingen brauchen, die Aufmerksamkeit wieder auf das gewählte Objekt zu richten, sondern dass es Alternativen gibt. Selbst wenn Sie schon lange Achtsamkeit praktizieren, sind Sie vielleicht doch ein kleines bisschen frustriert, wenn Ihr Geist abschweift. Sie haben das Gefühl, dass Sie das inzwischen besser können sollten. Vielleicht blicken Sie neidisch auf andere Meditierende, auf Bilder in den Medien oder auf Achtsamkeitslehrende und glauben, dass diese ihre Meditation perfektioniert haben. So eine Gelassenheit! Dann vergleichen Sie das, was *Sie innerlich* fühlen, mit dem, wie die anderen *äußerlich aussehen.* Das kann toxisch sein. Deswegen haben Sie stattdessen in der zweiten Woche geübt, Ihrem Geist staunende Dankbarkeit entgegenzubringen, indem Sie jedes Abschweifen zu einer Gelegenheit gemacht haben, ihn aus einer neuen, umfassenderen, freundlicheren Perspektive zu sehen. Das hat alles geändert: Mehr geistiges Abschweifen bedeutet nun mehr Dankbarkeit, mehr Zuneigung zu diesem innersten Teil dessen, was Sie sind. Und Sie haben auch geübt, Ihre alltäglichen Sinne in den Mittelpunkt des Gewahrseins zu stellen. Nach und nach haben Sie erkannt, dass jedes Sinnestor nicht nur Empfindungen bringt, sondern auch einen intuitiven Eindruck, wie sich diese Empfindungen *anfühlen*: angenehm, unangenehm oder etwas dazwischen.

In der dritten Woche haben Sie darauf aufgebaut: Sie haben festgestellt, dass Gedanken, sogar ganze Gedankenströme, und die damit einhergehenden Emotionen bei ihrem Aufkommen mit Gefühlsfärbungen verwoben sind. Diese Entdeckung ist bemerkenswert. In Geist und Körper geht eine Menge vor sich. Gedanken, Empfindungen und Emotionen sind komplex, und es kann leicht passieren, dass wir sie überanalysieren und uns in dem Versuch, ihre »wahre« Bedeutung zu enträtseln und zu verstehen, verheddern. Doch bei der Gefühlsfärbung gibt es nur drei Aspekte: angenehm, unangenehm und neutral. Sonst nichts. Diese Klarheit einfach anzuerkennen, ist schon befreiend. So haben Sie also in der dritten Woche geübt, sich auf die Feinheiten solcher Gefühlsfärbungen einzustellen, ohne sie zu beurteilen oder zu analysieren.

Wiederum auf dieser Fähigkeit aufbauend, haben Sie in der vierten Woche gelernt, die Dinge so sein zu lassen, wie sie sind. Mit den Worten »Es ist in Ordnung, das nicht zu mögen« oder »Es ist in Ordnung, das zu mögen« haben Sie sich in Erinnerung gerufen, dass Ihr Körper und Geist ein Teil der Natur und Ihre Reaktionen ganz natürlich und normal sind. Und indem Sie bewusst praktiziert haben, dankbar zu sein, ist Ihnen klar geworden, dass uns allen eine natürliche, tief verwurzelte Ausrichtung auf Unangenehmes zu eigen ist. Dadurch entsteht eine »Decke der Gleichgültigkeit« und legt sich über viele kleine Freuden, die unseren Geist sonst nähren würden. Oft bemerken wir sie allerdings gar nicht, was erstaunlich ist. Ebenso erstaunlich ist jedoch die Entdeckung, dass diese

Freuden immer noch da sind und darauf warten, dass wir sie wiederentdecken, wie lang vermisste Freunde, die wir zwar vernachlässigt haben, die sich aber trotzdem freuen, uns wiederzusehen.

In der fünften Woche ging es wieder um die zentrale neue Entdeckung der Psychologie und Neurowissenschaften: Handlungen entstehen nicht als letzte Phase eines komplizierten Wahrnehmungsprozesses und der Verarbeitung von Rohdaten aus der Welt. Vielmehr sind sie entscheidend dafür, wie wir die Welt im allerersten Moment der Wahrnehmung verstehen. Um wahrzunehmen, was um Sie herum vorgeht, müssen Sie zunächst eine Handlung simulieren und durchspielen. Sie können noch nicht einmal verstehen, was jemand zu Ihnen sagt, einen Gedanken denken, sich an die Vergangenheit erinnern oder einen Plan schmieden, ohne dass das Gehirn die entsprechenden Handlungen durchspielt. Es ist fast so, als würden Truppen mobilisiert, die sich dann aufs Kämpfen vorbereiten, Manöver üben und Schießübungen machen – und zwar für jeden Gedanken, jedes Gefühl, jede Empfindung und jede Emotion, die jeden Moment jedes Tages aufkommen. Kein Wunder, dass Sie oft so erschöpft sind! Deshalb haben wir uns damit befasst, welche Vorteile es mit sich bringt, wenn wir uns sanft sagen: »Ich brauche jetzt nichts zu tun.« Damit wollten wir Sie nicht daran hindern, sinnvoll zu reagieren, ganz im Gegenteil. Aber wenn sich das Gehirn auf eine Handlung vorbereitet, ist der Großteil seiner Geschäftigkeit belanglos. Und mitten in der Meditation ist Handeln normalerweise ohnehin nicht erforderlich. Also wirkt der Satz »Ich brauche jetzt nichts zu tun« entlastend. Die Truppen ziehen sich zurück, ein Gefühl der Ruhe und des Friedens kehrt ein. Und diese Gelassenheit überträgt sich auf den Rest des Tages und hilft Ihnen zu erkennen, dass oft – sehr oft – das klügste Handeln darin besteht, nicht zu handeln.

In der sechsten Woche haben Sie all diese neuen Fähigkeiten zusammengetragen und sich Ihren schwierigen Gefühlen zugewandt. Sie haben geübt, mit sich selbst Freundschaft zu schließen und schwierige Emotionen in Geist und Herz zuzulassen. Sie haben gesehen, wo im Körper sie sich gezeigt haben. Dann haben Sie deren jeweilige Gefühlsfärbung dadurch anerkannt, dass Sie bei unangenehmen Gefühlen gesagt haben: »Es ist in Ordnung, das nicht zu mögen«, und anschließend wiederum leise hinzugefügt haben: »Ich brauche jetzt nichts zu tun.« Sie haben also der Schwierigkeit Raum gegeben, wenn sie im Körper auftrat, und nicht versucht, sie wegzuschieben, denn ein solches Wegschieben macht sie nur noch schlimmer; dadurch wirkt sie noch unangenehmer.

In der siebten Woche haben Sie erkundet, wie es kommt, dass Sie, wenn Sie müde oder besorgt sind, den Kontakt zu den kleinen Dingen verlieren, die Ihre Seele nähren und das Leben lebenswert machen. Diese Dinge verschwinden aus Ihrem Leben und lassen nur solche zurück, die Sie auslaugen und die Qualität Ihres Lebens unterminieren. Doch es kann sogar noch schlimmer kommen; denn wenn Sie niedergeschlagen sind, kann selbst der *Gedanke* an die Dinge, die Ihnen früher Freude bereitet haben, Ablehnung auslösen. Also wollen Sie sie wegschieben und können sich einfach nicht vorstellen, dass sie jemals wieder angenehm sein könnten. Das anzuerkennen und sich nicht selbst die Schuld dafür zu geben, ist wirklich sehr befreiend. Sie können dann die Möglichkeit erkunden, sich Ihr Leben Stück für Stück zurückzuholen – mithilfe täglicher Übungen zum Wahrnehmen kleiner Schönheiten und Freuden, die Sie vielleicht für selbstverständlich gehalten haben.

Da wären wir nun, in der achten Woche, die Ihnen Gelegenheit gibt, darüber nachzudenken, was mit Ihnen im Lauf des Kursprogramms geschehen ist, welche Schwierigkeiten, Freuden und Entdeckungen Ihnen begegnet sind. Und Sie können entscheiden, was davon Sie gern mit in die Zukunft nehmen möchten. Setzen Sie sich also eine Weile in Ihren Meditationsraum, und denken Sie über die folgenden Fragen nach. Lassen Sie sich Zeit.

- Was haben Sie sich gewünscht, während Sie das Programm in diesem Buch durchlaufen haben?
- Was haben Sie gelernt?
- Vor welchen Schwierigkeiten und Herausforderungen standen Sie?
- Wie haben Sie damit gearbeitet?

Nehmen Sie sich dann, sobald Sie bereit sind (denn es besteht wirklich keinerlei Eile), noch einmal etwas Zeit, um zu sitzen, sich auf Ihren Atem und Körper zu konzentrieren, vielleicht die Meditation »Ihre Verankerung finden« zu hören und über diese Fragen nachzudenken:

- Ist da noch mehr, das Sie erkunden möchten?
- Was könnte Sie behindern, und wie wollen Sie damit arbeiten?
- Was unterstützt Sie am effektivsten?

An diesem Punkt sind Sie wahrscheinlich frohen Mutes und eingeschüchtert zugleich: aufgeregt angesichts des weiterführenden Vedana-Potenzials, aber eingeschüchtert durch die Entscheidungen, die Sie werden treffen müssen. Denn wo sollen Sie anfangen, und was unterstützt Sie am wirksamsten?

Viele Menschen haben gemerkt, dass Regelmäßigkeit, Struktur und Elan wichtig sind, um eine Meditationspraxis aufrechtzuerhalten. Legen Sie also als Erstes fest, wie viel Zeit Sie Ihrer Praxis jeden Tag widmen wollen und realistischerweise widmen können. Versuchen Sie, es nicht zu überschätzen, sich aber dennoch ein bestimmtes Mindestmaß vorzunehmen, denn das ist nötig. Ideal ist es, an fünf bis sechs Tagen in der Woche zwanzig bis dreißig Minuten täglich zu meditieren. Falls Sie das nicht schaffen, genügen auch zehn Minuten pro Tag. Achtsamkeit ist ein lebenslanges Unterfangen, ihre positive Wirkung entfaltet sich über Monate und Jahre hinweg, daher ist Regelmäßigkeit wichtiger, als erst bis zum Gehtnichtmehr zu meditieren, dann abzustürzen und aufs Neue zu meditieren bis zum Gehtnichtmehr.

Und was sollen Sie üben? Das erfahren Sie durch die Übungen selbst. An manchen Tagen haben Sie das Bedürfnis, sich mit der Meditation »Ihre Verankerung finden« zu erden. An anderen Tagen müssen Sie sich vielleicht mit der Übung »Gefühlsfärbung Moment für Moment« daran erinnern: »Ich brauche jetzt nichts zu tun.« Dennoch ist es hilfreich, eine Struktur zu haben, die Sie für Ihr Vorgehen zugrunde legen können. Im Kapitel »Ein Jahr der Praxis« ab Seite 278-282 finden Sie einige Vorschläge, wie Sie ein ganzes Jahr lang Monat für Monat üben können. Es sind nur Ideen, die auf unseren Erfahrungen damit, was für andere hilfreich war, basieren. Viele unserer Schüler haben es als hilfreich empfunden, länger als nur eine Woche eine Praxis mit demselben Thema oder derselben Intention durchzuführen. Wir empfehlen daher, einen ganzen Monat dieselben Übungen zu praktizieren. Wenn Sie sich das vornehmen, bewirkt es zwei Dinge. Erstens bedeutet es, dass Sie Ihre Praxis nicht jeden Tag damit beginnen müssen, zu entscheiden, was Sie tun wollen. Das entscheiden zu müssen, könnte Sie unter Druck setzen und dazu führen, dass Sie es verschieben. Es zieht auch Zeit von der eigentlichen Praxis ab. Zweitens ermöglicht Ihnen die tägliche Wiederholung, die Veränderungen zu erkennen, die jeder Tag mit sich bringt. Diese Veränderungen können kaum merklich oder deutlich sein und auf verschiedenste Ursachen und Bedingungen zurückgehen, wie auf das Wetter draußen oder das »innere Wetter« in Geist und Körper: Was Sie früher am Tag oder an den vorangegangenen Tagen getan haben, wem Sie begegnet sind, welche Freuden und Sorgen Sie hatten oder bei welchen Vorhaben Sie nicht weitergekommen sind und welche Sie abgeschlossen haben. Solche täglichen Veränderungen sind deutlicher erkennbar, wenn über einen längeren Zeitraum hinweg regelmäßig praktiziert wird.

Verwenden Sie ruhig die Tracks aus dem Programm – entweder die geführten Meditationen oder die Versionen mit minimaler Anleitung (Mi). Nehmen Sie den Track mit dem Glockenklang-Timing, wenn Sie sich selbst anleiten möchten. Fühlen Sie sich aber nicht gezwungen, sich selbst anzuleiten. Auch wir beide greifen immer noch hin und wieder auf geführte Meditationen zurück. Es kann zudem sehr wohltuend sein, ein Mini-Retreat zu Hause zu machen und sich eine Zeit lang durch Meditationen führen zu lassen.

Vielleicht merken Sie beim Ausprobieren der Meditationen, dass Sie sie aufschieben, und erkennen es als Prokrastination. In diesem Fall sollten Sie sich den Rat eines bekannten Yogalehrers denken: »Das Schwerste am Yoga ist der Schritt auf die Matte.« Und wenn Sie das nicht beruhigt, könnten Sie sich vornehmen, nur eine Minute zu meditieren. Ja, nur eine Minute! Und falls Sie sich nach einer Minute entscheiden weiterzumachen, dann tun Sie das einfach bis zum Ende des Tracks.

Vedana wird in gängigen Achtsamkeitskursen, wie erwähnt, oft deshalb lediglich kurz besprochen, weil in einem achtwöchigen Programm nur eine bestimmte Menge an Inhalten gelehrt werden kann. Bei diesem Kurs standen wir vor demselben Dilemma. Ein Element mussten wir weglassen, weil es für diesen Vedana-Kurs nicht von zentraler Bedeutung ist. Dennoch ist es sehr lohnend. Wir nennen es »Übungen zum Loslassen von Gewohnheiten«. Diese Übungen sollen Sie behutsam aus den Fesseln Ihrer Gewohnheiten befreien. Es geht hier um kurze, schöne Übungen, die sich sehr positiv auf Sie auswirken, wenn Sie bei der Durchführung auf Ihre Gefühlsfärbung achten. So wirken sie wie kleine Katalysatoren und tragen dazu bei, den Nutzen Ihrer Meditationen zu verankern. Eine Liste dieser Übungen finden Sie im Kasten unten. Versuchen Sie, sich jeden Monat auf ein oder zwei davon zu konzentrieren.

Übungen zum Loslassen von Gewohnheiten

Wählen Sie jeden Monat eine oder zwei der folgenden Meditationen aus, und erkunden Sie, wie es ist, sie versuchsweise durchzuführen. Nehmen Sie dabei die Gefühlsfärbung wahr:

- Wo auch immer Sie in diesem Monat zu Fuß unterwegs sind, ob draußen oder drinnen, werden Sie um fünf Prozent langsamer.
- Wenn Sie zur Arbeit gehen oder fahren, wünschen Sie allen, die Sie sehen, im Stillen alles Gute, indem Sie sich innerlich sagen: »Möge es dir gut gehen.« Tun Sie das in dem Wissen, dass er oder sie sich ebenso wünscht wie Sie, glücklich und entspannt zu sein und ein Leben frei von Leiden zu führen.
- Legen Sie Ihr Smartphone beim Fernsehen, Arbeiten oder zum Aufladen über Nacht außer Reichweite. Wenn ein Smartphone im Blickfeld ist, kann es die Konzentration und Leistung um zwanzig Prozent verringern.[77]
- Ziehen Sie in diesem Monat jede Woche einen Tag lang den Stecker: keine E-Mails, kein Surfen im Internet, kein Computer oder Telefon (wenn möglich).
- Beschränken Sie sich in diesem Monat beim Beantworten von E-Mails auf jeweils eine halbe Stunde (oder legen Sie die Dauer im Voraus fest). Stellen Sie einen Timer ein, und üben Sie, sich an die Zeitvorgabe zu halten.
- Tragen Sie in diesem Monat Ihren Namen einmal pro Woche für eine Stunde in Ihren Kalender ein, und tun Sie, was immer Sie wollen – absolut alles, sei es etwas Großes, Kleines oder sogar überhaupt nichts.
- Versehen Sie Ihre E-Mails mit einer Signatur, die besagt, dass Sie zwischen sieben Uhr abends und sieben Uhr morgens normalerweise keine E-Mails beantworten.

- Planen Sie eine längst vergessene angenehme Tätigkeit ein (Musik hören, ein Lieblingsgedicht lesen, irgendwohin gehen, wo Sie schon immer einmal hinwollten).
- Nehmen Sie sich etwas vor, das Sie aufgeschoben haben, so geringfügig es auch sein mag.
- Schreiben Sie eine Karte an jemanden, den Sie früher gekannt haben und zu dem Sie keinen Kontakt mehr haben.
- Üben Sie in diesem Monat, Nein zu neuen Verpflichtungen zu sagen, die mit Dingen kollidieren würden, die Sie sich schon vorgenommen haben.
- Suchen Sie sich etwas aus, das Sie schon immer können wollten (zum Beispiel Gitarre spielen, töpfern, zeichnen oder eine Sportart), und tun Sie die ersten Schritte, um es zu erlernen. Offen sein für neue Ideen, wie zum Beispiel dafür, sich eine neue Fähigkeit anzueignen, ist eines der fünf Elemente des Wohlbefindens.

Warnzeichen für emotionale Turbulenzen oder Müdigkeit

Es wird Phasen geben, in denen Sie sich überfordert fühlen. Ihre Praxis kann ins Stocken geraten. Vielleicht fühlen Sie sich verloren und allein. Sie werden das Gefühl haben, wieder zurückzufallen und die bereits gemachten Fortschritte nie wieder erreichen zu können.

Das Leben kann wirklich sehr hart sein. Manchmal sogar lähmend.

Woran erkennen Sie solche Phasen? Diese werden nicht offensichtlich sein, denn sie kommen mit ihrem eigenen verführerischen Strom an Propaganda daher. Hier einige Anhaltspunkte (aber denken Sie daran, dass die Geschichten, die Sie sich selbst erzählen, so einzigartig sind wie Sie selbst): Sie werden vielleicht still oder schlagen Türen knallend zu; vielleicht schlafen Sie schlecht oder auch zu viel; Sie sind oft erschöpft und müde; Dinge, die Ihnen früher Spaß gemacht haben, verlieren ihren Glanz. Ein weiterer Anhaltspunkt: Achten Sie auf Gedanken oder Worte, die Absolutheiten enthalten, Wörter wie *immer, nie, niemand, jeder, nichts, total, ganz, alles.* Eine solche Sprache zeigt emotionale Not zuverlässiger an als negative Worte.[78] Sie ist ein Warnzeichen, dass Sie Stress, Erschöpfung und Depression sehr nahe sind, und signalisiert, dass es an der Zeit ist, sehr behutsam mit sich selbst umzugehen und nach Möglichkeiten zu suchen, sich aufzubauen und einen kühlen Kopf zu bewahren, während Sie entscheiden, wie Sie am wirksamsten vorgehen können.

Fähig zu sein, einen Schritt zurückzutreten, um das große Ganze zu sehen – und sei es auch nur für einen Moment: Dabei kann Ihnen das achtsame Wahrnehmen von Gefühlsfärbungen helfen. Psychologen bezeichnen es als »Dezentralisierung« oder »Desidentifikation«, und es ist der Weg, über den viele Therapien ihre stärkste Wirkung entfalten.[79]

Wie können Sie Dezentralisierung erreichen, wenn das ganze Leben Sie nach innen zieht und in Ketten legt?

Atmen Sie einmal tief durch. Ja, nur einen Atemzug …

Konzentrieren Sie sich auf die Stelle im Körper, wo die Gefühle zu finden sind …

Angenehm, unangenehm, neutral …

Wenn es unangenehm ist, erinnern Sie sich sanft daran: »Es ist in Ordnung, das nicht zu mögen«, »Ich brauche jetzt nichts zu tun.«

Und dann, wenn Sie sich in die Stille Ihres Herzens hinein entspannen und der Moment sich richtig anfühlt, können Sie einen einzigen, winzigen Schritt nach vorn tun.

Ein Jahr der Praxis

Die folgenden monatlichen Praktiken sind nur Vorschläge und beinhalten breite Themen, sodass Sie Ihre Meditationen selbst anleiten können. Dennoch ist es völlig in Ordnung und ganz normal, die vollständig angeleiteten Übungen zu verwenden oder dazu zurückzukehren, wenn Ihre Energie oder Ihr Elan vorübergehend nachlassen.

Erster Monat

Verankerungsmeditation, dann Verlagern der Aufmerksamkeit auf die Füße, Kontakt mit dem Sitz, den Händen und dem Atem. (Sie können dies entweder eine Woche lang für jeden Anker praktizieren oder aber den ganzen Monat bei einem oder zwei Ankern bleiben.) Wenn Sie möchten, können Sie Track 1.2 und 1.4 verwenden.

Zweiter Monat

Kurze Verankerungsmeditation, dann achtsames Wahrnehmen des ganzen Körpers. Wenn der Geist abschweift, halten Sie inne und praktizieren Sie die Meditation »Innehalten« (Track 2.2 und 2.4). Machen Sie mindestens einmal wöchentlich die Meditation »Nach dem Aufwachen« (Track 1.6).

Dritter Monat

Kurze auf den Atem oder den Körper gerichtete Verankerungsmeditation, dann weiter zum achtsamen Wahrnehmen von Geräuschen, dann von Gedanken und weiter von Gefühlen. Nehmen Sie die Gefühlsfärbung all dessen wahr, was in Geist und Körper aufkommt (Track 3.2 und 3.4). Praktizieren Sie mindestens einmal pro Woche die Meditation »Die Gefühlsfärbung im täglichen Leben wahrnehmen« (Track 5.5).

Vierter Monat

Gehmeditation (Track 4.2 und 4.4), bei der Sie die Aufmerksamkeit auf Ihre Füße, Beine, den ganzen Körper und den Raum um sich herum richten (jeweils eine Woche, wenn Sie möchten). Oder üben Sie achtsames Dehnen (Track 4.5). Wenn Sie eine Empfindung oder einen Gedanken als angenehm oder unangenehm empfinden, rufen Sie sich in Erinnerung: »Es ist in Ordnung, das zu mögen/nicht zu mögen.« Machen Sie mindestens einmal in der Woche die Übung »Zehn-Finger-Dankbarkeit« oder die tägliche Achtsamkeitspraxis »Etwas wertschätzen« (Track 4.6 oder 4.8).

Fünfter Monat

Verankerungsmeditation mit Fokus auf dem Atem oder dem Körper, dann übergehen zum achtsamen Wahrnehmen von Geräuschen und anschließend von Gedanken und Gefühlen. Beenden Sie die Meditation mit offenem Gewahrsein, und lassen Sie alles, was im Bewusstsein auftaucht, sanft und freundlich da sein. Achten Sie bei jedem Ausatmen auf die Gefühlsfärbung von Körper und Geist, und rufen Sie sich sanft in Erinnerung: »Es ist in Ordnung, das zu mögen/nicht zu mögen« und »Ich brauche jetzt nichts zu tun« (Track 5.2 und 5.4). Machen Sie mindestens einmal wöchentlich die Übung »Gefühlsfärbung im täglichen Leben wahrnehmen« (Track 5.5).

Sechster Monat

Woche 1: Meditation »Freundlichkeit« (Track 6.1)
Woche 2: Verankerungsmeditation (wie im ersten Monat: Track 1.2 und 1.4)
Woche 3: Meditation »Schwierigkeiten erkunden« (Track 6.4)
Woche 4: Verankerungsmeditation (Track 1.2 und 1.4)

Machen Sie mindestens einmal in der Woche die Meditation » Sich der Schwierigkeit zuwenden« (Track 6.6).

Siebter Monat

Verankerungsmeditation mit Fokus auf dem Atem oder dem Körper, Übergehen zum achtsamen Wahrnehmen von Geräuschen, dann von Gedanken und Gefühlen. Beenden Sie die Meditation mit offenem Gewahrsein ohne bestimmten Fokus. Nehmen Sie die Gefühlsfärbung von allem wahr, was in Geist und Körper aufkommt, und sagen Sie sich: »Es ist in Ordnung, das zu mögen/ nicht zu mögen« und: »Ich brauche jetzt nichts zu tun« (Track 5.2 und 5.4).

Machen Sie die Reflexionsmeditationen mindestens einmal pro Woche (Track 7.1 und 7.2).

Achter Monat

Verankerungsmeditation mit dem Fokus auf den Füßen, dem Kontakt mit dem Sitz, den Händen und dem Atem. Bleiben Sie dann entweder die ganze Woche bei einem Anker oder den ganzen Monat bei nur einem oder zwei Verankerungen (Track 1.2 und 1.4).

Praktizieren Sie mindestens einmal in der Woche »Die Gefühlsfärbung im täglichen Leben wahrnehmen« (Track 5.5).

Neunter Monat

Woche 1: Meditation »Freundlichkeit« (Track 6.1)

Woche 2 und 3: Meditation »Schwierigkeiten erkunden« (Track 6.4)
Woche 4: Verankerungsmeditation (Track 1.2 und 1.4)

Machen Sie mindestens einmal pro Woche die Meditation »Sich der Schwierigkeit zuwenden« (Track 6.6).

Zehnter Monat

Achtsames Dehnen (Track 4.5) oder Gehmeditation (Track 4.1 bis 4.4). Verankern Sie sich kurz, und üben Sie dann achtsames Wahrnehmen des ganzen Körpers in Bewegung. Nehmen Sie die Gefühlsfärbungen Ihrer Empfindungen und Gedanken wahr, und benennen Sie sie; sagen Sie dann zu sich selbst: »Es ist in Ordnung, das zu mögen/nicht zu mögen« und: »Ich brauche jetzt nichts zu tun«.

Üben Sie mindestens einmal wöchentlich achtsames Sprechen und Zuhören (Track 7.3).

Elfter Monat

Verankerungsmeditation mit Fokus auf dem Atem oder dem Körper, die in achtsames Wahrnehmen von Geräuschen und dann von Gedanken und Gefühlen übergeht. Beenden Sie die Meditation mit offenem Gewahrsein. Lassen Sie alles, was im Bewusstsein aufkommt, sanft und freundlich da sein, und nehmen Sie die Gefühlsfärbung all dessen, was in Geist und Körper aufkommt, wahr. Rufen Sie sich in Erinnerung: »Es ist in Ordnung, das zu mögen/nicht zu mögen.« Und: »Ich brauche jetzt nichts zu tun« (Track 5.2 und 5.4).

Machen Sie die tägliche Achtsamkeitspraxis »Handlungsentscheidungen« mindestens einmal pro Woche (siehe Seite 250).

Zwölfter Monat

Die Meditation »Freundlichkeit« (Track 6.1) ist in diesem Monat die Standardoption. Sie sollten auch andere Übungen machen, die Sie im Lauf des Jahres als hilfreich empfunden haben oder noch weitererkunden möchten.

Machen Sie mindestens einmal in der Woche die Reflexionsmeditationen (Tracks 7.1 und 7.2).

Achten Sie auf sich

Wenn Sie sich zu irgendeinem Zeitpunkt der Praxis überfordert fühlen, lesen Sie noch einmal den Abschnitt in Kapitel fünf (Woche eins). Sie brauchen nicht die Zähne zusammenzubeißen und eine Meditation in einem emotional aufgewühlten Zustand durchzustehen. Wenn die überwältigenden Gefühle anhalten, wenden Sie sich an Freunde oder Achtsamkeitslehrende, sprechen Sie mit einem Hausarzt, oder konsultieren Sie eine Person, die Sie berät.

Wenn Sie dieses Vorgehen als schwierig empfinden, suchen Sie nach Hilfsmitteln und Beratungsstellen, die Ihnen helfen können. Die Mental Health Foundation bietet gute Informationen: www.mentalhealth.org.uk – suchen Sie nach »How to get help«. Und die Wohltätigkeitsorganisation Mind bietet einen Informations- und Orientierungsservice an. Suchen Sie nach »Helplines« unter www.mind.org.uk. Die SANEline-Services sind eine Beratungsstelle für Menschen in einer psychischen Krise: www.sane.org.uk.

Informationen und Diskussionen zur Sicherheit von Achtsamkeit finden Sie unter http://oxfordmindfulness.org/news/is-mindfulness-safe/.

Deutschsprachige Beratungsstellen

Beratungshotline »Seelische Gesundheit«

Ursprünglich für Leistungssportler gedacht, inzwischen aber auch für andere Menschen, die psychische Probleme haben.
www.robert-enke-stiftung.de/portfolio-items/beratungshotline-seelische-gesundheit

Psychiatrische Krisendienste

Soforthilfe bei psychischen Krisen etc.

Sozialpsychiatrische Dienste

Kostenlose Beratung zum Thema seelische Gesundheit etc. Beratungsstellen in fast allen größeren Städten.

Traumahilfe

Hilfe für psychisch leidende Menschen nach Traumatisierungen. Ebenfalls in fast allen größeren Städten.

Literatur und Internetquellen

Bücher

Selbsthilfe-Ratgeber zum Thema Achtsamkeit

Williams, M. & Penman, D.: *Mindfulness. A Practical Guide to Finding Peace in a Frantic World.* (Piatkus, London 2011). In den USA erschienen als *Mindfulness. An Eight-Week Plan for Finding Peace in a Frantic World.* (Rodale Books, 2011). Deutsch: *Das Achtsamkeitstraining. 20 Minuten täglich, die Ihr Leben verändern.* (Goldmann, München 2015).

Williams, J. M. G., Teasdale, J. D., Segal, Z. V. & Kabat-Zinn, J.: *The Mindful Way Through Depression. Freeing Yourself from Chronic Unhappiness.* (Guilford Press, 2007). Deutsch: *Der achtsame Weg durch die Depression.* Arbor, Freiamt im Schwarzwald 2009.

Teasdale, J. D., Williams, J. M. G., Segal, Z. V.: *The Mindful Way Workbook.* (Guilford Press, 2013). Deutsch: *Das MBCT-Arbeitsbuch: Ein 8-Wochen-Programm zur Selbstbefreiung von Depressionen und emotionalem Stress.* (Arbor, Freiburg 2015).

Penman, D.: *The Art of Breathing: The secret to living mindfully. Just don't breathe a word of it …* (HQ, 2020). In den USA erschienen als *The Art of Breathing: How to Become at Peace with*

Yourself and the World. (Hampton Roads, 2022). Deutsch: *Ich atme ein, ich atme aus: Das Geheimnis der Achtsamkeit.* (Kösel, München 2017).

Schmerz und chronische Krankheit

Burch, V. & Penman, D.: *Mindfulness for Health: A Practical Guide to Relieving Pain, Reducing Stress and Restoring Wellbeing.* (Piatkus, London 2013). In den USA erschienen als *You Are Not Your Pain: Using Mindfulness to Relieve Pain, Reduce Stress, and Restore Well-Being: An Eight-Week Program.* (Flatiron, 2015). Deutsch: *Schmerzfrei durch Achtsamkeit: Die effektive Methode zur Befreiung von Krankheit und Stress.* (Rowohlt, Reinbeck 2015).

Kreativität und Entscheidungen

Penman, D.: *Mindfulness for a More Creative Life. Calm Your Busy Mind, Enhance Your Creativity and Find a Happier Way of Living.* (Piatkus, London 2021).

MBCT-Handbuch für Therapeuten

Segal, Z. V., Williams, J. M. G. & Teasdale, J. D.: *Mindfulness-Based Cognitive Therapy for Depression.* Second edition. (Guilford Press, 2013). Deutsch: *Die Achtsamkeitsbasierte Kognitive Therapie der Depression: Ein neuer Ansatz zur Rückfallprävention.* (dgvt-Verlag, 2., erw. u. überarb. Aufl., Tübingen 2015).

Emotionen, Gefühle und der verkörperte Geist

Barrett L. F.: How Emotions are Made: The Secret Life of the Brain. (Pan Books, London 2018). Deutsch: *Wie Gefühle entstehen. Eine neue Sicht auf unsere Emotionen.* (Rowohlt, Hamburg 2023).

Damasio, A., *The Strange Order of Things: Life, Feeling and the Making of Cultures.* (Penguin, New York 2017). Deutsch: *Im An-*

fang war das Gefühl. Der biologische Ursprung menschlicher Kultur. (Siedler, München 2017).

Clark, A.: *Surfing Uncertainty. Prediction, Action and the Embodied Mind.* (OUP, Oxford 2016).

Websites

Achtsamkeit

www.franticworld.com
Unsere Website zu diesem und unserem vorhergehenden Buch. Sie enthält ein Forum, in dem Sie Ihre Erfahrungen diskutieren und von anderen lernen können. Links führen Sie zu weiteren Meditationen und Büchern, die für Sie nützlich sein könnten, und in einem Abschnitt sind anstehende Vorträge, Veranstaltungen und Retreats aufgelistet.

www.mbct.co.uk und www.oxfordmindfulness.org
Unsere Oxford-Websites: allgemeine Einführung in MBCT, beinhaltet auch Informationen zur Ausbildung.

https://www.oxfordmindfulness.org/learn-mindfulness/resources/
Meditationsübungen aus der Achtsamkeitsbasierten Kognitiven Therapie unter Anleitung von Mark Williams

www.bangor.ac.uk/mindfulness
An der Universität Bangor, wo Mark Williams vor seiner Rückkehr nach Oxford tätig war, werden Ausbildungen bis hin zum Master-Abschluss in achtsamkeitsbasierten Ansätzen im Gesundheitswesen angeboten.

https://bamba.org.uk/
British Association of Mindfulness-based Approaches. Eine integrative Gemeinschaft von Menschen, die Achtsamkeit praktizieren, lehren, Schulungen abhalten und darüber forschen.

https://www.brown.edu/public-health/mindfulness/home
Zentrum für Achtsamkeit an der Brown University, Providence, Rhode Island

Buddhistischer Hintergrund

www.gaiahouse.co.uk
Gaia House, West Ogwell, Newton Abbot, Devon TQ12 6EW. Ein Retreat-Zentrum in der Tradition der Einsichtsmeditation (die den in MBCT und MBSR gelehrten Achtsamkeitspraktiken am nächsten kommt).

www.dharma.org
Informationen über Zentren, die Erfahrungen mit der Tradition der Einsichtsmeditation anbieten.

www.dharmaseed.org
Bietet eine große, durchsuchbare, regelmäßig aktualisierte Bibliothek mit Vorträgen (größtenteils im Rahmen von Retreats gehalten) von Lehrenden in der Tradition der Einsichtsmeditation. Suchen Sie nach Vorträgen über Vedana bzw. Feeling Tone, um Erklärungen zu diesen grundlegenden Aspekten der Achtsamkeitspraxis zu finden.

Übersicht der Meditationstracks

Hier eine nützliche Übersicht über Nummerierung und Titel der Meditationen, wie Sie in den einzelnen Kapiteln erscheinen. Alle Meditationen finden Sie unter
www.penguin.de/neues-achtsamkeitstraining

Abk: »Mi« = Minimale Anleitungen
»Glockenklang«: Alle fünf Minuten ertönt eine Glocke.

Erste Woche

Track 1.1: Meditation »Ihre Verankerung finden« (10 Minuten)
Track 1.2: Meditation »Ihre Verankerung finden« (20 Minuten)
Track 1.3: Meditation »Ihre Verankerung finden« (30 Minuten)
Track 1.4: Meditation »Ihre Verankerung finden« (Mi)
Track 1.5: »Glockenklang«

Track 1.6: Tägliche Achtsamkeitspraxis »Nach dem Aufwachen« (2 Minuten)

Zweite Woche

Track 2.1: Meditation »Innehalten« (10 Minuten)
Track 2.2: Meditation »Innehalten« (20 Minuten)
Track 2.3: Meditation »Innehalten« (30 Minuten)
Track 2.4: Meditation »Innehalten« (Mi)
Track 2.5: »Glockenklang«

Dritte Woche

Track 3.1: Meditation »Gefühlsfärbung« (10 Minuten)
Track 3.2: Meditation »Gefühlsfärbung« (20 Minuten)
Track 3.3: Meditation »Gefühlsfärbung« (30 Minuten)
Track 3.4: Meditation »Gefühlsfärbung« (Mi)
Track 3.5: Tägliche Achtsamkeitspraxis »Reflexion am Ende des Tages«
Track 3.6: »Glockenklang«

Vierte Woche

Track 4.1: »Achtsames Gehen« (10 Minuten)
Track 4.2: »Achtsames Gehen« (20 Minuten)
Track 4.3: »Achtsames Gehen« (30 Minuten)
Track 4.4: »Achtsames Gehen« (Mi)
Track 4.5: »Achtsames Dehnen«
Track 4.6: Übung »Zehn-Finger-Dankbarkeit«
Track 4.7: Übung »Zehn-Finger-Dankbarkeit« (Mi)
Track 4.8: Tägliche Achtsamkeitspraxis »Etwas wertschätzen«
Track 4.9: »Einschlafmeditation« (5 Minuten)
Track 4.10: »Glockenklang«

Fünfte Woche

Track 5.1: Meditation »Gefühlsfärbung Moment für Moment« (10 Minuten)
Track 5.2: Meditation »Gefühlsfärbung Moment für Moment« (20 Minuten)
Track 5.3: Meditation »Gefühlsfärbung Moment für Moment« (30 Minuten)
Track 5.4: Meditation »Gefühlsfärbung Moment für Moment« (Mi)
Track 5.5: Tägliche Achtsamkeitspraxis »Die Gefühlsfärbung im täglichen Leben wahrnehmen« (3 Minuten)
Track 5.6: »Glockenklang«

Sechste Woche

Track 6.1: Meditation »Freundlichkeit« (10 Minuten)
Track 6.2: Meditation »Freundlichkeit« (Mi)
Track 6.3: Meditation »Schwierigkeiten erkunden« (10 Minuten)
Track 6.4: Meditation »Schwierigkeiten erkunden« (20 Minuten)
Track 6.5: Meditation »Schwierigkeiten erkunden« (Mi)
Track 6.6: Tägliche Achtsamkeitspraxis »Sich der Schwierigkeit zuwenden«
Track 6.7: »Glockenklang«

Siebte Woche

Track 7.1: Meditation »Reflexion«
Track 7.2: Meditation »Reflexion«
Track 7.3: Tägliche Achtsamkeitspraxis »Achtsames Sprechen und Zuhören« (2,5 Minuten)

Anmerkungen

Kapitel 1

1 Frei nach Laird, M.: *Into the Silent Land. A Guide to the Christian Practice of Contemplation* (Oxford University Press, 2006, p. 19–20), mit freundlicher Genehmigung von Martin Laird.

2 Segal, Z. V., Williams, J. M. G. & Teasdale, J. D.: *Mindfulness-based Cognitive Therapy for Depression.* Second edition (Guilford Press, 2013). Deutsch: *Die Achtsamkeitsbasierte Kognitive Therapie der Depression. Ein neuer Ansatz zur Rückfallprävention.* (dgvt-Verlag, 2., erw. u. überarb. Aufl., Tübingen 2015). Teasdale, J. D., Williams, J. M. G. & Segal, Z. V.: *The Mindful Way Workbook. An Eight-Week Program to Free Yourself from Depression and Emotional Distress.* (Guilford Press, 2014. Deutsch: *Das MBCT-Arbeitsbuch. Ein 8-Wochen-Programm zur Selbstbefreiung von Depressionen und emotionalem Stress.* Arbor, Freiburg 2015.

3 Das Wort Vedana wurde außer im Sanskrit auch im Pali verwendet, einer späteren Sprache des indischen Subkontinents und der Sprache, in der die buddhistischen Lehren zuerst weitergegeben und niedergeschrieben wurden. Näheres siehe in Kap. 3, Anm. 10.

Kapitel 2

4 Siehe die Untersuchungen von Gloria Mark et al.: Mark, G., Gonzalez, V. M. & Harris, J. (2005): »No Task Left Behind? Examining the Nature of Fragmented Work Proceedings of the Conference on Human

Factors in Computing Systems«, CHI 2005, Portland, Oregon, USA, April 2–7 2005 doi:10.1145/1054972.1055017; Mark, G., Gudith, D. & Klocke, U. (2010): »The Cost of Interrupted Work: More speed and Stress. Proceedings of the 2008 Conference on Human Factors in Computing Systems«, CHI 2008, 2008, Florence, Italy, 5–10 April 2008, doi:10.1145/1357054.1357072.

5 Siehe Wax, R.: *A Mindfulness Guide for the Frazzled* (Penguin, 2016) und *A Mindfulness Guide for Survival* (Welbeck, 2021). Deutsch: *Fix und Fertig. Der Achtsamkeitsguide für Geräderte.* (Knaur, München 2018).

6 Barrett, L. F.: *How Emotions Are Made. The Secret Life of the Brain.* (Pan Books, 2018). Deutsch: *Wie Gefühle entstehen. Eine neue Sicht auf unsere Emotionen.* (Rowohlt, Hamburg 2023).

7 Zu einer Review dieses Ansatzes siehe Clark, A.: *Surfing Uncertainty. Prediction, Action and the Embodied Mind* (Oxford University Press, 2016); Barsalou, L. (2008): »Grounded cognition«, *Annual Review of Psychology, 59*, pp. 617–45; und Barrett, L. F.: *How Emotions Are Made. The Secret Life of the Brain.* (Pan Books, 2018). Deutsch: *Wie Gefühle entstehen. Eine neue Sicht auf unsere Emotionen.* (Rowohlt, Hamburg 2023).

8 Siehe Abb. 4.1 in Barrett, L. F.: *How Emotions Are Made. The Secret Life of theBrain.* (Pan Books, 2018, p. 61). Deutsch: *Wie Gefühle entstehen. Eine neue Sicht auf unsere Emotionen.* (Rowohlt, Hamburg 2023).

Kapitel 3

9 Shimamura, A. P. (2015): »Muybridge in motion: Travels in art, psychology and neurology«, *History of Photography*, Bd. 26, pp. 341–50.

10 Vedana wurde zunächst entweder mit »Empfindung« oder »Gefühl« übersetzt, aber Wissenschaftler, die sich mit dem frühen Buddhismus befassen, haben gezeigt, dass es sich auf die affektive Qualität all dessen bezieht, das mit dem Körper/Geist in Kontakt kommt. Siehe Peacock, J. & Batchelor, M. (2018): »Vedana: What is in a ›Feeling?‹«, *Contemporary Buddhism* 19 (1), pp. 1–6; Weber, A. M. (2018): »Hedonic hotspots, hedonic potholes: *Vedanā* revisited«, *Contemporary Buddhism*, 19, pp. 7–30; Williams, J. M. G., Baer, R., Batchelor, M. et al. (2022): »What next after MBSR/MBCT: an open trial of an eight-week follow-on program exploring mindfulness of feeling tone (vedana)«, *Mindfulness* doi.org/10.1007/s12671-022-01929-0. Interesse an der affektiven Tönung bzw. Gefühlsfärbung ist nicht nur in der Psychologie, sondern auch in der Philosophie vorhanden. Siehe zum Beispiel Barlassina, L. & Hayward, M. K. (2019): »More of me! Less of me!: Reflexive Imperativism about Affective Phenomenal Character«, *Mind*, 128, p. 512, Oktober 2019.

11 Joseph Goldstein (2005): »Feelings: The Gateway to Liberation«, Vortrag vom 19. Okober 2005 bei der Insight Meditation Society, https://dharmaseed.org/talks/player/36199.html.

12 Damasio, A.: *The Strange Order of Things* (Vintage, Penguin, 2018). Deutsch: *Im Anfang war das Gefühl. Der biologische Ursprung menschlicher Kultur.* (Siedler, München 2017).

13 Das ist das wichtigste Ergebnis von Nancy Bardacke und ihren Kolleg*innen auf dem Gebiet der achtsamkeitsbasierten Geburt. Sie haben beobachtet, dass viele Frauen während der Wehen jene Momente verpassen, in denen eine Wehe nachlässt, weil ihre Gedanken verständlicherweise auf den Höhepunkt der letzten Wehe und auf die Angst vor der nächsten gerichtet sind. Siehe Bardacke, N.: *Mindful Birthing: Training the Mind, Body and Heart for Childbirth and Beyond.* (Bravo Ltd, 2012). Deutsch: *Der achtsame Weg durch Schwangerschaft und Geburt.* (Arbor, Freiburg 2013).

14 Barrett, L. F.: *How Emotions are Made. The Secret Life of the Brain.* (Pan Books, 2018, p. 56). Deutsch: *Wie Gefühle entstehen. Eine neue Sicht auf unsere Emotionen.* (Rowohlt, Hamburg 2023).

15 Ebd., p. 121.

Kapitel 5

16 Baer, R., Crane, C., Miller, E. & Kuyken, W. (2019): »Doing no harm in mindfulness-based programs: Conceptual issues and empirical findings«, *Clinical Psychology Review*, 71, pp. 101–14, https://doi.org/10.1016/j.cpr.2019.01.001.

17 Wir danken David Treleaven für seinen Rat zu diesem Abschnitt und sein 2018 erschienenes Buch *Trauma Sensitive Mindfulness: Practices for Safe and Transformative Healing* (W. W. Norton). Deutsch: *Trau-*

masensitive Achtsamkeit. Posttraumatischen Stress erkennen und vermindern. Sicherheit und Stabilität vermitteln. (Arbor, Freiburg 2019).

18 Singh, N. N., Singh, J., Singh, A. D. A., Singh, A. N. A. & Winton, A. S. W. (2011): »Meditation on the Soles of the Feet Training«, http://www.community-networks.ca/wp-content/uploads/2015/07/Meditation-on-the-Soles-of-the-Feet-Training-Instructions.pdf. Im Rahmen der Gefängnisarbeit des Oxford Mindfulness Centre haben wir festgestellt, dass die Insassen eine einfache Möglichkeit zum Umgang mit ihrer Stimmung in einer belastenden Situation zu schätzen wissen, insbesondere wenn sie kurz vor einem Streit oder einer Prügelei stehen.

19 Der Psychologe Nirbhay Singh hat auf diesem Gebiet Pionierarbeit geleistet und Schüler erfolgreich die »Fußsohlen-Technik« gelehrt: Selver, J. C. & Singh, N. N.: *Mindfulness in the Classroom. An evidence-based program to reduce disruptive behavior and increase academic engagement* (Oakland, CA, New Harbinger, 2020); weiterhin hat er diese Technik an Jugendliche mit Autismus weitergegeben: Singh, N. N., Lancioni, G. E., Manikam, R., Winton, A. S. W., Singh, A. N. A., Singh, J. & Singh, A. D. A (2011): »A mindfulness-based strategy self-management of aggressive behavior in adolescents with autism«, *Research in Autism Spectrum Disorders*, 5, pp. 1153–8; auch an Erwachsene mit Lernschwierigkeiten: Singh, N. N., Lancioni, G. E., Winton, A. S. W., Adkins, A. D., Singh, J. & Singh, A. N. (2007): »Mindfulness training assists individuals with moderate mental retardation to maintain their community placements«, *Behavior Modification*, 31, pp. 800–14; und an ältere Erwachsene mit Alzheimer: Singh, N. N., Lancioni, G. E., Medvedev, O. N., Sreenivas, S., Myers, R. E. & Hwang, Y. (2018): »Meditation on the Soles of the Feet Practice Provides Some Control of Aggression for Individuals with Alzheimer's Disease«, *Mindfulness*, published online Dec 2018, doi:10.1007/s12671-018-1075-0. Das Programm *Mindfulness in Schools* (»Achtsamkeit in der Schule«) verfolgt einen ähnlichen Ansatz und fordert die Schüler auf, sich einen Moment Zeit zu nehmen, um ihre Füße auf dem Boden und ihr Gesäß auf dem Stuhl zu spüren. Die Schüler nannten es FOFBOC (*feet on floor, butt on chair* – Füße auf Boden, Hintern auf Stuhl); www.mindfulnessinschools.org.

20 Thomas, R. S.: *The Bright Field. Collected Poems* (Phoenix, 1993, p. 302). Deutsch: *Das helle Feld.* (Babel, Schondorf am Ammersee 1995).

21 Wir danken Willoughby Britton für diese Unterscheidung (International Conference on Mindfulness, Amsterdam, 13. Juli 2018).

Kapitel 6

22 Barrett, L. F.: *How Emotions Are Made. The Secret Life of the Brain* (Pan Books, 2018, p. 58). Deutsch: *Wie Gefühle entstehen. Eine neue Sicht auf unsere Emotionen.* (Rowohlt, Hamburg 2023).

23 Wir danken dem Meditationslehrer Ajahn Sumedho für diese hilfreichen Sätze.

24 Lippelt, D. P., Hommel, B. & Colzato, L. S. (2014): »Focused attention, open monitoring and loving kindness meditation: effects on attention, conflict monitoring, and creativity – A review«, *Frontiers in Psychology*, 5, Artikel Nr. 1083, doi:10.3389/fpsyg.2014.01083.

25 Kerr, C., Sacchet, M. D., Lazar, S. W., Moore, C. I. & Jones, S. R.: »Mindfulness starts with the body: somatosensory attention and top-down modulation of cortical alpha rhythms in mindfulness meditation«, *Frontiers in Human Neuroscience*, 7., Artikel Nr. 12., doi:10.3389/fnhum.2013.00012.

26 Roiser et al. (2012): »Cognitive mechanisms of treatment in depression«, *Neuropharmacology*, 37, pp. 117–36.

27 Pasto, L. & Burack J. (2002): »Visual filtering and focusing among persons with schizophrenia, major depressive disorder and no psychiatric history«, *Canadian Journal of Behavioural Science*, 34, pp. 239–49.

28 Dietl, T., et al. (2001): »Enhanced long-latency somatosensory potentials in MDD«, *Journal of Psychiatric Research*, 35, pp. 43–8.

29 Kemp et al. (2009): »Fronto-temporoal alteration within the first 200ms during an attentional task distinguished MDD, non-clinical participants with depressed mood and healthy controls«, *Human Brain Mapping*, 30, pp. 602–14.

30 Hasenkamp, W., Wilson-Mendenhall, C. D., Duncan, E. & Barsalou, L. W. (2012): »Mind wandering and attention during focused meditation: a fine-grained temporal analysis of fluctuating cognitive states«, *Neuroimage*, 59, pp. 750–60, doi:10.1016/j.neuroimage.2011.07.008.

31 Z. B. Tang, Y. Y., Qilin, L., Gen, X., Stein, E. A., Yang, Y. & Posner, M. I.

(2010): »Short-term meditation induces white matter changes in the anterior cingulate«, *Proc. Nat. Acad. Sci. U.S.A.* 107, pp. 15649–52, doi:10.1073/pnas.1011043107.

32 Mrazek, Michael D., Franklin, Michael S. Phillips, Dawa Tarchin, Baird, Benjamin & Schooler, Jonathan W. (2013): »Mindfulness Training Improves Working Memory Capacity and GRE Performance While Reducing Mind Wandering«, *Psychological Science*, 2013, 24(5), pp. 776–81.

Kapitel 7

33 Obwohl die Wörter, die Sie selbst zur Beschreibung von Unangenehmem verwenden, sich von denen anderer unterscheiden und hin und wieder variieren können, steigert es Ihr emotionales Gewahrsein, wenn Sie lernen, solche Unterscheidungen zu machen, und führt auch zu größerem allgemeinem Wohlbefinden. Siehe Eckland, N. S. & Berenbaum, H. (2021): »Emotional awareness in daily life: exploring its potential role in repetitive thinking and healthy coping.« *Behavior Therapy*, https://doi.org/10.1016/j.beth.2020.04.010; Starr, L. R., Hershenberg, R., Shaw, Z. A., Li, Y. I. & Santee, A. C. (2020): »The perils of murky emotions: emotion differentiation moderates the prospective relationship between naturalistic stress exposure and adolescent depression.« *Emotion*, 20 (6); Liu, D. Y., Gilbert, K. E. & Thompson, R. J. (2020): »Emotion differentiation moderates the effects of rumination on depression: a longitudinal study.« *Emotion*, 20 (7), pp. 1234–43.

34 Wenn Sie Tinnitus haben, kann es schwierig sein, sich in einem stillen Raum auf Geräusche zu konzentrieren. Suchen Sie sich für diesen Teil der Meditation ruhig eine Alternative zu Geräuschen (zum Beispiel könnten Sie sich stattdessen auf Körperempfindungen konzentrieren oder die Augen öffnen und Gegenstände im oder außerhalb des Raumes sehen und sie nutzen, um Angenehmes/Unangenehmes zu registrieren). Davon abgesehen: Wenn Sie bereit sind, eine Weile bei dem Tinnitus zu verweilen, kann Ihnen das manchmal neue Erkenntnisse darüber vermitteln, was das unangenehme Gefühl hervorruft: das Geräusch selbst oder die (verständliche) Frustration und andere Gefühle und Gedanken, die durch das Geräusch hervorgerufen werden.

35 Torre, J. B. & Lieberman, M. D. (2018): »Putting feelings into words: affect labeling as implicit emotion regulation«, *Emotion Review,* 10, pp. 116–24.

36 Kircanski, K., Lieberman, M. D. & Craske, M. G. (2012): »Feelings into words: contributions of language to exposure therapy«, *Psychological Science*, 21 (10), pp. 1086–091; Lieberman, M. D., Eisenberger, N. I., Crockett, M. J., Tom, S. M., Pfeifer, J. H. & Way, B. M. (2007): »Putting feelings into words: affect labeling disrupts amygdala activity to affective stimuli«, *Psychological Science*, 18:421–8, doi:10.1111/j.1467-9280.2007.01916.x. [PubMed: 17576282]; Lieberman, M. D., Inagaki, T. K., Tabibnia, G. and Crockett, M. J. (2011): »Subjective responses to emotional stimuli during labeling, reappraisal, and distraction«, *Emotion*, 3:468–80, doi:10.1037/a0023503. [PubMed: 21534661].

37 Creswell, J. D., Way, B. M., Eisenberger, N. I. & Lieberman, M. D. (2007): »Neural correlates of dispositional mindfulness during affect labeling«, *Psychosomatic Medicine*, 69 (6), pp. 560–5.

Kapitel 8

38 Die ursprüngliche Studie wurde durchgeführt von Loftus, E. F. & Palmer, J. C. (1974): »Reconstruction of automobile destruction: an example of the interaction between language and memory«, *Journal of Verbal Learning and Verbal Behavior*, 13, pp. 585–9. Zu einer guten Zusammenfassung dieser Forschung siehe https://www.simplypsychology.org/loftus-palmer.html#:~:text=Loftus.

39 Der Psychologe Filip Raes und seine Kollegen von der Universität Leuven verwenden einen Fragebogen, in dem Personen danach gefragt werden, wie sie reagieren, wenn sie glücklich, voller Vorfreude oder begeistert sind. Sie fanden heraus, dass bei Menschen, die auf eine positive Stimmung reagieren, indem sie sich etwas sagen wie »Ich erinnere mich daran, dass diese Gefühle nicht anhalten«, »Ich denke an das, was schiefgehen kann« oder »Ich verdiene das nicht«, ein größeres Risiko besteht, an einer schweren Depression zu erkranken. Raes, F., Smets, J., Nelis. S. & Schoofs, H. (2012): »Dampening of positive affect prospectively predicts depressive symptoms in non-clinical samples«, *Cognition & Emotion*, 26 (1), pp. 75–82. Zum Fragebogen siehe

Feldman, G. C., Joorman, J. & Johnson, S. L. (2008): »Responses to positive affect: a self-report measure of rumination and dampening«, *Cognitive Therapy & Research*, 32(4), pp. 507–525.

40 Diese Emotionen werden als Meta-Emotionen bezeichnet (eine Emotion wegen einer Emotion, wie zum Beispiel sich schuldig fühlen, weil man gereizt ist). Es ist hilfreich, auf diese zu achten, da sie am Ende noch mehr Depressionen hervorrufen können. Bailen, N. H., Wu, H. & Thompson, R. J. (2019): »Meta-emotions in daily life: associations with emotional awareness and depression«, *Emotion,* 19 (5), pp. 776–87.

41 Diese Einsicht motivierte Jon Kabat-Zinn dazu, in der Klinik, die er 1979 am University of Massachusetts Medical Center einrichtete, Patienten mit chronischen Schmerzen mit Achtsamkeit in Kontakt zu bringen. Die erste formale Übung für diese Patienten, der Bodyscan, lud die Teilnehmenden ein, ihren Körper bewusst wahrzunehmen. Das wirkt zunächst wie das genaue Gegenteil von dem, was solche Patienten brauchen. Haben sie ihre Schmerzen nicht ohnehin schon zu sehr wahrgenommen? Jon Kabat-Zinn hatte jedoch erkannt, dass sich Gedanken und Gefühle über den Schmerz untrennbar mit den Körperempfindungen selbst verwoben hatten. Freundliche Aufmerksamkeit auf den Körper zu lenken, war hilfreich, um diese »Knoten« zu lösen, denn die Gedanken, die harten Urteile und Emotionen konnten gesehen, in einem größeren Raum gehalten und voneinander entkoppelt werden. Siehe Kabat-Zinn, J.: *Full Catastophe Living: Using the Wisdom of Your Body and Mind to face Stress, Pain and Illness.* Second edition (Bantam Books, 2013). Deutsch: *Gesund und stressfrei durch Meditation. Das große Buch der Selbstheilung.* (Barth, München 1991).

42 Burch, V. & Penman, D.: *Mindfulness for Health. A practical guide to relieving pain, reducing stress and restoring well-being.* (Piatkus, 2013). Deutsch: *Schmerzfrei durch Achtsamkeit. Die effektive Methode zur Befreiung von Krankheit und Stress.* (Rowohlt, Reinbeck 2015); siehe auch Gordon., A. & Ziv, A.: *The Way Out: The revolutionary scientifically proven approach to heal chronic pain* (Vermillion, 2021).

43 Bardacke, N.: *Mindful Birthing: Training the mind, body and heart for childbirth and beyond* (HarperOne, 2012). Deutsch: *Der achtsame Weg durch Schwangerschaft und Geburt.* (Arbor, Freiburg 2013).

44 Siehe die Review der Evidenz in Warriner, S., Crane, C., Dymond, M. & Krusche, A. (2018): »An evaluation of mindfulness-based childbirth and parenting courses for pregnant women and prospective fathers/partners within the UK NHS (MBCP-4-NHS)«, *Midwifery*, 64, pp. 1–10; siehe auch Veringa-Skiba, I. K., de Bruin, E. I., van Steensel, F. J. A., & Bögels, S. M. (2022): »Fear of childbirth, non-urgent obstetric interventions, and newborn outcomes: A randomized controlled trial comparing Mindfulness-Based Childbirth and Parenting with enhanced care as usual«, *Birth*, 49(1), 40–51; https://doi.org/10.1111/birt.12571.

45 Rachman, S. & DeSilva, P. de (1978): »Abnormal and normal obsessions«, *Behaviour Research & Therapy*, 16, pp. 233–48. Diese Autoren stellten fest, dass solche Gedanken und Impulse normal sind. Dazu gehört der Impuls, jemanden körperlich oder verbal anzugreifen, eine auf eine andere Person gerichtete sexuelle Regung zu haben, auf die Gleise zu springen, wenn sich ein Zug nähert, oder der Drang, jemandem unhöfliche, inakzeptable Dinge zu sagen. Im Durchschnitt geben Befragte an, dass ihnen zu einem bestimmten Zeitpunkt zwischen einem und drei solcher Gedanken oder Impulse durch den Kopf gegangen sind.

46 Für Menschen, die mit Süchten zu kämpfen haben, hat der Psychiater und Achtsamkeitslehrer Jud Brewer erforscht, wie auf Gefühlsfärbungen ausgerichtete Achtsamkeit helfen kann. So fordert er beispielsweise Personen, die zigarettensüchtig sind, auf, sich beim Rauchen auf den Geschmack der Zigarette zu konzentrieren. Den Angaben von Teilnehmenden an der Studie zufolge ist ihnen zum ersten Mal bewusst geworden, dass sie den Geschmack eigentlich gar nicht *mögen*. Er und sein Team haben Bücher und Apps entwickelt, die bei Süchten unterstützend eingesetzt werden können, und es besteht eine gute Evidenz, dass sie wirksam sind. Siehe Brewer, J.: *The Craving Mind From cigarettes to Smartphones to Love: Why we get hooked and how we can break bad habits* (Yale University Press, 2018). Deutsch: *Das gierige Gehirn. Der achtsame Weg, Alltagssüchte loszuwerden*. (Kösel, München 2018).

47 Rick Hanson: *Hardwiring Happiness. How to reshape your brain and your life* (Rider, 2014). Deutsch: *Denken wie ein Buddha. Wie wir unser Gehirn positiv verändern. Gelassenheit und innere Stärke durch Achtsamkeit*. (Heyne, München 2018).

Kapitel 9

48 Pullman, P.: *His Dark Materials Bd. 1, Der Goldene Kompass*. (Carlsen, Hamburg 2001).

49 Pullman, P.: »Poco a poco. The fundamental particles of narrative«, in *Daemon Voices: On Stories and Storytelling* (David Fickling Books, 2017).

50 Ebd., p. 208.

51 Tipper, S. (2010): »From observation to action simulation: The role of attention, eye-gaze, emotion, and body state«, *Quarterly Journal of Experimental Psychology*, 63 (11), pp. 2081–2105.

52 Tucker, M. & Ellis, R. (1998): »On the relations between seen objects and components of potential actions«, *Journal of Experimental Psychology: Human Perception and Performance*, 24, pp. 830–46.

53 Barsalou, L. W., Simmons, W. K., Barbey, A. K. & Wilson, C. D. (2003): »Grounding conceptual knowledge in modality-specific systems«, *Trends in Cognitive Sciences, 7*, pp. 84–91; und Barsalou, L. W. (2008): »Grounded cognition«, *Annual Review of Psychology,* 59, 617–45.

54 Pulvermüller, F. (2005): »Brain mechanisms linking language and action«, *Nature Reviews Neuroscience*, 6 (7) pp. 576–82.

55 Zu einer Review über die Bedeutung dieses Bereichs für unser Verständnis emotionaler Probleme siehe Gjelsvik, B., Lovic, D. & Williams, J. M. G. (2018): »Embodied Cognition and emotional disorders: embodiment and abstraction in understanding depression«, *Journal of Experimental Psychopathology*, Juli–September, pp. 1–41, doi: 10.5127/pr.035714.

56 Schuch, S., Bayliss, A. P., Klein, C. & Tipper, S. P. (2010): »Attention modulates motor system activation during action observation: Evidence for inhibitory rebound«, *Experimental Brain Research,* 205(2), pp. 235–49, https://doi.org/10.1007/s00221-010-2358-4.

57 Auf die Gehirnaktivität beim Betrachten des Videos folgte rasch ein Wechsel in die umgekehrte Richtung, um die eigentliche Handlung zu stoppen.

58 Barsalou, L. W.: *Situated simulation in the human conceptual system* (Elsevier, 2003).

59 Blakemore, S. J. & Decety, J. (2001): »From the perception of action

to the understanding of intention«, *Nature Reviews Neuroscience*, 2, pp. 561–7.

60 Elgendi, M., et al. (2018): »Subliminal Priming – State of the Art and Future Perspectives«, *Behavioral Sciences*, 8, 54.

61 Außerdem folgt auf das primende Wort in der Regel eine Art »Wortschablone«, ein Wort mit durcheinandergewürfelten Buchstaben, das an der Stelle erscheint, an der das primende Wort erschienen ist. Dadurch wird gewährleistet, dass die Probanden das primende Wort nicht bewusst wahrnehmen.

62 Fazio, R. H., Sanbonmatsu, D. M., Powell, M. C. & Kardes, F. R. (1986): »On the automatic activation of attitudes«, *Journal of Personality and Social Psychology*, 50, pp. 229–38.

63 Barrett, L. F.: *How Emotions Are Made. The secret life of the Brain.* (Pan Books, 2018; siehe pp.118–27 und Anhang D, p. 313 ff.).Deutsch: *Wie Gefühle entstehen. Eine neue Sicht auf unsere Emotionen.* (Rowohlt, Hamburg 2023).

64 Crane, C., Jandric, D., Barnhofer, T. & Williams, J. M. G. (2010): »Dispositional mindfulness, meditation and conditional goal setting«, *Mindfulness,* 1, pp. 204–14.

Kapitel 10

65 Buck, R. N.: *Weather Flying* (A & C Black, 1970).

66 Buck, R.O.: Vorwort zur fünften Auflage von *Weather Flying*. Robert N. Buck und Robert O. (McGraw Hill, 2013), p. xv.

67 Es geht hier um einen der ersten Besuche von Mark Williams und seinen Kollegen John Teasdale und Zindel Segal am Zentrum für Achtsamkeit an der UMass, als sie MBCT entwickelten, wie in ihrem Buch beschrieben: Segal, Z. V., Williams, J. M. G. & Teasdale, J. D.: *Mindfulness-based Cognitive Therapy for Depression* (2002). Second edition (Guilford Press, 2013, pp. 53 and 57–8). Deutsch: *Die Achtsamkeitsbasierte Kognitive Therapie der Depression. Ein neuer Ansatz zur Rückfallprävention.* (dgvt-Verlag, 2., erw. u. überarb. Aufl., Tübingen 2015).

68 Wir danken der Meditationslehrerin Christina Feldman für diese Anleitung.

69 Lim, D., Condon, P. & DeSteno, D. (2015): »Mindfulness and com-

passion: an examination of mechanism and scalability, *PloS one*, 10 (2), e0118221, https://doi.org/10.1371/journal.pone.0118221.

70 Meland, A., Hoebeke, E., Pensgaard, A. M., Fonne, V., Wagstaff, A. & Gaden Jensen, Ch. (2021): »A Sense of Fellowship: Mindfulness improves experienced interpersonal benefits and Prosociality in A Military Aviation Unit«, *International Journal of Aerospace Psychology*, doi:10.1080/24721840.2020.1865818; Donald, J. N., Sahdra, B. K., van Zanden, B., Duineveld, J. J., Atkins, P. W. B., Marshall, S. L. & Ciarrochi, J. (2019): »Does your mindfulness benefit others? A systematic review and meta-analysis of the link between mindfulness and prosocial behaviour«, *British Journal of Psychology*, 110, pp. 101–25.

Kapitel 11

71 Steel, P. (2007): »The nature of procrastination: A meta-analytic and theoretical review of quintessential self-regulatory failure«, *Psychological Bulletin*, 133 (1), pp. 65–94, doi:10.1037/0033-2909.133.1.65; Prem, R., Scheel, T. E., Weigelt, O., Hoffmann, K. & Korunka, C. (2018): »Procrastination in daily working life: A diary study on within-person processes that link work characteristics to workplace procrastination«, *Frontiers in Psychology,* 9:1087, doi:10.3389/fpsyg.2018.01087.

72 Forschungen haben gezeigt, dass Probanden, die eine Aufgabe lösen und dabei Ablenkungen ignorieren sollen, hinterher die als Ablenkungen verwendeten Stimuli als weniger angenehm bewerten; falls Fotos mit menschlichen Gesichtern als Ablenkung verwendet wurden, wurden diese als weniger vertrauenswürdig eingestuft. Raymond, J. E., Fenske, M. J. & Westoby, N. (2005): »Emotional Devaluation of Distracting Patterns and Faces: A Consequence of Attentional Inhibition During Visual Search?« *Journal of Experimental Psychology: Human Perception and Performance,* 31(6), pp. 1404–15, https://doi.org/10.1037/0096-1523.31.6.1404.

73 Siehe Anm. [71].

74 Ferrari, J., Johnson, J. & McCown, W.: *Procrastination and Task Avoidance – Theory, Research and Treatment* (Springer Science + Business Media, 1995). doi:10.1007/978-1-4899-0227-6.

75 Bhalla, M. & Proffitt, D. R. (1999): »Visual-motor recalibration in geo-

graphical slant perception«, *Journal of Experimental Psychology: Human Perception and Performance,* 25 (4), pp. 1076–96.

76 Wir danken unserer Kollegin Sarah Silverton, erfahrene Achtsamkeitslehrerin und Autorin von *The Mindfulness Key* (2012), für die Erlaubnis, diese Übung in Woche sieben zu verwenden.

Kapitel 12

77 Siehe »The mere presence of your smartphone reduces brain power«, https://www.sciencedaily.com/releases/2017/06/170623133039.htm.

78 Al-Mosaiwi, M. & Johnstone, T. (2018): »In an absolute state: Elevated use of absolutist words is a marker specific to anxiety, depression, and suicidal ideation«, *Clinical Psychological Science,* 6, pp. 529–42.

79 Wenn eine Therapie, sei es eine kognitive Therapie oder eine Achtsamkeitsbasierte Kognitive Therapie – oder auch Vedana –, das Risiko einer künftigen Depression wirksam verringern soll, dann muss sie die Fähigkeit, zurückzutreten und das große Ganze zu sehen, ausbilden; siehe Farb, N., Anderson, A., Ravindran, A., Hawley, L., Irving, J., Mancuso, E., Gulamani, T., Williams, G., Ferguson, A. & Segal, Z. V. (2018): »Prevention of relapse/recurrence in major depressive disorder with either mindfulness-based cognitive therapy or cognitive therapy«, *Journal of Consulting and Clinical Psychology*, 86 (2), pp. 200–4.

Danksagung

Dieses Buch und das darin enthaltene Programm hätten ohne die Hilfe und Unterstützung vieler Menschen nicht zustande kommen können. Unser Dank gilt den Kollegen Alan Baddeley, Tim Dalgleish, Barney Dunn, Martin Eimer, Elaine Fox, Bergljot Gjelsvik, Dirk Hermans, Filip Raes und Steve Tipper für ihren Rat und ihre Hinweise zur Wissenschaft. Ebenso wenig hätten wir dieses Projekt vollenden können ohne Ratschläge zum frühen buddhistischen Hintergrund. Hier halfen vor allem John Peacock, Catherine McGee, Martine Batchelor, Helen Ma und Chris Cullen. Dankbar sind wir auch Robert Williams. Er hat uns über die Philosophie, die ebenfalls die affektive Tönung der Erfahrung erforscht, auf dem Laufenden gehalten.

Zur ersten umfassenden Erforschung der Frage, wie diese Meditationen zur Vertiefung und Aufrechterhaltung der Achtsamkeitspraxis beitragen könnten, kam es mit Helen Ma. Sie hatte mehrere Jahre gemeinsam mit Mark Williams in Schulungsretreats gelehrt, die in Hongkong im Rahmen des Grundlagenkurses über das Unterrichten der Achtsamkeitsbasierten Kognitiven Therapie abgehalten wurden.

Als das Programm den Rahmen von Retreats überschritt und mehr in den Mainstream-Kontext überging, war das Wheatley Mindfulness Network bereit, eine Prototypversion des Programms mit sechs Sitzungen durchzuführen, und unser Dank gilt Roger Bettess, Jen Yeates, Christine Bainbridge, Tom Goss, Lonnie Gross, Julian Gross, Ann Gajda, Norbert Gajda, Elaine Parsons, Tanya Berman, Frances Simpson, Caroline Sants, Celia Montague, Bob Webster, Liz Barry, Tony Barry, Juliet Vale, Hilary Wright, Pat Jeffs und Polly Jeffs.

In diesen frühen Phasen der Entwicklung des Kurses haben die Kollegen Rebecca Crane, Ee-Lin Ong, Helen Ma, Chris Cullen, Andy Phee, Melanie Fennell, Johannes Michalak und Thomas Heidenreich weiteres Feedback zu Entwürfen des Programms gegeben, und David Treleaven erteilte klugen Rat, der dazu beitrug, es so zu entwickeln, dass dem Trauma, das zahlreiche Teilnehmende in der Vergangenheit erlebt haben, Rechnung getragen wird. Es war sehr hilfreich, dass Rebecca Crane und die Rowen Mindfulness Group in Nordwales ebenso wie Kollegen in Hongkong und China bereit waren, die Meditationen in einem frühen Stadium auszuprobieren und Rückmeldungen zu geben, die in das endgültige Programm miteingeflossen sind.

Wir freuen uns, dass Lehrer- und Übungsleiterkollegen des Institute for Mindfulness South Africa (IMISA) bereit waren, das Pilotprogramm durchzuarbeiten und ihr Feedback zu geben: Matthew Watkin, Barbara Gerber, Anneke Barnard, Craig Henen, Danielle Klemp, Denise Washkansky, Fathima Bux, Ashika Pillay, Janine Kirby, Julie Deane-Williams, Linda Kantor, Mandy Johnson, Nico Brink, RJ Chippindall, Simon Whitesman, Debbie Grusd, Luke Younge und Kate Leinberger.

Unser besonderer Dank gilt den IMISA-Übungsleitern Matthew Watkin, Mandy Johnson, Linda Kantor, Barbara Gerber und Janine Kirby, die zusammen mit Ee-Lin Ong (Neuseeland) und Andy Phee (Vereinigtes Königreich) freiwillig Teilnehmende in einer offenen Forschungsstudie das gesamte Acht-Wochen-Programm gelehrt haben, um es zu evaluieren. Die Studie selbst wäre nicht möglich gewesen ohne das Forschungsteam in Oxford – Emma Medlicott, Kath de Wilde, Lucy Radley und Laura Taylor –, das von Anfang bis Ende daran gearbeitet hat, vom Einholen der Ethikgenehmigung über das Einrichtung von Dateien für die Daten und das Durchführen der Datenanalyse bis hin zur Mitarbeit als zentrale Mitglieder des Berichtsteams zusammen mit Ruth Baer, John Peacock und Chris Cullen. Besonderer Dank gilt auch den Teilnehmenden der Forschungsstudie in Südafrika, Neuseeland und dem Vereinigten Königreich, die uns wunderbare, detaillierte Beschreibungen ihrer Erfahrungen während des achtwöchigen Kurses gegeben haben – die meisten von ihnen mitten in der Pandemie – und uns erlaubt haben, ihre Erfahrungen in dieses Buch einfließen zu lassen, damit andere davon profitieren können.

Wir danken dem Team des Oxford Mindfulness Centre (OMC), das die Verbreitung des Programms weiterhin unterstützt. Unser Dank gilt Willem Kuyken, Alison und Peter Yiangou, Claire Kelly und Sharon Hadley und all den wunderbaren OMC-Lehrern/Übungsleiterinnen, die das Programm jetzt unterrichten. Das OMC war besonders hilfreich, denn es hat uns ermutigt, im Jahr 2021 eine Online-Schnupperversion des Kurses zusammenzustellen, an der Menschen aus über achtzig Ländern teilnahmen, die hilfreiches Feedback geben konnten.

Wir danken Sarah Silverton für die Erlaubnis, ihre Praxis aus Woche sieben in das Buch miteinzubeziehen. Unser Dank gilt auch Pat Simpson und Beth MacKay für die Erlaubnis, ihre Geschichten und Erfahrungen zu verwenden. Diese wurden, wie alle Geschichten und Erfahrungen in diesem Buch, anonymisiert und verändert, um Persönlichkeitsrechte zu schützen. Wir danken Jen Williams, die den ersten Entwurf des Textes gelesen und kommentiert hat.

Zu großem Dank verpflichtet sind wir Sheila Crowley von der Curtis Brown Group, Kris Dahl von ICM Partners, Zoe Bohm, Jillian Stewart, Matt Crossey und Holly Harley von Piatkus und Nana Twumasi und Natalie Bautista von Hachette.

Zu guter Letzt haben wir beide unseren Partnerinnen Phyllis und Bella und unseren Kindern Rob, Jen und Annie und Sasha und Luka enorm viel zu verdanken. Mit ihrer Liebe und Geduld haben sie uns dabei unterstützt, die unvermeidlichen Herausforderungen des Schreibens zu bewältigen.

Register

Register

K

L

M

N

O

P

R

S

V

W

Z